«PANDORA»

LINDA HOLMES

NON C'È NIENTE DI MALE A ESSERE FELICI

Traduzione di Stefania Bertola

Sperling & Kupfer

Questo romanzo è un'opera di fantasia. Nomi, personaggi, luoghi ed eventi sono frutto dell'immaginazione dell'autrice. Qualsiasi rassomiglianza con fatti, luoghi o cose reali o con persone, realmente esistenti o esistite, è puramente casuale.

Pubblicato per

Sperling & Kupfer

da Mondadori Libri S.p.A.

ISBN 978-88-200-6991-9

I Edizione settembre 2020

Anno 2020-2021-2022 - Edizione 1 2 3 4 5 6 7 8 9 10

A Nona,
che mi ha vista sempre.

Prima

*V*ATTENE *subito, o non lo farai più*, si disse Evvie.

Non voleva essere a casa, quando lui fosse tornato dal lavoro. Vigliacca? Forse, ma preferiva evitare quella *situazione*, l'enorme *casino* che ne sarebbe derivato. Lui avrebbe detto, non a torto, che andarsene così senza preavviso era un po' melodrammatico. Dopo tutto questo tempo, si sarebbe chiesto, come mai proprio adesso? Non poteva sapere che, esattamente oggi, Evvie era stata con lui per metà della sua vita. Qualche mese prima aveva fatto il calcolo sul retro di uno scontrino della spesa, e poi aveva cerchiato in rosso la data sul calendario. Lui l'aveva visto per forza, quel cerchio, però non le aveva mai chiesto spiegazioni. Se lei avesse lasciato passare quel giorno, pensava Evvie, avrebbe iniziato a scomparire, una cellula dopo l'altra, un osso dopo l'altro, sostituita da qualcuno che sembrava lei, ma non lo era.

Aprì lo sportello della sua Honda e infilò una grossa busta di denaro nel vano portaoggetti. Forse era una sciocchezza. Non pensava che Tim avrebbe bloccato le carte di credito o i conti in banca. Ma nella sua vita c'erano stati parecchi «se per caso», e lei avrebbe avuto bisogno di soldi se per caso lo conosceva meno di quello che credeva. Non sarebbe stata la prima volta che inciampava cercando di prevedere una mossa di Tim.

Entrò in casa e aprì l'armadio dell'ingresso. Tirò fuori la rigida e consumata valigia blu, tutta coperta di adesivi di PARIGI e LONDRA. Era leggera e mentre la trascinava sui gradini della veranda e la infilava sul sedile posteriore dell'auto sentiva il contenuto sbatacchiare. Il rumore dei suoi piedi sul selciato del vialetto le strappò quasi un sorriso.

Doveva recuperare ancora qualcosa in casa, ma si sedette al volante e sbatté la portiera, poi si appoggiò all'indietro e chiuse gli occhi. *Cazzo, me ne sto andando per davvero*. Tra poche ore, sarebbe stata in un albergo qualsiasi con il copriletto ruvido e la TV via cavo malfunzionante. Avrebbe comprato una bottiglia di vino, o una cassa, e si sarebbe sdraiata al centro del letto a due piazze a bere e agitare i piedi e leggere quanto le pareva. Poi però cominciò a chiedersi cosa avrebbe fatto il giorno seguente, ma non aveva tempo per pensarci, perciò fece un gran respiro e scese dalla macchina per andare a prendere il resto della sua roba. Era a metà vialetto quando il suo telefono squillò.

La suoneria la faceva sempre sobbalzare, un suono metallico come un'arpa elettrica. La chiamata veniva dal Camden Hospital dove a volte Tim visitava dei pazienti. Non avrebbe voluto parlargli, ma doveva sapere se aveva intenzione di tornare prima.

«Sì?»

«Posso parlare con Eveleth Drake?»

Non era Tim.

«Sono io, Evvie.»

«Signora Drake, sono Colleen Marshall, infermiera al Camden Hospital. La chiamo perché mezz'ora fa hanno portato da noi il dottor Drake. Ha avuto un incidente con la macchina.»

Il colpo al cuore di Evvie si irradiò fino alle dita. Per un decimo di secondo, pensò di dire all'infermiera di chiamare i genitori di Tim, perché lei lo stava lasciando.

«Oh, mio Dio», disse invece. «Sta bene?»

La pausa che seguì fu tanto lunga da permetterle di sentire

un cercapersone sullo sfondo. «È ferito gravemente. Dovrebbe venire prima possibile. Sa dove siamo?»

«Sì», rispose con voce strozzata, «sarò lì tra… circa venti minuti.»

Le tremavano le mani mentre mandava un messaggio ad Andy. *Tim ha avuto un incidente in macchina. È grave. Camden Hospital. Puoi avvertire mio padre?*

Accese il motore e uscì dal vialetto, diretta all'ospedale. In seguito dedusse, dal suo telefono e dalla documentazione, che Tim probabilmente era morto mentre lei era ferma al semaforo di Chisholm Street, a un isolato dalla chiesa dove si erano sposati.

Autunno

1

Evvie era sdraiata sul pavimento, al buio. Per la precisione, sul pavimento del piccolo appartamento sfitto che dava sul retro di casa sua. Era lì perché sopra, nel suo letto, aveva di nuovo sognato che Tim era ancora vivo.

La nonna scandinava di Evvie affermava che le ragazze sognano i mariti che vogliono, le vecchie quelli che volevano, e soltanto le donne più fortunate, a un certo momento a metà strada, sognano i mariti che hanno. Ma anche tenendo conto delle ambizioni modeste contemplate in questa formula, i sogni che faceva Evvie non erano quelli che aveva in mente sua nonna.

Tim era sempre arrabbiato perché lei lo aveva lasciato. *Visto che cosa è successo?* Continuava a ripetere. Questa volta le era venuto così vicino che aveva sognato il suo alito al gusto di cannella e le venuzze sulla fronte, e aveva paura che se si fosse rimessa a dormire, lo avrebbe ritrovato lì. Perciò si era alzata ed era scesa al pianterreno di quella casa che era sempre stata troppo grande e adesso lo era più che mai. Scendere la grande scala curva le sembrava ancora una trasgressione, come sgattaiolare furtiva nella hall di un albergo per andare a chiedere al concierge altri asciugamani. Si era fermata in cucina a mettere su l'acqua per il tè, poi era andata nell'appartamento e si era sdraiata ad aspettare.

Quando avevano comprato la casa – quando *lui* aveva comprato la casa – avevano progettato di affittare l'appartamento. Ma non si erano mai decisi, perciò Evvie lo aveva dipinto del suo blu pavone preferito e lo usava come una specie di casetta sull'albero: VIETATO L'INGRESSO. Era ancora il suo posto preferito, e lo sarebbe rimasto, a meno che il fantasma di Tim non decidesse di infestarlo solo per comunicarle che aveva notato qualche bolla nella vernice, e che sarebbe stato meglio se avesse rifatto il lavoro.

Bello, pensò fra sé la prima volta che le balenò quell'idea. Benvenuti allo spettacolo di cabaret più horror del Maine. Ecco qui una buona battuta su quanto è stronzo il fantasma di mio marito. E su che razza di mostro sono io.

Erano passate da poco le quattro. Sdraiata sul pavimento con T-shirt e boxer, Evvie respirava seguendo un ritmo preciso, per cercare di rallentare il battito alle tempie, alla pancia e ai polsi. La casa era soffocante e assolutamente silenziosa tranne per l'orologio che faceva tic tac da trentacinque anni, prima nella cucina dei suoi genitori e adesso nella sua. Nell'appartamento buio, avvertiva così poco di tutto, a parte la ruvidezza del tappeto sulla sua pelle, che era come non essere in nessun luogo. Era come giacere direttamente sopra la terra.

Ogni tanto Evvie si proponeva di trasferirsi lì. Qualcun altro poteva prendersi la casa, quella grande cucina e le camere da letto al piano di sopra, la ringhiera di legno intagliato e le scale lisce su cui una volta era scivolata procurandosi un brutto livido su un fianco. Avrebbe potuto vivere lì, sdraiata nel buio, e concedersi tutti i suoi pensieri peggiori, mangiare pane con il burro di arachidi e ascoltare la radio come se l'elettricità fosse gratis.

Il bollitore fischiava dalla cucina, così si alzò e andò a spegnerlo. Prese dal mobile una delle due tazze della raccolta fondi per la radio, lasciando lì quella con un velo di polvere sul fondo. Sulla bustina del tè una frase recitava: *Non c'è problema che una tazza di tè non possa risolvere*. Sembrava il genere di cose che avrebbe potuto dire un gentleman di *Downton Abbey* subito prima che sua moglie morisse a letto con eleganza, a causa di un dente incluso.

Evvie soffiò sul tè increspandone la superficie e andò nel soggiorno dove c'era qualcosa su cui sedersi e si accoccolò sul divanetto verde. Sul tavolino di fronte c'era un mucchio di posta da cui spuntava uno *Sports Illustrated* indirizzato a Tim. Lo sfogliò sfruttando lo spiraglio di luce proveniente dalla cucina: la conclusione del campionato di baseball, la preparazione del prossimo, un articolo su una ginnasta che si ritirava per studiare medicina e il profilo di un lanciatore degli Yankees che una mattina si era svegliato e non riusciva più a lanciare. Il titolo di questo pezzo era tutto maiuscolo: «COME ANDARE FUORI DI TESTA».

«Io sono molto peggio di te», borbottò lei e infilò la rivista in fondo al mucchio.

L'orologio del televisore segnava le 4:23. Chiuse gli occhi. Era passato quasi un anno da quando Tim era morto, e a volte ancora non riusciva a fare assolutamente nulla, perché era troppo logorata da quanto non le mancasse. Riusciva a riempire le stanze, una dopo l'altra, con la consapevolezza di essere l'unica a sapere quanto poco lo amasse mentre lo ascoltava russare lievemente l'ultima notte della sua vita. Mostro, mostro, pensò. Mostro, mostro.

2

«LILLY ha buttato il latte per terra.» Andy bevve un sorso di caffè. «Sono nei guai con la maestra.»

Le colazioni del sabato al *Compass Café* erano iniziate quattro anni prima, quando Andy aveva divorziato, e non si erano mai interrotte. A qualche marito avrebbe potuto dar fastidio, ma non a Tim. «Ho parecchio da lavorare, perciò a patto che non ti lamenti di me con lui, non mi importa», aveva detto.

Andy prendeva l'omelette al prosciutto e formaggio, Evvie i pancake ai mirtilli, un piatto di pancetta e un bicchierone di succo d'arancia. Bevevano almeno due caraffe di caffè e parlavano della settimana passata e della successiva. Restavano finché il locale si svuotava e si riempiva di nuovo. Facevano commenti sui turisti e lasciavano mance esagerate, e i conoscenti di passaggio dicevano qualcosa sul tempo o chiedevano come stavano le figlie di Andy. E, nell'ultimo anno più o meno, la gente allungava il collo per sbirciarli, o si fermava educatamente a una certa distanza, per controllare le condizioni di Evvie e assicurarsi, solo per *stare tranquilli*, che la morte del marito non l'avesse trasformata nell'ombra di se stessa, in una scarmigliata creatura che stava chiusa in casa a cantare ballate per la camicia preferita di Tim, dondolando avanti e indietro e stringendosela al petto.

«Perché Lilly ha buttato il latte per terra?» Lilly era la figlia minore di Andy, che aveva da poco iniziato la scuola materna.

«Buona domanda. La maestra dice che l'ha fatto così. Senza preavviso. Ha urlato: 'Il latte è yogurt sciolto!'»

Evvie sorrise. Se la vedeva proprio, Lilly, con quella faccetta furiosa che compariva ogni tanto fin da quando era piccolissima. «Capisco il ragionamento, forse.»

«La maestra l'ha mandata fuori. Le ho detto: 'Mi sembra giusto'. E lei ha risposto: 'Credo che ci vorrebbe anche un discorsetto sul rispetto, da parte sua'. E io: 'Rispetto per lei?' E lei: 'Be', sì, ma anche per la proprietà'. Allora ho pensato: Cioè, sta dicendo che dovrei insegnare a mia figlia il rispetto nei confronti del latte? Perché se no, non capisco cosa dovrei insegnarle. Cosa intende per 'rispetto per la proprietà'?»

«Capitalismo?»

«Forse. Comunque, ci sto lavorando. Sto insegnando a Lilly ad avere più rispetto per l'insegnante. E per il latte.»

«Latto… latria? Lattolatria? Esiste?»

«No.» Andy tacque e allungò la tazza per farsela nuovamente riempire da Marnie, una giovane mamma con una ciocca viola nei capelli, che da un paio d'anni li serviva regolarmente. «Da piccola mordeva, ma questa cosa non la capisco. Anche quando è molto affettuosa, è sempre *arrabbiata.* L'altro giorno sono andato a prenderla e mi ha detto: 'Papà! Abbraccio!' E strillava come una scimmia. Molto autoritaria, se vogliamo considerarla sotto questo aspetto, un po' come…»

«Jerry Orbach.»

Lui corrugò la fronte. «In *Dirty Dancing*?»

«In *Law & Order*.»

«Giusto, Jerry Orbach.» Tacque per un attimo. «Il punto è che è testarda, il che è fantastico, ma non voglio tirarla fuori di galera quando avrà nove anni.»

Evvie sorrise di nuovo. «E vedrai quando sarà adolescente.»

«Potrebbe venire a vivere da te.»

«Oh, no. Mi occuperò del ciclo e dei reggiseni e del controllo delle nascite, ma vivo da sola, grazie.»

«Be', per adesso», disse lui. «A proposito, hai sempre intenzione di affittare l'appartamento?»

Evvie mangiò un po' di pancetta. «Forse. Prima o poi.»

«Non lo usi, giusto?»

«No, a parte andare lì a sdraiarmi per terra di notte e contemplare la mia esistenza.» Lui smise di masticare e sollevò le sopracciglia. «Scherzavo», disse Evvie. Andy non avrebbe capito. E si sarebbe preoccupato. «Non ci vado mai.»

«Stavo pensando che sono dei bei soldi a cui rinunci lasciandolo vuoto. Dal punto di vista economico.» La logica era impeccabile. Probabilmente si trattava di una trappola.

«Immagino sia vero», confermò sospettosa.

«È vero. Hai la manica nello sciroppo», disse indicandola.

Lei tamponò una macchietta appiccicosa sul polsino della camicia. «Hai in mente qualcuno a cui dovrei affittarlo? Vuoi buttare fuori di casa Rose?»

«Ah-ah. No, penso che un bambino debba avere compiuto almeno dieci anni prima di essere del tutto indipendente.» Bevve un sorso di caffè. «A proposito, prima di scordarmene, la settimana prossima Rose ha un saggio di danza e mi ha chiesto di dirti che ci terrebbe se tu venissi a farle 'quelle trecce che girano'.» Rose aveva sette anni e non affidava a suo padre né i suoi capelli da pettinare né le sue macchinine della Matchbox.

«È una che programma le cose per tempo.»

«L'altro giorno mi ha chiamato Padre, come se fossimo in *La casa nella prateria*.»

Evvie si accigliò. «Lì dicono Pa', mi sembra.»

«Allora chi è che chiamano Padre?»

«I preti», rispose lei. «E il capitano Von Trapp.»

«Allora, le dico che verrai?»

«Certo. Adesso dimmi chi vuoi rifilarmi nell'appartamento.»

«E va bene. In realtà avrei un amico che si trasferirà qui per qualche mese, e cerca un posto dove stare.»

«Che amico? Lo conosco?»

«Il mio amico Dean.»

Lei spalancò gli occhi. «Dean del baseball?» Sapeva che uno degli amici di Andy era un lanciatore, ma non lo aveva mai incontrato.

«Non più», disse lui. «Si è ritirato. Verrà qui a rilassarsi per un po'. Sai, vuole godersi l'aria di mare e quelle cose lì.»

«Dimentico sempre che gli sportivi vanno in pensione in decenni diversi da quelli delle persone normali. Cos'ha, trentacinque anni? E si è ritirato? Dev'essere bello.»

«È più complicato, in realtà. Come sapresti se io non rubassi sempre i tuoi *Sports Illustrated*.»

«Probabilmente non li leggerei in nessun caso», ammise lei. «Tra l'altro, è appena arrivato l'ultimo numero.»

«Lo so», disse Andy. «C'è un articolo su Dean.»

Evvie fece schioccare le dita. «Aspetta. È lui quello fuori di testa?»

Andy la guardò male. «Non è fuori di testa. Ha perso il braccio. Cioè, non il braccio veramente; ha perso il braccio da lanciatore. Ha tutte e due le braccia. E non è pazzo.»

«Cos'ha che non va?»

«Era un ottimo lanciatore, e poi all'improvviso, è diventato un pessimo lanciatore. Non si sa perché.»

In quel momento Diane Marsten si fermò al loro tavolo. Gestiva il negozio dell'usato, *Esther's Attic*, che prima era stato di sua madre. Spesso, al sabato, Diane e suo marito mangiavano al *Compass*, a volte accompagnati abusivamente dal cagnolino, Ziggy, che quel giorno non era presente a infrangere le regole dell'igiene. «Buongiorno, voi due.»

«Ciao, Diane», disse Andy. «Come va?»

«Non mi lamento.» Evvie sapeva per esperienza che non

era vero. Diane si girò e le mise una mano su una spalla. «Mi fa piacere vedere che hai ricominciato a uscire.»

Evvie lanciò un'occhiata ad Andy, poi si costrinse a sorridere. «Grazie, Diane. Anche a me fa piacere vederti.» Diane riferì le ultime novità sui vicini con malanni (tenendosi educatamente sul vago, tipo «problemi con il suo sistema»), o con problemi personali (stessa storia, per esempio, «quella faccenda della figlia»), poi se ne andò ad assaporare il suo french toast.

«Accidenti», sospirò Evvie.

«Si preoccupa per te, Ev.»

«Lo so. Lo so. Però mi stanno tutti… addosso. 'Hai ricominciato a uscire', dice, come se avessi avuto l'influenza. Si comportano come se io…» abbassò la voce a un sussurro, «come se passassi tutto il mio tempo chiusa in casa a piangere.»

«Ha detto che era contenta di vederti.»

Evvie scosse la testa. «È la *compassione*. Le pacche sul braccio, il tono basso. Tra un paio di settimane ci sarà quella storia di piantare l'albero alla clinica e sarà anche peggio. Tutti si piazzeranno lì seduti a guardarmi piangere.»

«Non c'è bisogno che piangi. Lo sanno tutti quanto lo amavi.»

In realtà nessuno lo sapeva. Andy non lo sapeva.

«Non capisco», continuò Evvie. «Nessuno compatisce Tessa Vasco perché suo marito è morto e non è che lei passi da una festa all'altra.»

«Tessa Vasco ha novantadue anni.»

«E allora?»

«E allora tu non hai novantadue anni. E a differenza di Tessa Vasco non hai bisogno del deambulatore e dell'ossigeno per andare fino al negozio di alimentari.» Si pulì la bocca. «E non per insistere, ma devo farti notare che Tessa fa aquagym.»

«Come fai a saperlo?»

«Perché lo fa anche mia mamma. Però lei ha solo sessantanove anni. Per te è un po' meno imbarazzante.»

Evvie alzò una mano. «Va bene. Era l'esempio sbagliato.»

«Allora posso riprendere il mio tentativo di venderti un inquilino?»

Lei si guardò attorno, e poi tornò a guardare lui. «Perché mai uno sportivo professionista dovrebbe affittare un appartamento a casa mia? Credevo che vivessero… non so, su un'isola privata o roba del genere.»

«Dean vive a Manhattan. L'isola meno privata del mondo. Dice che non può neanche prendersi un caffè senza che qualcuno gli faccia una foto. Vuole andarsene dalla città per un po', e gli ho detto che secondo me qui lo lasceranno in pace. Non si ferma abbastanza a lungo da giustificare l'acquisto di una casa, ma troppo per stare in albergo. Io non posso ospitarlo perché ho le bambine, così ho pensato al tuo appartamento. Almeno sarei sicuro che non affitti da qualcuno che lo fotograferebbe in bagno o venderebbe la sua immondizia a un sito di gossip. Tu guadagneresti qualcosa e magari diventerete amici. Sarebbe un bene per tutti. Gli ho detto che probabilmente gli avresti chiesto 800 dollari al mese.»

Sarebbe stato un bell'aiuto per le bollette. «800 dollari andrebbero bene.»

«Allora è un sì?»

Lei guardò la tazza del caffè, con una pigra e sottilissima increspatura di panna in superficie. «Passate a trovarmi.» Evvie intuì un leggero sbuffo seccato e si irrigidì. «Non lo conosco, Andy. Che cosa pretendi che dica?»

«Ti piacerà. A me piace.»

Evvie si raddrizzò. «A te piace un sacco di gente. Il cielo sa quanti puzzolenti compagni di bevute dell'università mi trascineresti in cucina se te lo permettessi.»

«Non è un compagno di bevute. Ci siamo conosciuti dagli scout. Era al mio matrimonio, Ev, hai visto le foto. E non ricordi che è stato lui a mandare me e le bambine a Disneyland dopo il divorzio? Non ruberà i tuoi gioielli.»

Evvie sorrise: «Non ho chissà quali gioielli».

«Be', allora non ruberà i tuoi… comodi maglioni pieni di buchi, okay?»

Lei fece una smorfia. «Questo è un colpo basso. Senti, come ho detto, portalo a casa mia e fammelo conoscere. Se mi sembrerà un tipo a posto, sarò ben felice di prendere quei soldi.» Pensò per un attimo alla mazzetta di conti e bollette tenuti insieme da un elastico nel cassetto della cucina. Ecco il risultato di un anno senza le parcelle del dottore. Poteva mettere qualcuno nell'appartamento, tenere la porta ben chiusa, riscuotere l'affitto, e magari non si sarebbe neanche accorta che c'era.

Andy sospirò. «Grazie. Ha bisogno… Non saprei, di tranquillità. In più, te l'ho detto, non sarebbe affatto un male se tu avessi un po' di compagnia.»

«Ho compagnia», disse lei. «In questo momento, sono in compagnia.»

«A parte me, intendo. E le mie figlie. E tuo padre. Sai…» gesticolò con la forchetta carica di uova, «non fa bene passare troppo tempo da soli. Ti fa sentire strano.» I capelli chiari e ondulati di Andy e il suo fisico esile lo facevano sembrare il componente di un gruppo indie, sempre sul punto di indossare qualcosa di scozzese e posare per la copertina di un album in cui suonava il washboard. Ma, da sette anni, in lui il papà era profondamente radicato.

«Sto benissimo. Non sono strana. Se dovessi annoiarmi, chiederò a Tessa Vasco di portarmi a una lezione di aquagym.» Era ancora perplesso. «Andy, sto bene. Presentami il tuo amico.» Colpita da un pensiero, Evvie socchiuse gli occhi. «Non è che vuoi farci mettere insieme?»

Andy rise masticando, inghiottì, e buttò giù tutto con una sorsata di caffè. «Me l'ha detto anche lui: 'Vuoi farci mettere insieme?'» Lei non rise. «No, non voglio farvi mettere insieme. Dopotutto, credo che mia madre speri ancora che noi due ci sposiamo, il che non succederà di sicuro se ti faccio fidanzare con un ex giocatore di baseball.»

«Oh, no», disse Evvie. «Non gliel'hai ancora detto?»

«Detto cosa?»

«'Detto cosa?' Che noi ci abbiamo provato a prenderci in considerazione. E che è stata la cosa meno sexy avvenuta fra due esseri umani, forse da sempre.»

«Non mi crederebbe.»

«Lo farebbe, se ci fosse stata.»

«Oh, dici quando sei scoppiata a ridere? Vero.»

«Tutti e due siamo scoppiati a ridere.»

«Tu ridevi più forte», la accusò lui, puntandole contro la forchetta.

«Okay, lo ammetto.»

3

DEAN era seduto nel suo furgone, davanti a casa di Andy. Era partito da New York più di otto ore prima e si era fermato soltanto una volta. Fece un gran respiro. «Okay», mormorò, e andò a suonare il campanello.

La porta si aprì e l'amico lo accolse con un gran sorriso. «Ehi, fratello.» Si abbracciarono con pacca sulla spalla, come facevano da quando avevano tredici anni e Andy gli porse una bottiglia di birra. «Entra.»

La casa di Andy era una modesta costruzione verde abbastanza malandata. Ma dentro, nel soggiorno, la casetta delle bambole delle bambine era parecchio elaborata, tre piani e ascensore. Quel giorno dava l'impressione di essere stata ribaltata e poi raddrizzata, perché parecchi mobili e lampade erano rovesciati sul tappeto. Un hula hoop era appoggiato a un bracciolo del divano, e dietro una porta chiusa si sentiva il rumore della televisione e di due bambine che ridevano. «Benvenuto nel mio palazzo delle feste», disse Andy, indicando a Dean una poltrona. «Come vedi, ci siamo scatenati.»

Dean rise. «Quanti anni hanno adesso?»

«Rose sette e Lilly cinque.» Andy tolse di mezzo l'hula hoop e si sedette sul divano. «Sono nella stanza dei giochi a guardare *Ghostbusters* per la cinquantesima volta, perciò penso che per Halloween si vorranno vestire da scienziate pazze. Io però sono schizzato sul serio.» Bevve un sorso di birra. «Com'è andato il viaggio?»

Dean fece una smorfia al pensiero della sua schiena completamente rigida. «Lungo, ma splendido. È bello vedere posti nuovi. E anche rivedere te. Stavo cercando di ricordare… sono passati tre anni? Quattro?»

«Sì», Andy rifletté per un attimo. «È stato subito prima che Lori se ne andasse, mi pare. Quando siamo venuti alla tua festa, quella organizzata dalla televisione. Quindi quattro anni fa.»

Dean sussultò. «Giusto. Veramente troppo.»

«Allora», disse Andy, «ti aggiorno. Lori se ne è andata. Io insegno sempre matematica. Sono ancora single. Di recente sono diventato consulente di facoltà per l'annuario, un ruolo equiparato a quello di allenatore di una squadra. E con questo direi che sai tutto.» Guardò una foto di lui con le bambine, che stava su un tavolino. «A quanto pare tranne me nessuno si è stupito granché che il mio matrimonio non abbia funzionato.»

Dean raccolse da terra un panda di pelouche, poi lo rimise giù. «So che sarei dovuto venire, quando se ne è andata. Ne avevo l'intenzione, ma non ce l'ho fatta. Ero troppo impegnato a essere una star.»

«Già», Andy si batté con un dito sulla tempia. «Parecchio brutale, quella faccenda.»

Dean rise nella bottiglia da cui stava bevendo. Inghiottì e si pulì la bocca con il pollice. «Anche per me. A quanto pare, sono un disastro di merda.»

«Così dicono.»

«Oh, lo so che lo dicono.»

«Come te la passi?»

Dean si lasciò andare contro lo schienale. «Ho visto anni migliori.»

«Già.»

«E ho ricevuto qualcosa come centomila lettere e mail e

quei dannati tweet, tutti sull'argomento. La maggior parte da gente che sapeva con assoluta sicurezza cosa dovevo fare per rimettermi in sesto.»

«Incredibile che ancora non abbiano risolto.»

Dean sorrise. «Ti rendi conto che potrebbe essere tutto dentro la mia testa? Lo sapevi che quando mi sono trasformato da uno capace di eliminare battitori che finiranno nella Hall of Fame a uno sì e no in grado di colpire un'auto con un sacco di fagioli del cazzo qualcuno ha potuto pensare che fosse un problema psicologico?»

«Psicologico, eh?»

«Già, l'opinione generale è che nasca tutto da qui», disse Dean, battendosi la tempia. «Basterebbe concentrarsi. Visualizzare. Entrare in contatto con il mio guerriero Zulu interiore.»

«Starai scherzando spero. Nessuno può averti parlato di un guerriero Zulu.»

«Ma certo che l'hanno fatto. Hanno menzionato il guerriero Zulu interiore, il quarterback Peyton Manning interiore, e cazzo, qualcuno ha addirittura parlato di un Hannibal Lecter interiore, come se desiderassi scoprirlo, se per caso ho quello. Continuavano a scrivermi: 'Hai provato con l'ipnosi?' 'Hai letto Sun Tzu?' 'Hai provato con un terapeuta?' Come se io stessi cercando di curarmi il braccio con una chiave inglese e loro avrebbero salvato il baseball a New York consigliandomi un terapeuta. Cioè, cazzo, vivo in una città dove perfino le bariste scrivono il nome del loro sciamano su quelle cazzo di tazze di carta, e dev'essere una qualsiasi Margo di Greenpoint a suggerire: 'Prova con uno psicologo'. Grazie, Margo, non ci avevo proprio pensato. Come facevo a sapere che esistono i terapeuti?»

Andy annuì. «E quindi sei andato in terapia?»

Dean si massaggiò la spalla destra. «Certo, e fai pure tutte le battute che ti pare. Sono andato da otto psicologi dello sport e due psichiatri.» Cominciò a contare sulle dita. «Ho fatto l'agopuntura, l'agopressione, le ventose sulla spalla e le candele nelle orecchie, cazzo, e una volta o l'altra ricordami di parlartene, di *quelle*. Ho eliminato il glutine, ho eliminato lo zucchero, ho eliminato il sesso, ho fatto *più* sesso, non ho mangiato carne, ho mangiato *solo* carne. Ho seguito un corso di movimento creativo, sono stato ipnotizzato un casino e ho imparato a meditare. L'unica cosa che continuo a fare, tra l'altro.» Guardò Andy, che aveva in faccia una smorfia perplessa. «Dove ti ho perso? Al sesso in più?»

«No, al 'corso di movimento creativo'. Mi pare che lo faccia Rose.»

«Oh, è una cagata chic. Avrebbe dovuto aiutarmi a raddrizzare la spina dorsale, e a muovermi in modo più naturale. Sembravo uno di quei pupazzi gonfiabili che sventolano davanti alle concessionarie. Continuavano a dirmi che dovevo slegare di più le ossa. Nessuno su Twitter mi aveva diagnosticato ossa legate, perciò 'fanculo Internet, giusto?»

Andy scosse la testa. «Mi spiace, Dean. Volevo chiamarti, per sentire come stavi. Ma è più facile chiamare Greenpoint e chiedere a Margo.»

«Non sei divertente.»

Andy sorrise. «Allora, adesso che sei qui, che vuoi fare?»

«Stare alla larga da Internet. Decidere cosa fare adesso che ho, tipo, i prossimi cinquant'anni liberi.»

«Hai già qualche idea?»

«Cazzo ne so.» Dean roteò di nuovo la spalla. «Potrei allenare, appena sarò un po' meno famoso come quello che non sa quello che fa. O diventare commentatore sportivo, ma non è che nei media sportivi mi sia fatto tutti questi amici. Soldi ne ho ancora, quindi posso decidere con calma. Ma è circa un anno che ci penso, e ormai a *Overwatch* ho raggiunto il mio massimo livello, più bravo di così non posso diventare.»

Cercando di restare serio, Andy disse: «Posso chiederti una cosa?»

«Certo.»

«È vero di *Ballando con le Stelle*?»

«È vero che me l'hanno chiesto. E non ridere, dai. E la parte del ballo mi piaceva. Hai visto Emmitt Smith? Era fighissimo. Però, mia cognata lo guarda sempre e mi ha detto che se ci andavo avrebbero insistito a farmi parlare di come questa fosse la mia unica chance per riscattarmi e mi avrebbero fatto ballare il valzer sulle note di *Take Me Out to the Ball Game* eseguita al violoncello, o una merda del genere, perciò ho detto di no. E allora hanno preso quel pattinatore che è caduto alle olimpiadi e ha versato fiumi di sangue sul ghiaccio. A quanto pare un fallito vale l'altro.»

«Tu non sei un fallito», disse Andy, e mise una mano sulla spalla di Dean. «Tu sei un malato di mente. È completamente diverso.» Risero, e Rose spuntò dalla porta della stanza dei giochi e urlò.

«Papà, non sento niente, fate troppo rumore!»

«Devo pulirti le orecchie? Porto dentro il tubo da giardino? O facciamo con l'aspirapolvere?» Le gridò Andy. Qualche risatina e la porta si richiuse. «Che mostri», disse Andy, scuotendo la testa. «Allora. Ho preparato il letto nel seminterrato. Per adesso puoi stare qui. Domani ti porto da Evvie. Vuole conoscerti, assicurarsi che non sei un violento e che non suoni niente.»

«C'è qualcosa che devi dirmi, su di lei?»

«Su Evvie? È una grande. Grandissima. Ti piacerà. È molto spiritosa. È carina; è un po' il tipo… tua sorella.»

Dean lo guardò perplesso. «Non ho sorelle.»

«Voglio dire che è tipo *una* sorella, la sorella di *qualcuno*.»

«Di chi?»

«Di nessuno. È figlia unica.»

Dean scosse la testa. «Non sei capace.»

Andy alzò le spalle. «Capelli castani. Tanti maglioni. Occhi marroni… mi pare.»

«Altre soffiate?»

«Non sbagliare il suo nome. Come dice sempre lei, è Evvie come Chevy, non Evie come Max Greevey.»

«Chi diavolo è Max Greevey?»

«Un poliziotto di *Law & Order*. Da piccola Evvie non guardava molto la tele, così adesso sta recuperando. È arrivata più o meno al 1998. Ha appena cominciato *Dawson's Creek*.»

«Uau, vecchia scuola.»

«Ma è fantastica. Quando sono rimasto solo con le bambine, mi ha salvato la vita. Fammi un favore e non lasciare che si occupi di te, perché non sa limitarsi e finiresti col diventare una persona migliore del necessario.»

«Capito. Hai detto che le vanno bene 800 dollari?»

Andy annuì. «Detto tra noi, credo che abbia bisogno di quei soldi. Il marito non aveva assicurazioni.»

«Ahia.»

«Già. Cioè, per carità. Sai cosa si dice, che non bisogna parlar male dei morti o del ragazzo che ha sposato la tua migliore amica.»

«Fra voi non c'è niente? Non ci fai un pensierino?»

«No.»

«Adesso siete tutti e due single.»

Andy spinse con il piede una piccola abat-jour di plastica verso la casa delle bambole. «Sì, ma quando ci siamo conosciuti non lo eravamo. E fino all'autunno scorso lei era sposata. Circa sei mesi fa abbiamo provato a… lasciarci un po' andare sulla porta di casa sua. Sembrava una cosa logica. Non so come spiegarti, ma non ha funzionato. Era come cercare di infilare una scena di sesso nel bel mezzo di quei video che ti fanno vedere in aereo, prima del decollo, per spiegare come si allaccia la cintura di sicurezza. Credo che ci conosciamo troppo bene. Ma non riesco a convincere mia madre.»

«Oh, mamma Kell. Come l'ha presa, quando hai divorziato?»

«Aveva paura che le bambine se ne andassero con Lori, ma quando ha scoperto che sarebbero rimaste quasi sempre qui mentre Lori per un po' faceva cose da Lori, credo abbia pensato che era andata bene così.»

Dean bevve un sorso, poi appoggiò di nuovo la testa allo schienale. «E come vanno le cose con Lori?» chiese a bassa voce.

«Bene. Siamo amici. O almeno amichevoli. Lei non ha voglia di venire fin qui, perciò arriva fino a Portland, io porto le bambine lì, e le vede. E telefona. Le ama molto.»

«Ha fatto punto e a capo, eh?»

Andy annuì. «Io non avrei potuto andarmene senza di loro, ma è la sua vita. E come mi ha fatto notare Evvie, i maschi l'hanno sempre fatto. E nessuno ci fa caso. E alle bambine Charleston piace un sacco. Vanno a stare dai nonni per un paio di giorni, bevono tè pieno di zucchero finché non gli cadono i denti, e quando tornano parlano tipo: 'Ehi, pa', 'sta 'ragosta la vuoi magnare?»

«Be', è sempre utile conoscere le lingue.»

«Giusto. Nel complesso, potrebbe andare molto peggio.»

«Immagino che potrei dire la stessa cosa.»

Quando erano ragazzini, Dean aveva passato un sacco di tempo a casa di Andy, esattamente nello stesso modo, a cazzeggiare. Aspettava che finissero le elementari, e poi le medie e le superiori per poter passare alla fase successiva. Ma allora sapeva cosa sarebbe successo dopo. Adesso i suoi unici progetti erano cenare e prendere il sacco a pelo nel furgone. La parte del futuro che riusciva a mettere a fuoco si era ristretta; la parte che era soltanto un muro di nebbia si stendeva all'infinito. Certi giorni ancora si svegliava e per circa quindici secondi pensava di avere delle cose da fare, finché non si ricordava che no, non le aveva.

E il sedicesimo secondo era mortale.

4

CALCASSET era in quella parte del Maine a cui sta molto bene la definizione di Mid Coast, perché non significa decisamente nulla, e una descrizione che non significa decisamente nulla è una potente indicazione della modestia che caratterizza la comunità. Perfino il clima cambiava educatamente: ogni anno, quando l'estate cominciava a cedere il passo all'autunno, arrivavano delle mattine frizzanti ad avvertire che presto avrebbe fatto davvero freddo.

Appena Evvie si svegliò e posò un piede sul pavimento di legno, comprese che sarebbe stato uno di quei giorni in cui l'autunno faceva capolino. Preparò il tè, mangiò una ciotola di avena con uvetta e sciroppo di acero e infilò il suo cardigan grigio preferito sulla maglietta della Calcasset High School Band – ancora in pista dopo quindici anni – e i jeans. Quel golf lasciava una scia di pelucchi ovunque, ma risaliva ai tempi dell'università. Quando se lo metteva e beveva qualcosa di caldo, le piaceva fingere che le conferisse dei superpoteri autunnali e un certo fascino casalingo.

Poteva lavorare. Doveva lavorare. C'era una vocina che diventava sempre più forte e diceva: *Fai qualcosa, fai qualcosa.* Doveva rispondere a qualche mail, compresa una di Nona

Powell Brown, docente alla Howard, che come oggetto aveva: «Il tuo orecchio percettivo».

Ogni tanto Evvie si definiva «una che per professione origlia», ma, in realtà, era una trascrittrice. Lavorava soprattutto con le interviste registrate da ricercatori e giornalisti, e aveva anche quelli che definiva «clienti pronta cassa» che volevano la documentazione di riunioni dei consigli di amministrazione o presentazioni. Chi pensava che sarebbe bastato un buon software a sostituirla considerava questo metodo un'inutile noia, lo sapeva benissimo. Tim una volta scherzando le aveva detto che avrebbe dovuto farsi dei biglietti da visita con scritto: «Per i casi in cui la tecnologia va in tilt». E lei si sentiva sul collo il fiato dell'automazione, proprio come tutti quelli con cui lavorava.

Tuttavia, trovava il suo lavoro abbastanza favoloso. Significava mettersi le cuffie e ascoltare per ore le storie delle persone, riprodurre il loro accento, sorprendersi quando le loro voci si spezzavano o sfociavano in una risata. Spesso si faceva delle idee sul loro aspetto o sul loro abbigliamento, e a mezzanotte li cercava online, seduta a letto con il viso illuminato dallo schermo del portatile, per vedere se ci aveva azzeccato. Era brava; poteva digitare alla stessa velocità con cui ascoltava e un reporter del *The Boston Globe* l'aveva definita «l'unica donna in grado di tradurre un borbottio». Era stato lui a metterla in contatto con Nona, la sua cliente preferita, una economista del lavoro che scriveva quelle che definiva «biografie professionali». L'ultima era sul taglio della legna, ed Evvie aveva trascritto circa duecento ore di registrazioni. Ora sapeva un mucchio di cose sui taglialegna, per esempio che quel lavoro aveva il più alto tasso di mortalità di qualsiasi altra occupazione negli Stati Uniti. Non erano argomenti brillanti da tirar fuori a una festa, o almeno non lo sarebbero stati se lei avesse frequentato le feste.

La mail di Nona diceva che aveva in progetto un libro sui pescatori di aragoste del Maine, e che non avrebbe iniziato il lavoro prima di un anno almeno, però chiedeva se a Evvie interessasse partecipare alle ricerche. Non soltanto la trascrizione, ma anche le interviste, oltre ad aiutare Nona con il lavoro online. Si trattava di una specie di promozione. «Cerco sempre di collaborare con la gente del posto», aveva scritto Nona, «e naturalmente ho pensato subito a te. Non so quali siano i tuoi impegni in questo periodo, e manca ancora un sacco di tempo, ma fammi sapere quando potremmo parlarne.»

Al momento, però, l'orecchio percettivo di Evvie era parecchio in pausa, e non aveva ancora risposto a Nona. Faceva qualche lavoretto ogni tanto per non restare al verde, però non poteva neanche pensare di andare e venire fra le cittadine della costa, dove sarebbe stata interrotta di continuo da condoglianze che l'avrebbero catapultata di nuovo dentro il suo matrimonio. Erano parecchie le cose a cui non poteva neanche pensare.

Perciò invece di rispondere alle mail dei clienti, divorava libri che si spostavano con lei da un tavolo all'altro, da una sedia all'altra, e leggeva e smetteva e leggeva ancora un po', infilando un pezzo di carta fra le pagine come segnalibro. Adesso, era a circa un terzo di un romanzone del sud che desiderava leggere dal momento in cui aveva sentito alla radio l'autrice parlare di quando abitava sopra un salone di bellezza con la sua famiglia e la loro illegale scimmietta da compagnia.

Era sdraiata sul divano, e cercava di ignorare la vocina *Fai qualcosa, fai qualcosa,* quando sentì bussare qualcuno che doveva essere Andy con il potenziale inquilino. Saltò su e si avviò alla porta, ma a un certo punto si bloccò. Il suo sguardo cadde sulla mensola del camino, su cui erano posate due candele profumate e una scultura fatta con legno di recupero presa in un qualche posto di mare dove lei e Tim erano andati a farsi un panino all'astice. Aprì il cassetto della scrivania nell'angolo e tirò fuori la foto di nozze nella cornice d'argento. Quel gazebo le piaceva tanto, mentre il vestito da sposa lo aveva detestato. Tuttavia, sistemata lì fra le candele forse la foto avrebbe testimoniato che lei soffriva veramente e non era un *mostro mostro*. Andò alla porta.

Quando aprì, Andy non c'era. C'era soltanto un uomo, esageratamente alto, con gli occhi verdi e i capelli scuri spruzzati di grigio. Il braccio sinistro era scottato dal sole, come succede quando lo tieni fuori dal finestrino dell'auto. «Oh», disse lei. «Ciao.» Andy non le aveva detto che il tipo era così bello, ma probabilmente non se ne era mai accorto. Andy era un bravissimo ragazzo anche se di queste cose non capiva niente.

«Evvie», disse lui.

«Scommetto che sei Dean», e gli tese la mano. Lui la strinse e disse: «Lieto di conoscerti. Spero di non disturbare. Avevo paura che se fossi venuto con Andy ti saresti sentita in obbligo di dire di sì pur di farlo stare zitto, così l'ho lasciato a casa».

Lei guardò gli occhi dell'uomo, i polsi, gli zigomi pronunciati, tutti quegli anni di sole sulla pelle, e quell'aspetto meno giovane di quello che pensava. «Certo, vieni, va benissimo.» Si ricordò di lasciargli andare la mano e si spostò per farlo entrare in casa. Chiudendo la porta gli sfiorò una spalla e sentì una zaffata di sapone e forse di pancetta, che sicuramente Andy gli aveva messo davanti quel mattino, insieme ai waffle surgelati che piacevano tanto alle bambine. «Quando sei arrivato?» chiese.

Lui diede un'occhiata al soggiorno. «Ieri pomeriggio. Sono stato un po' con Andy e le bambine. Non ci vedevamo da anni.»

«Dev'essere stato divertente. Le bambine ti hanno chiesto dove vivi? Al momento sono fissate con la geografia. Carte, mappamondi, la forma della costa.»

«Infatti. Ho dovuto promettere che una volta le porto nella metro. Penso che saranno deluse quando scopriranno che non è affatto uguale alle montagne russe, come sembra sulle cartine.»

«Lilly ti ha chiesto di giocare a Dottoressa Pelouche?»

«Sì. È molto coscienziosa. Devo ripresentarmi fra sei mesi per un controllo.»

Evvie annuì. «È molto scrupolosa.»

«Sono stato in mani peggiori.» Sorrise, un mezzo sorriso, in realtà. Ed era un mezzo sorriso molto attraente.

«E così sei venuto fin qui da Manhattan. Quanto ci vuole?»

«Più o meno otto ore.»

«Accidenti.»

«Sì. Il lato buono è che ho potuto ascoltare un sacco la radio.»

«Cosa ti piace? Trasmissioni sportive?»

«Oh, no. Degli stronzi che parlano di sport senza averlo mai praticato non mi interessano affatto», disse. «Casomai mi piace la radio normale.»

«Anche a me. E i podcast.»

«Mio fratello sta cercando di farmeli scoprire. Il mio timore è che alla fine siano tipo tre tizi su Skype che si gasano a parlare di band. Tu quali ascolti?»

«Uno di musica, uno di design, un paio di politica quando ne ho voglia. Quelli del genere: 'Oggi è con noi un uomo che ha imparato tutto e non sa nulla'. Roba così. E uno in cui un tipo riassume romanzi dell'orrore. Non so neanche come mai ci sono capitata; non sono una fan dell'horror.»

«Non è male imparare qualcosa su argomenti che non ti interessano», disse lui.

Lei rise. «Ecco perché do un'occhiata a *Sports Illustrated*, senza offesa.»

«Non mi offendo affatto.»

«E comunque. La casa è questa. L'appartamento è sul retro. Non ha un ingresso separato, perciò devi entrare da qui, oppure dalla porta sul retro che dà in cucina. Ma è un attimo», gli fece attraversare la casa. «Vieni, ecco qui.» Teneva sempre chiusa la porta dell'appartamento e non aveva acceso il riscaldamento, perciò quando la aprì si sentì il freddo. «Di solito è ben caldo, te lo assicuro.»

Lui la seguì ed eccoli lì, circondati dalla moquette beige, con la luce grigia e nuvolosa che entrava dalle finestre. Evvie tirò la catenella del lampadario centrale, ma dopo che ebbe fatto un giretto lui la spense. Dean diede un'occhiata al bagno, poi tornò vicino a lei. Mentre apriva e chiudeva il frigorifero nell'angolo cottura fece un movimento come per sgranchirsi una spalla dolorante. Fece qualche passo indietro e si fermò con le mani sui fianchi. «Ho l'impressione che dovrei farti delle domande.»

«Hai delle domande da farmi?»

«Non saprei.»

«Va bene», disse lei. «Provo io con le risposte. Puoi far venire chi vuoi, naturalmente, non mi darà nessun fastidio. Di solito lavoro al piano di sopra, o nel soggiorno dove sei entrato prima. Hai l'angolo cottura, ma se hai bisogno della mia cucina, c'è posto in abbondanza.»

«So fare soltanto il formaggio grigliato», disse lui. «E le Pringles. Sono bravissimo con loro.»

«Cioè, apri i tubi di Pringles, o le cucini?»

«Apro. Le compro, le apro e me le sbatto in bocca.»

«Ah. Capito. È come io preparo gli Oreo», disse lei. Lui rise, e lei gli fece vedere lavatrice e asciugatrice, il barbecue a gas fuori e il posto dietro casa dove poteva parcheggiare.

Lui si guardò attorno. «Sembra perfetto, davvero. So che non eri sicura di volerlo affittare, perché non mi conosci, eccetera.»

«Dopo aver parlato con Andy ci ho pensato un po' su. È una buona idea, in realtà. Possiamo fare un accordo aperto, non c'è bisogno che ti impegni in qualcosa…» agitò la mano «…in qualcosa di grosso che non andrebbe bene nella tua situazione. E a me questo spazio non serve.»

Lui annuì lentamente. «Regole della casa? Altre cose?»

«Non si fuma. Hai animali?»

«Non ho animali e non fumo. Una storia vera: un mio amico aveva un Danese che cercava sempre di mangiare le sue Marlboro Light. E una volta è finito in clinica veterinaria.»

«Almeno erano leggere.»

«Sì, se l'è cavata. Non ti piacciono i cani?»

«Sì, mi piacciono. Ho sempre desiderato prenderne uno. Ma non mi sono mai decisa.»

«Succede», disse Dean. «Andy ha detto che chiedi 800 dollari?»

«A essere sincera, gli 800 dollari li chiede Andy. È lui che tratta a nome mio.»

«Mi sembra una cifra ragionevole.» Dean sorrise e guardò dalla finestra, gli alberi che si agitavano. «C'è vento.»

Scese il silenzio. Evvie sentì il rumore di una macchina e le raffiche del vento. Una folata di foglie attraversò il cortile. «È una classica giornata da tazza di tè», disse dopo un po'. «Immagino che tu preferisca Gatorade o cose del genere. Lo bevi il tè?»

«Quando fa freddo, bevo il tè. Il Gatorade caldo non è granché.»

Tornarono in cucina e si sedettero uno di fronte all'altra, al tavolo di legno. Evvie rimpianse di non aver buttato via il mazzetto di prezzemolo avvizzito che teneva in un barattolo d'acqua. «E così tu e Andy siete cresciuti insieme a Denver.» Lui annuì. «E poi?»

«Io sono andato alla Cornell per giocare a baseball. Mi sono laureato lì, poi ho fatto il militare, ho giocato in un paio di squadre delle serie minori, e nel 2008 mi hanno preso nei Marlins.»

«I… Miami Marlins?» azzardò lei.

«Esatto. Ma allora si chiamavano Florida Marlins, prima di farsi lo stadio. Perciò ho vissuto a Miami per un paio d'anni, poi mi hanno venduto agli Yankees, e mi sono trasferito a New York. E adesso sono disoccupato. E tu?»

«Niente di così interessante. Sono cresciuta qui a Calcasset. Mio marito Tim e io siamo andati alla USC, l'università della California del Sud, dove lui ha fatto medicina. Poi è stato a Portland per l'internato. Io vivevo qui, e così non eravamo troppo lontani. Poi si è spostato a Calcasset, ci siamo sposati e abbiamo preso questa casa. Quattro anni fa.»

Lui abbassò subito lo sguardo a terra, ed Evvie ne dedusse

che Andy gli avesse raccontato com'era finita, almeno per quanto ne sapeva lui. La sua versione non includeva lei che saliva in macchina con i suoi documenti e una busta di contanti.

Dean la guardò. «Mi spiace per te, a proposito.»

«Sì, grazie.» Vagliò mentalmente altre possibili domande. «Quanto pensavi di fermarti?»

«Non so. Sei mesi? Al massimo un anno. Dovrò tornare a New York prima o poi, la mia vita è lì. Ma adesso, ho bisogno di schiarirmi le idee.» Sorrise. «Al momento, è tutto quello che so.»

Lei annuì. «Ti capisco.»

La quantità di tempo che due persone che si sono appena conosciute possono dedicare a guardarsi senza parlare, è nello stesso tempo brevissima e molto precisa. Se si eccede, subentra il sospetto, o la minaccia, o un lampo di imprevista intimità, come se avessi intravisto quella persona nuda dietro il vetro della doccia. Sorrisero entrambi, e il momento terminò. «Bene», disse lei. «Direi che è tuo. L'appartamento. Prendilo, se vuoi.» Capì che lui stava valutando con attenzione se dire o non dire qualcosa. «Cosa c'è?» domandò lei.

«Mi chiedevo se devo impegnarmi a non fare lo scemo, sai com'è.»

Lei sollevò un sopracciglio. «E io? Devo prometterti di non fare la scema?»

Lui si fece un poco più serio. «Credo che dovremmo fare un patto.» Lei attese. «Tu non mi fai domande sul baseball, e io non ti faccio domande su tuo marito.»

«Non ti ho chiesto niente sul baseball.»

«Lo so. E io non ti ho chiesto niente su tuo marito.»

«Ma vuoi che la cosa sia stabilita ufficialmente.»

Lui si sfregò gli occhi. «Non so quanto ne sai tu, Evvie, ma io ho passato un anno di merda. Un paio di anni di merda. E ne ho parlato tantissimo. E magari tu ti trovi nella stessa situazione. Se per te va bene questa cosa, mi fai un grande favore, e me lo farai ancora più grande se ci comporteremo in modo normale. Che io dico ciao e tu dici ciao e lasciamo perdere tutta la faccenda della signora triste e misteriosa e il fallito in esilio.»

Lei socchiuse gli occhi. «Quindi, per esempio, non devo dirti che a me sia 'fallito' sia 'in esilio' mi sembrano un po' esagerati.»

«Esatto. E io non ti chiederò come mai invece 'signora triste e misteriosa' mi sembra perfetto.»

Lei gli porse la mano attraverso il tavolo. Invece di stringergliela con la destra, quella professionale, lui la prese con la sinistra. «Affare fatto?» chiese.

Lei annuì, notando le lentiggini sul polso.

E piantala, su.

5

QUALCHE giorno dopo, Evvie stava cacciando nel cassetto della cucina il secondo sollecito per la bolletta della luce quando sentì un gran botto provenire dall'appartamento. Andò a bussare, e Dean spalancò la porta. «Ciao.»

«Ciao», disse Evvie. «Tutto okay?»

«Sì, sì, scusa per il fracasso. Mi è caduto uno scatolone. E non è mai quello con dentro le lenzuola, eh? È sempre qualcosa che fa un rumore tipo quando cerchi di ammazzare un robot gettandolo giù per le scale.»

Evvie rise. «Come va? Ti sistemi? Non ero sicura di averti spiegato come si aprono le finestre.»

«Sì, l'hai fatto, sono aperte e mi godo la brezza. Vuoi entrare? Sto svuotando gli scatoloni. Mi è andata molto bene al vostro negozio dell'usato. Ho trovato mobili, piatti, e anche la padella per grigliare il formaggio.»

Evvie sbirciò dentro. «Ma non un letto.»

«Arriva. Diane mi ha detto che un materasso usato poteva essere pieno di acari.»

«Brava. Se vuoi ti offro volentieri la mia camera degli ospiti finché non arriva il letto.»

«No», rispose Dean. «Ho dormito in aereo accanto a gente che sputava tabacco tutto il tempo, posso benissimo resistere ancora un paio di giorni da Andy. E comunque so che Lilly ci tiene che torni stasera perché vuole farmi vedere dei disegni di un supereroe che ha inventato lei. Suo padre le ha detto che mi piace Batman.»

Lei entrò nell'appartamento, che era così diverso con qualcosa, qualsiasi cosa, dentro. Perfino gli scatoloni gli davano un altro aspetto, e Dean aveva già piazzato un paio di poltrone molto comode una di fronte all'altra. «Batman, eh? Sei uno di *quelli*.»

«Sì. Qualche anno fa ho partecipato alla Comic-Con di San Diego indossando un costume. Costume completo, eh? Maschera compresa. Ho perso un paio di giorni di allenamento e mi hanno multato, ma ne è valsa la pena.»

«Perché?»

Dean smise per un attimo di sistemare. «Non ci ero mai stato. E avevo sempre desiderato andarci. Avevo visto la foto di un tizio travestito da Boba Fett… sai, quello di *Star Wars*?»

«So chi è Boba Fett.»

«E così ho pensato che la Comic-Con fosse l'unico posto in cui potevo portare una maschera e socializzare lo stesso. Probabilmente quell'anno è stato il momento in cui ho potuto essere più normale, mentre mi aggiravo vestito da supereroe.»

Lei sorrise. «Magari Bruce Wayne lo faceva proprio per quello.»

Lui rise. «Già, è possibile.»

«Direi che *Esther's Attic* ti ha fatto un buon servizio», commentò Evvie. «È da una vita che non ci compro più nulla, ma lei è incredibile. Diane, non Esther. Esther è morta che andavo ancora al liceo. Ma Diane sa dirti chi le ha dato ogni singolo oggetto del suo negozio. Una volta stavo per comprare un golf da lei ma mi ha raccontato che glielo aveva portato il mio dentista insieme a un mucchio di altra roba di sua madre quando lei si era trasferita in una residenza per anziani. Non ce l'ho fatta. Era già abbastanza brutto che desiderassi comprarmi una maglia da anziana, senza arrivare addirittura a farlo.»

«Lei parla molto bene di te», Dean alzò lo sguardo dallo scatolone che stava svuotando. «Mi ha assicurato che sarai una padrona di casa molto simpatica. Quando ti nomina si mette una mano sul cuore e tutte quelle cose lì.»

Evvie sospirò. «Eh già. Certo. Vedrai quanta gente ti dirà che sono tanto simpatica, il che in realtà significa che sono molto in pena per me e molto preoccupati perché devono trovarsi un nuovo dottore.»

«Dice che sei tosta.»

«Sì, me lo immagino.»

«Ho conosciuto il suo cane.»

«Ah, Ziggy.»

«Sì. Ha detto che è un… gondoldudù o qualcosa del genere. Mi ha fatto prendere uno spavento bestiale. Credevo che fosse impagliato e poi si è mosso verso di me. A momenti urlavo.»

«È un goldendoodle in miniatura. A Natale gli mette le corna da renna e il Giorno di San Patrizio un berretto da irlandese.»

«Non vedo l'ora.»

«Per il resto la città si sta comportando bene con te?»

«Sì. È piacevole, tranquilla. È… ecco…»

«Antiquata? Puzza di pesce?»

«Bianca. È bianchissima.»

«Oh. Te ne sei accorto, eh? Sai che il Maine è lo Stato più bianco del Paese? E il più antico. Gelido d'inverno, pieno di turisti d'estate. Lato positivo: le aragoste.»

«Che fa la gente per divertirsi?»

«Ogni tanto gli studenti lanciano mattoni contro le finestre di una fabbrica abbandonata.» Pausa. «Non è quello che intendi per 'divertirsi'?»

Lui sorrise e posò un frullatore sul banco della cucina. «Pare che a nessuno freghi niente del baseball, e questo è buono.»

Evvie rise e si sedette su una delle poltrone, esaminando la lavorazione del bracciolo. «Non è vero. Non gliene frega niente del baseball professionista. Ma del baseball gliene frega tantissimo, te lo assicuro.»

Lui si accigliò. «Veramente?»

«Ti trovi nella città dei Calcasset Claws», rispose lei. Dean la guardò perplesso, e lei sollevò una mano formando una V. Lui la fissò senza capire. «Non hai visto 'Forza Claws'? Mi sembra che Diane ne abbia uno in vetrina.»

«Ah», disse lui. «Ecco cos'era. Vuoi un po' d'acqua?»

Lei annuì e lui le lanciò una bottiglietta di plastica. «Negli anni Ottanta avevamo una squadra che si chiamava Atlanta Braves, che poi si è persa, e qualche anno fa si sono formati i Calcasset Claws, che giocano nello stesso impianto. Fanno parte della Northern Atlantic League, un campionato locale.»

Lui si sedette sul bancone della cucina. «Regge?» chiese indicandolo. Lei fece un gesto di assenso. «E quindi», disse lui, «ai Claws ci tengono.»

«Da matti. Però un paio di anni fa c'è stato uno scandalo.» Sollevò e riabbassò le sopracciglia.

«Non mi dire.»

«Intrigo alla corsa dei cereali.» Si girò nella poltrona in modo da sistemarsi con le gambe che penzolavano di lato. «Durante tutte le partite casalinghe, tra il terzo e il quarto inning, tre bambini si mettono dei costumi di gommapiuma che rappresentano tre scatole di cereali. C'è una scatola di Cheerios, una di Wheaties e una di Chex. Corrono intorno alle basi, e chi arriva primo vince una palla autografata e un buono da spendere da Dairy Queen.»

«Uau, gelati!» disse Dean. «Roba buona!»

«Esatto. Come potrai immaginare, è una faccenda molto seria. E il pubblico fa un gran tifo, tutti in piedi a gridare 'CHEEEEERIOOOOS!' o 'WHEEEEEEEEEATIEEEES!' Così. Comunque. C'è un bambino, Mike Parco, che al tempo ha otto anni ed è uno stronzo perso. Lo so che non si dovrebbe parlare così di un bambino, ma ti giuro che alla maggior parte degli uomini servono almeno due divorzi per diventare così bastardi. Sua mamma, Talley, aveva il banchetto delle aragoste allo stadio e tutti sapevano che andava a letto con Doug Lexington, l'addetto ai rapporti con i fan, *ah ah ah*.»

Dean ridacchiò. «Oh, Talley.»

«E così, probabilmente per smaccato favoritismo, Mike ha partecipato alla gara vestito da Cheerios per circa dieci partite di fila. Ma, dato che i rapporti coi fan ti possono portare fino alla scatola ma non oltre le basi, non ha mai vinto. E Talley ha cominciato a lamentarsi dicendo che era colpa del costume. E che la corsa dei cereali era *truccata*. Così scrive al *Calcasset Neighbor*, pretendendo che qualcuno faccia qualcosa per questa ingiustizia e restituisca ai cittadini la fiducia nei valori dello sport.»

«Caspita, la tipa si sbatte parecchio per un po' di gelato gratis.»

Evvie rise. «Vero? E così solleva questo *enorme* polverone, e alla fine salta fuori che durante la partita contro i Concord, Mike Parco indosserà la scatola dei Wheaties. Quando arriva la sera della gara, la storia ormai ha tutto – sesso, sport, corruzione – e così ci vanno in molti. Chiunque. Avresti potuto entrare in qualunque casa della città e ripulirla completamente. Prendere e portare via tutto. E non sono lì per la partita, sono lì per la *corsa dei cereali*. Non per amore della comunità, non per spirito di solidarietà locale, sono lì perché *vogliono vedere chi vincerà la corsa dei cereali.* È la cosa meno nobile che abbia mai riunito un'intera cittadinanza. È l'esatto contrario del finale di un film su Hallmark Channel.»

Lui annuì. «Non ti voglio mentire: questo a New York non succederebbe.»

«Infatti. Brindiamo alla Mid Coast, patria di una sorprendente quantità di persone che hanno il venerdì sera libero.» Evvie sorrise sollevando la bottiglietta d'acqua. «E così Mike sta dentro la scatola dei Wheaties. Il figlio di Dutch Halloran, che noi chiamiamo Doppio Dutch perché il suo vero nome è

Addison che non gli sta per niente bene, ha quella dei Chex. E nella malfamata scatola dei Cheerios c'è Bree Blythe Netherington, che è la bambina più bassa della terza elementare. Bree è talmente piccolina che siamo tutti certi che non arrivi a vedere dai fori della scatola.»

Dean si sbatté una mano sulla fronte. «Oh, no!»

«Oh, sì. Insomma sono tutti e tre schierati e Denny Paraday – l'interbase, che conduce la gara dei bambini – dice 'VIA!' e partono. Vanno verso la prima base, correndo come possono, un po' da papere, e Bree è così bassa che il costume le arriva alle caviglie, ma per ragioni che sfidano le leggi della fisica, va come *una scheggia*. È la prima ad arrivarci, anche se le basi vere e proprie sono state tolte per evitare che i bambini inciampino. E lei non ci vede, così continua a correre, e la vediamo diretta senza pietà verso il cartellone pubblicitario sulla recinzione del campo. Qualcuno grida, 'Gira, Cheerios!' E lei si gira e grazie a un qualche GPS o calamita in testa, punta dritta alla seconda. È come un *cane da caccia*. E quando ci arriva, lo fanno di nuovo: 'Gira, Cheerios!' e lei si gira.

«Quando riescono a farla svoltare anche alla terza base, sembra proprio che vincerà. Mike è davanti a Doppio Dutch, però è un passo dietro a Bree. E poi qualcuno ha l'impressione di vederlo che cerca di farle lo sgambetto. E partono le grida: 'Wheaties bara! Wheaties bara!' Bree è ancora in piedi. Lo batterà. Ma poi, e questa volta lo vedono proprio tutti, dalla scatola dei Wheaties spunta un piede, Mike lo mette proprio davanti a lei, e Bree inciampa e cade prendendosi quella che, attutita da quindici centimetri di gommapiuma, è una bella musata. E così Mike attraversa il piatto, mentre Bree è distesa a terra con le braccia e le gambe che spuntano dalla scatola e si dimenano. Sembra una tartaruga di gommapiuma, a forma di scatola dei Cheerios.»

«Immagino che qualcuno l'abbia aiutata. Cioè, non sarà ancora lì.»

Evvie ridacchiò. «No, no, tranquillo. L'hanno tirata su, e sua mamma ha postato il video su YouTube col titolo: 'Il filmato che lo stand delle aragoste non vorrebbe farvi vedere'. Alla fine il buono regalo di Mike fu annullato e Bree ottenne gelati gratis per tutto l'anno. Doug delle pubbliche relazioni mollò Talley per la vergogna, e lei ha dovuto lasciare lo stand delle aragoste, e adesso è responsabile di una parafarmacia a Camden. Mike è stato escluso a vita dalla corsa dei cereali, anche perché quando gli hanno chiesto di scusarsi pubblicamente durante una partita, lui ha preso il microfono e ha fatto rumori di scoregge col gomito.» Evvie bevve un paio di sorsate. «È tutto vero. Dio mi è testimone.»

«Non mi stupisce che di me non gliene importi un accidente.»

Lei rise. «Credimi, di te sanno tutto. È l'economia del pettegolezzo che funziona diversamente. Si preoccupano dei Claws e delle pessime condizioni del campo da calcio del liceo, e del destino dell'aragosta del Maine, e di quanti turisti arriveranno. Sono certa che è per questo che Andy te lo ha consigliato come il posto giusto dove prenderti una pausa. Qui la gente non è…»

«Non sono ficcanaso.»

«Oh, no», rispose lei, staccando l'etichetta dalla bottiglia. «Sono ficcanaso eccome. Ma preferiscono spettegolare sui locali che su chi viene da fuori. Violano la tua privacy solo se ti conoscono fin da quando eri piccola.»

«Come te che vivi qua da sempre.» Dean la guardò.

«Sì», rispose lei, piano. Non aveva fatto caso al rumore del frigorifero, e quando staccò ascoltò molto attentamente l'assenza di quel rumore. «Ma parliamo di te. Che farai mentre sei qui? Immagino che tu non abbia intenzione di commerciare in aragoste.»

«Le insegne che vedo in giro la fanno sembrare una buona opzione, soprattutto visto che non riuscirò a farmi assumere nella fabbrica di scarpe come speravo.»

«Guarda che le aragoste sono un lavoro serio. Era quello di

mio padre. Quando ero piccola si è comprato una barca, e ha pescato fino a un paio di anni fa, quando è andato in pensione.»

«Stanno ancora insieme lui e tua madre?»

«No. Lei si è trasferita in Florida quando avevo otto anni. Si è risposata con un agente immobiliare, crea gioielli e li vende ai turisti. L'ultima volta che l'ho sentita, lavorava con i vetrini portati dal mare e vecchie monetine. Non chiedermi quale sia il canone estetico.»

«Forse la ispirano quei tipi che girano sulle spiagge coi metal detector. Ne ho visti un sacco a Miami.»

«Ci credo. Comunque, che progetti hai?»

«Leggere Vonnegut. Scrivere poesie. Suono un po' l'ukulele. Faccio sculture con il legno.»

Evvie si accorse di essere accigliata e distese la fronte. «Oh-oh.»

«Scherzavo.»

Lei fece una smorfia. «Che ridere.»

Lui rise. «Non lo so. Niente baseball. Solo un po' di... Maine, direi. Starò con Andy. Dev'essere una specie di vacanza da tutto.»

«Sinceramente, pensavo che New York fosse il posto ideale per una cosa del genere, per perdersi sullo sfondo.»

«Per la maggior parte delle persone lo è», rispose lui, e poi inclinò appena la testa a indicare tutto quello di cui non stavano parlando.

Lei si alzò. «Giusto. Okay, sarà meglio che vada a lavorare un po'.»

«Ah, sì. Andy mi ha detto che collabori con i giornalisti.»

«Infatti. Sto trascrivendo l'intervista che uno dei miei clienti ha fatto a una musicista famosissima. E lei ne ha, di storie da raccontare.»

«Scommetto che non ti allaccia neanche le scarpe», disse lui ricominciando a svuotare scatoloni. «Tu sei una che sa raccontare.»

Lei sorrise. «Se è vero, è per tutti gli anni in cui ho ascoltato le storie degli altri.»

«Apprezzo molto tutto questo», le disse mentre Evvie era ferma sulla porta.

«Questo cosa?»

«Questo posto dove stare. La storia delle scatole di cereali.»

«Ah, bene. Se mai tu volessi vedere una partita dei Claws, fammelo sapere; il campionato inizia in primavera, se sarai ancora qui.» Tacque per un istante. «Sarebbe sbagliato? Portarti alla partita, voglio dire?»

«In quanto malato di mente?»

Lei sollevò una mano. «Lascia perdere. Era una domanda sul baseball.» Dopo un istante annuì. «Okay. Ci vediamo.»

6

Era la giornata ideale per piantare un albero, dovette ammettere Evvie.

Energicamente frizzante, l'avrebbe definita, anche se questo la indusse a desiderare ancora di più un bicchiere di vino. Lei e Andy si incontrarono al parcheggio e attraversarono il prato per raggiungere la panchina di pietra. C'era il dottor Schramm. C'era Nate, l'amico di Tim, e c'era l'infermiera preferita di Tim, con cui, come Evvie ben sapeva, lui aveva flirtato ininterrottamente. Poi, qualcuno che lei non conosceva, probabilmente gente di Camden o Portland, che sfoggiava giacche autunnali ed espressioni compunte. E c'era una grossa buca con dentro un alberello. Non restava altro da fare che rimettere a posto la terra che avevano disturbato, come avevano fatto più o meno un anno prima, gli stessi di oggi, quando avevano seppellito Tim.

Tra i visi afflitti Evvie scorse quelli della mamma e del papà di Tim. Lila era avvolta in un trench blu, e portava i capelli, quasi tutti grigi, raccolti in uno chignon. Pete la teneva stretta, e guardavano tutti e due per terra, apparentemente lo stesso punto preciso. Evvie andò verso di loro, e ogni passo era faticoso come se stesse affondando nell'erba, anche se non era così. Quando la vide, Lila si alzò e la abbracciò. «Ciao, tesoro», disse, stringendola forte. Profumava di rose, come sempre, anche adesso.

Lila aveva spruzzato Evvie con quel profumo la sera del ballo del diploma e il giorno del matrimonio.

«Che bello vederti. Sono così contenta che facciamo questa cosa», disse Evvie. Lila si meritava che fosse vero, e nel momento in cui Evvie sentì Lila che le carezzava la schiena, lo fu.

«Ancora non riesco a crederci.»

«Lo so. Lo so.» Evvie premette una mano sulla nuca di Lila.

Paul Schramm si avvicinò e disse piano, rivolto soprattutto a Pete: «Stiamo per cominciare».

Evvie e Lila si staccarono e Lila si sedette accanto a suo marito, che allungò una mano a stringere quella di Evvie, con un sorriso sereno.

Il dottor Schramm parlò alla piccola cerchia dicendo che erano tutti lì riuniti per ricordare uno dei dottori più generosi e uno degli uomini migliori che tutti loro avessero mai conosciuto. Andy le teneva un braccio attorno alle spalle, e lei si appoggiò a lui. Era certa che fra quelli che se ne stavano attorno a quella buca, a fissare un albero che non era ancora un albero, c'era chi era giunto alle conclusioni sbagliate. Sulle loro colazioni insieme e sul fatto che le bambine le correvano incontro per abbracciarla. Era certa che ne parlassero per commentare eccitati, o critici, che era troppo presto, proprio come spettegolavano su tutto. Perché non avrebbero dovuto? Doveva essere un argomento parecchio più interessante della corsa dei cereali.

Ogni tanto si chiedeva se l'avessero mai considerata all'altezza di Tim. Dal loro punto di vista, era passata direttamente da figlia di pescatore a moglie del dottore, e dato che non sapevano niente, la consideravano una promozione. E grazie a questo lei aveva capito senza ombra di dubbio che la reputazione, in molti casi, è una stronzata.

Tim era stato spontaneamente seducente nei confronti di chiunque non lo avesse sposato. Era particolarmente amabile con i pazienti e con i sottoposti, perché loro facevano senza fiatare tutto quello che diceva lui e, se non lo facevano, poteva a buon diritto presumere che avrebbero dovuto. Anche Evvie lo aveva ritenuto un ottimo boyfriend durante gli anni del liceo e dell'università.

In seguito, quando andavano alle feste di Natale e lei si rifiutava di ballare, sapeva benissimo che questo serviva solo a farlo amare da tutti ancora di più. La incitavano: «Dai, Eveleth, non fare la sciocca». Lei diceva che no, non si sentiva bene, e allora guardavano Tim con affetto partecipe, come per dire *Che brav'uomo sei ad amare questa qui*. Non avrebbero mai creduto che il motivo per cui di solito non aveva voglia di ballare con lui dipendeva da come lui si comportava a casa. Conosceva benissimo l'aura che lo circondava. Probabilmente la conosceva meglio di chiunque altro, perché le era costata molto più che a chiunque altro.

Evvie aveva quasi sedici anni quel giorno di marzo in cui Tim l'aveva trovata sola, fradicia e senza alternative. Era tornata da un viaggio ad Augusta con la banda, e aveva un giaccone di pile e la custodia del clarinetto sotto un braccio. Il pullman era arrivato alle quattro e venti e suo padre avrebbe dovuto andare a prenderla alle quattro e mezzo. Ma ormai erano le cinque e mezzo, e pioveva. Se suo padre stava ancora lavorando, non voleva disturbarlo, anche ammesso che avesse trovato un telefono. Sperava che passasse qualcuno che conosceva, anche se i suoi amici facevano quasi tutti parte della banda, e i loro genitori erano già venuti a prenderli o se ne erano andati in gruppetti di due o tre, ridendo e salutandola con la mano. Evvie cominciava giusto a chiedersi come avrebbe fatto a tornare a casa quando una Lexus blu si fermò lungo il marciapiede di fronte a lei. La targa diceva DR8KE, che non suonava granché.

Lei e Tim Drake erano compagni di classe dalla terza elementare, ma non erano amici. Tuttavia, la classe era piccola, perciò almeno un po' lo conosceva. Sapeva che suo padre era un avvocato, sua madre aveva una pelliccia vera e il loro cane si chiamava Kenny, si vociferava da Kennebunkport, il paese da cui veniva sua madre.

Evvie e Tim avevano due materie in comune, e qualche giorno prima lui le aveva tenuto aperta la porta della classe, con un mezzo sorriso. A parte questo, erano praticamente due estranei.

Lui tirò giù il finestrino. «Ehi, Evvie. Hai chiamato un taxi?»

Lei si accigliò. «Cosa? Un taxi? No.»

Lui distolse lo sguardo, sorrise e poi la guardò di nuovo. «Vuoi un passaggio? Era per darti un passaggio.»

Lei rise. «Oddio, che tonta, scusa. Logico.» Pioveva un po' più forte. «E sì, certo, un passaggio sarebbe fantastico.»

«Okay, sali.»

Lei corse dall'altro lato della macchina. «Grazie», disse rendendosi conto che gli stava bagnando tutto il sedile. «Credo che mio padre si sia dimenticato di venirmi a prendere.»

«Che importa. Io me ne sono ricordato.» Profumava di gomma alla cannella.

«Grazie.»

«Figurati.» Erano lì seduti in macchina, e lui non partiva. «Vivi vicino al lungomare tu, vero?»

«Oh. Vero. Scusa, vivo sulla Wexler. Sai dov'è?»

«Stai vicino alla libreria.»

«Sì, devi girare lì, e poi scendere giù dalla collina.»

«Ti spiace se facciamo tappa lì?»

«In libreria?»

«Sì. Mi piace andarci.»

Un attimo prima Evvie aveva freddo, era fradicia e non sapeva come tornare a casa. Un ragazzo che profumava di cannella le aveva dato un passaggio con una Lexus, e adesso voleva fermarsi alla libreria dell'usato. «Certo», disse. «Sarebbe bello. Non ho fretta.»

Non si capacitava di come fossero silenziosi i suoi tergicristalli. Facevano solo un lievissimo ronzio elettrico, niente a che fare con il rumore di quelli del furgone di suo padre. Mentre scivolavano attraverso la città sempre più buia, Evvie sentiva… qualcosa. Lo guardò. Guardò Tim. «Ehi», disse, «credo che… sembra che il…»

«Ah, sono i sedili riscaldati», disse lui. «Figo, eh?»

Bel ragazzo, macchina asciutta, gita in libreria, e adesso il culo al caldo. Era come se l'universo si fosse scordato dei suoi primi quindici compleanni e li avesse arrotolati tutti in un unico enorme regalo. «Ah. È *tua* la macchina? È fantastica.»

«È mia. È nuova. Una volta, quando non piove, ti apro il tettuccio.» *Una volta.* In un lampo, aveva creato un futuro. Era stregoneria, questa.

«Ho appena preso la patente», disse Evvie. «Vivo con mio padre, e abbiamo solo il suo furgone. Vorrei trovare un lavoro per comprarmi la macchina, ma non so se ci riuscirò.»

«I miei me l'hanno regalata per il mio compleanno», disse lui, come se non l'avesse sentita. «È come la loro.»

Parlarono un po' della scuola e della nuova casa in cui Tim e i suoi avevano appena traslocato, un grande edificio vittoriano che prima apparteneva a un imprenditore edilizio del posto, Van McCrea. Evvie gli raccontò una storia che aveva sentito da suo padre, su quella volta che la moglie di Van aveva dato fuoco alla cucina friggendo del tacchino il Giorno del Ringraziamento, e lui le assicurò che non c'era più traccia di fumo in giro. Poi si fermò davanti alla *Breezeway Books*, una casetta trasformata in libreria, se per «trasformata» intendevi «riempita di scaffali talmente carichi di libri che non c'è quasi spazio per camminare, perciò stai attenta a dove metti i piedi e tieni i gomiti stretti».

Potevi riempire un sacchetto della spesa di tascabili a dieci centesimi l'uno, perciò Evvie pescò libri d'amore e gialli finché la sua borsa fu mezza piena. Girò un angolo seguendo un cartello con sopra scritto a pennarello SCIENZA, e trovò Tim, con in mano un libro rilegato intitolato *L'uomo e le sue malattie.* Lei sbarrò gli occhi.

«Voglio diventare un medico», disse lui. «Ecco… ecco perché ho preso questo libro.»

Lei rise. Il ragazzo con la macchina asciutta e i sedili riscaldati che voleva andare in libreria sarebbe diventato un medico. Ed era spiritoso. «Ah. Per un attimo mi sono un pochino preoccupata. Sai, per te.»

Lui replicò: «Hai un sorriso proprio carino».

Per lei non c'era scampo.

Un soffio di vento riportò Evvie alla commemorazione. L'infermiera stava leggendo una poesia. Una con degli angeli. Una che faceva rimare «paradiso» con «riso o sorriso» e «cielo» con «gelo», il che le suonava familiare. Evvie cercò di ricordare dove l'aveva già sentita, magari da sua madre, che aveva un debole per il sentimentalismo semplicistico, o forse l'aveva vista su un muro. Ci mise qualche minuto, ma alla fine le venne in mente: era stata letta durante un funerale molto importante in una serie televisiva di grande successo. Qualcuno ti ha chiesto di dire due parole, pensò, rivolta all'infermiera, e tu hai cercato su Google «poesia dal finale di stagione di *Cole Point*». Hai fatto questo. Che razza di persona sei?

La segretaria del dottor Schramm portò un bouquet a Evvie e glielo dette, poi ne porse uno identico alla madre di Tim. Evvie guardò i fiori, arancioni e rossi per l'autunno, un lutto di buon gusto, e con grande sollievo, sentì che le lacrime le chiudevano la gola. La mano gentile di Andy sulla schiena le tirò fuori tutte. Grazie al cielo, pensò.

Il bello di una cerimonia a cui intervengono persone molto occupate è che non si trascina più del dovuto. L'albero fu piantato, le radici coperte di terra, i presenti dissero quanto avevano amato e ammirato Tim, ed Evvie si sentì gli occhi addosso per tutto il tempo. Cercò di respirare nel modo giusto, sorridere nel modo giusto, tenere i fiori nel modo giusto.

Fu proprio alla fine, quando un paziente di Tim chiese di dire due parole, che a Evvie fu bruscamente rammentato quanto i pazienti gli erano devoti e che persona credevano che fosse. L'uomo raccontò di quando Tim si era seduto accanto al suo letto e lo aveva aiutato a capire come dire alle figlie che aveva il cancro.

Una volta, durante l'università, Evvie si era presa un'influenza che per due settimane le aveva riempito i polmoni di cemento. Tim correva da lei tra una lezione e l'altra, si sedeva accanto al letto e leggeva il suo testo di biologia facendo le voci di vari personaggi dei cartoni: Titti, Yosemite Sam e Pepé Le Pew le parlavano di malattie infettive e genetica molecolare. Le era piaciuto moltissimo; non le era venuto in mente che anche le sue attenzioni erano esibizioni. In realtà, era un vero peccato che non avesse pensato di definirlo «uno straordinario imitatore di cartoni» al suo funerale, perché sarebbe sembrato affettuoso e sarebbe stata la verità, una combinazione che quel giorno aveva trovato ardua da ottenere.

Ricordare che c'erano stati momenti come quello, che Tim poteva essere dolce, e divertente, e concentrato su di lei in un modo che la *inebriava*, questo l'aveva tenuta lì, a casa, sposata con lui. Erano le sue catene. E man mano che questi momenti diventavano sempre più rari e lei diventava sempre più infelice, era costretta a frugare sempre più spesso nel mucchietto delle prove che c'erano stati giorni felici. Conservava in una scatola le matrici dei biglietti, i fiori secchi, le ricevute, gli appunti presi da Tim quando studiava medicina. Conservava tutto quello che aumentava la superficie dei bei ricordi. Gettava via tutto quello che riguardava i giorni brutti, soprattutto quelli successivi al matrimonio. Il giorno dopo che Tim, in un accesso di furia, scagliò il telefono contro il muro scheggiando l'intonaco, lei regalò i vestiti che aveva addosso in quel momento.

E non è che non ci fossero state avvisaglie, e la possibilità di tirarsene fuori. Nella primavera dell'ultimo anno di liceo di Evvie e Tim, la Calcasset Small Business Association assegnò la Medaglia Miglior Studente, e l'acclusa borsa di studio di 3000 dollari, a Zoe Crispin. Era una studentessa da tutte A, lavorava come tutor ed era la direttrice dell'annuario scolastico. Ma Tim si aspettava di essere il vincitore, a tal punto che aveva segnato con una X il giorno della premiazione sul calendarietto che teneva nello zaino. Erano a scuola quando scoprì che aveva vinto Zoe. Non disse una parola, sbatté con violenza i libri nel suo armadietto e chiuse lo sportello con un tale fracasso che tutti si girarono. Evvie lo guardò negli occhi. «Ehi», disse, «mi spiace che non sia andata come volevi tu.»

Tim si sistemò lo zaino sulla schiena, alzò le spalle e disse: «Probabilmente dovevano darlo a una ragazza».

Ogni tanto, negli ultimi tempi del loro matrimonio, Evvie fantasticava di un passato alternativo in cui lei a quel punto gli mollava un pugno in pancia e scappava. Ma allora non lo fece. Annuì, sorrise e gli prese una mano. «Probabilmente.» E questo lo tranquillizzò. Fine della scenata, e di tutto quel *rumore*. Lei si sentì più grande, e speciale, come se avesse oltrepassato una soglia che dava sul futuro. Riusciva a calmarlo, e se ne accorsero tutti. Il giorno seguente venne a sapere che uno degli amici di Tim l'aveva soprannominata «DT» e, mentre pranzavano insieme, chiese a Tim cosa significasse. Temeva che fosse una volgarità, e lui esitava a dirglielo, ma alla fine borbottò che voleva dire «Dardo Tranquillizzante». Evvie era arrossita e aveva dato un altro morso alla mela.

Allora non si rendeva conto, ma lo avrebbe imparato in seguito, che a lui non bastava l'assicurazione che gli era stato fatto un torto. Voleva giustizia. Il padre di Tim, Pete, quattro giorni dopo andò a pesca con Bill Zeist, il presidente della Calcasset Small Business Association. E dopo due giorni, la CSBA annunciò un nuovo premio: la Medaglia Leadership, destinata allo studente del liceo che avesse dimostrato il miglior potenziale per un futuro contributo alla comunità. Anche quello comportava un assegno di 3000 dollari, e sarebbe stato consegnato nel corso della stessa serata in cui si sarebbe reso onore a Zoe. Il primo a riceverla: Timothy Christopher Drake.

Da allora avevano assegnato ogni anno entrambi i premi, e questo significò che ogni anno l'ego ferito di Tim era servito ad aiutare un altro studente ad andare all'università. Ogni anno, una sala piena di gente si riuniva, senza saperlo, a mangiare pollo arrosto, onorare l'ego di Tim e applaudire l'amore dei suoi genitori, tanto grande che, anno dopo anno, lo rendeva una persona sempre peggiore.

Anche lei aveva contribuito a renderlo peggiore. Era lei quella che si era diplomata come seconda della sua classe, subito dietro a lui, dopo aver sbagliato di proposito l'ultimo compito di matematica perché sapeva quanto significasse per Tim essere quello che faceva il discorso di fine anno. Le aveva detto di amarla per la prima volta il giorno in cui era stato certo di averla superata.

Andy le diede qualche pacca sulla schiena ed Evvie rientrò nel suo corpo. Era fatta. Man mano che se ne andavano, i presenti le diedero la solita strizzatina di incoraggiamento al braccio: qualcuno aveva promosso il gesto dal gomito alla spalla più o meno sei mesi dopo il lutto, a segnalare che era arrivato il momento di darsi una mossa e smettere di deprimere tutti. Lei ringraziò, abbracciò ancora Lila, lasciò ancora che Pete le facesse *pat pat* sulla mano e disse a tutti arrivederci a presto. Lei e Andy si avviarono alla macchina. «Stai bene?» le chiese lui.

«Sì», rispose Evvie cercando di avere un tono allegro. «Piuttosto indolore, direi.»

«Sicura? Dimmelo, okay? Me lo dici, se non ce la fai? Hai promesso.»

«Promesso», confermò Evvie. Aveva promesso, e non ce la faceva, ma non poteva dirgli perché, ed era una delle tante cose che sapeva di sbagliare.

7

QUANDO Andy la accompagnò a casa gli disse che aveva delle faccende da sbrigare, poi passò il resto della giornata a letto, con la trapunta tirata fino al mento, a leggere sdraiata su un fianco un romanzo d'amore sul Kindle. Al tramonto scese in cucina a prendere un bagel e una Diet Coke e se li portò in camera. Mangiò al buio, alla luce del Kindle, ascoltando il rumore del vento, per nulla insolito lì vicino all'oceano. Dopo un po', posò il libro e restò in ascolto. Quando il rumore divenne un ruggito, scese dal letto e si distese sul tappeto. Attese quella sensazione di fluttuare, come se stesse cadendo al centro della terra. Ma non riusciva a non vedersi dall'alto. Non riusciva a non pensare a quanto doveva sembrare scema, stesa sullo scendiletto come una pazza. *Conosci qualche adulto che sta sdraiato per terra?* Le aveva chiesto una volta Tim, trovandola che dormiva sulla moquette.

Andò alla finestra e tirò le tende per guardare la forza del vento. Sobbalzò vedendo qualcuno che si muoveva nella semi oscurità su un lato della casa, appena lambito dalla luce della veranda. Poi riconobbe Dean, che portava un sacco della spazzatura ai bidoni. Mentre lo osservava, lui sollevò il coperchio – lei non riusciva mai a toglierlo con tanta facilità, come faceva? – e lasciò cadere il sacco. Fece un paio di passi in direzione della casa, verso la luce, e si fermò quando diede un calcio senza volerlo a qualcosa che risultò essere una grossa pigna.

Dean la prese in mano e la soppesò. Lo vide guardarsi intorno, controllare il vialetto e anche, o così le parve, la sua finestra. Lei si tirò istintivamente indietro. Lui lanciò la pigna per aria e la riprese. Girò il corpo, quelle grandi spalle, a fronteggiare la casa, e poi voltò la testa fino a guardare il grande giardino posteriore. Evvie ci mise un attimo a capire quello che stava facendo, e poi lo vide sollevare una gamba, ruotare le spalle, far scattare il braccio, e la pigna volò attraverso il giardino e andò a sbattere contro lo steccato. Lui restò per un attimo a guardare il punto preciso in cui era atterrata, e poi si massaggiò la spalla destra. Si diresse lentamente allo steccato per vedere dove lo aveva colpito, toccando il legno come se potesse leggere le schegge con le dita.

Raccolse la pigna e tornò dov'era. Ripeté lo stesso movimento: preparare il corpo, allungarsi, ruotare, scagliare, ascoltarla sbattere contro il legno. Alla finestra, Evvie scostò un pochino le tende e si sporse a guardare.

Dean raccolse di nuovo la pigna. Camminò formando un paio di brevi cerchi con le mani sui fianchi. Fece rimbalzare appena la pigna nella mano, e poi la strinse. Quindi, tornò in posizione. Questa volta, quando ruotò le spalle, distese il suo corpo con una tale forza che a momenti si ribaltava. E questa volta, quando colpì lo steccato, la pigna si spaccò e arrivò a terra in mille pezzi. Rimase un minuto con le mani sui fianchi, poi si chinò ad appoggiarle alle ginocchia, come se fosse senza fiato. E alla fine si diresse verso casa.

Non era affatto giusto spiarlo e magari precipitarsi di sotto in modo da far finta di trovarsi lì per caso quando lui fosse entrato. Se era curiosa di sapere cosa stesse facendo là fuori, bastava chiedere. Almeno gli avrebbe detto che lo stava guardando. Perché spiare era brutto. Ficcare il naso era brutto. Questi erano i pensieri di Evvie mentre scendeva le scale a due gradini per volta, si precipitava in cucina e afferrava al volo il bollitore, così quando la porta si aprì lei lo stava riempiendo d'acqua. «Oh, ciao, non sapevo che tu fossi qui», disse mentre Dean entrava pulendosi le mani sui jeans. «Stavo facendo del tè. Ne vuoi un po'?»

«Oh», disse lui. «Sì, grazie. Come vanno le cose?»

Come vanno le cose per te? Che è successo? Perché non riesci a lanciare? Come hai fatto a togliere così facilmente il coperchio del bidone?

«Tutto bene», rispose, lasciandosi andare su una sedia. «E tu? Ti sei ambientato?»

«Non è che abbia esplorato granché i dintorni. Dovrei uscire un po' di più.»

«Me lo dico sempre anch'io, credimi.» Evvie giocherellò con la saliera. «E sono certa che gli ultimi mesi a New York non sono stati il massimo, in fatto di privacy.»

«Lo puoi ben dire», disse lui, con un vago accenno di sorriso, o forse un vago accenno di smorfia, era davvero... proprio solo un vago accenno.

Lei ascoltò l'orologio. Si chiese se lui avrebbe detto qualcosa, ma non lo fece. Restarono seduti lì, insieme, e non successe niente. Il bollitore iniziò a fare un suono, come un lunghissimo sospiro, e loro non si mossero. Evvie si sentiva mancare il fiato.

Posò la saliera. «Oggi c'è stata la commemorazione per Tim», disse. «Hanno piantato un albero.» Immaginò di averlo sorpreso, dicendo questa cosa di punto in bianco. Di sicuro aveva sorpreso se stessa.

«Accidenti.» Dean si sporse in avanti, ma lei non proseguì subito. «Com'è andata?» Evvie sapeva che stavano venendo meno al loro patto, facendo un forellino alla barca in cui avevano deciso di viaggiare. Solo per questa volta. Un forellino si può sempre tappare.

«Ecco, un sacco di persone hanno parlato di quanto fosse meraviglioso. Perciò per sua madre e suo padre è stato bello, molto. Ha tanti amici. Cioè, aveva. Un'infermiera ha copiato una poesia da una serie televisiva, perciò forse sarebbe squalificata dalla finale olimpica di Commemorazioni, ma c'era un paziente che Tim aveva aiutato che ha detto tante cose bellissime.» Si sfregò la nuca.

«Com'è stato per te?»

Lei corrugò la fronte. «Cioè?»

«Hai detto che è stato bello per i suoi genitori e per gli amici. Ti sto chiedendo come è stato per te.»

Evvie si leccò le labbra. «Ecco.» È incredibile. Davvero. Adesso le veniva da piangere. Adesso, nella sua cucina, mentre preparava il tè, mentre parlava con qualcuno che probabilmente non era pronto a una promozione dal ruolo di «conoscenza», le veniva da piangere. Alla cerimonia dell'albero aveva pregato che le si inumidissero gli occhi, aveva faticato a farsi venire un nodo alla gola mentre tutti gli altri tiravano su col naso, e adesso questo. Fece un paio di respiri, cercando di sembrare una che sta pensando a cosa dire. E finalmente si sentì più calma.

«È stato brutto perché tutti gli volevano tanto bene, e io no. Cioè, all'inizio lo amavo, molto, ma non quando è morto. Non si comportava bene con me. Non mi picchiava o cose del genere, però a volte era davvero cattivo. E poi è morto, e adesso quando sono insieme alle persone che sentono la sua mancanza, non so cosa fare. A volte non riesco a dormire da tanto che non mi manca, anche se a dirlo sembra una follia. Tuttavia… è così. Ecco perché, ecco perché sono…» Le mancò la voce e agitò una mano. «Nessuno la sa, questa cosa, a proposito. Neanche Andy. Perciò mi raccomando.» Le era scappato. Non proprio tutto, non che se ne stava andando, ma più di quello che si sarebbe aspettata. Forse era puro sfinimento, o la vista di lui che lanciava ai fantasmi sotto la luce esterna.

Dean la guardò negli occhi. Annuì. «Da quando avevo dieci anni ho fatto una sola cosa seriamente, e adesso non posso più farla, e nessuno sa spiegarmi il motivo. Perciò neanche io so cosa fare.» Si passò una mano fra i capelli. «Non è affatto uguale. Non voglio dire che è la stessa cosa.»

«Sinceramente, non so se lo è. Non so… niente.» Evvie sospirò. Il bollitore soffiò più forte e loro restarono seduti. Finalmente il sibilo divenne un fischio. Lei si alzò, e mentre gli passava vicino, lui le afferrò una mano. La strinse forte e poi la lasciò andare.

Lei si infilò una ciocca di capelli dietro l'orecchio e tolse il bollitore dal fuoco, mentre il fischio si affievoliva. Alle sue spalle, sentì arrivare la tranquillità. «Ti ho mai raccontato di quando Andy e io abbiamo vinto cento dollari con un gratta e vinci?» chiese. «Li abbiamo spesi tutti in cioccolatini al burro di arachidi.» Versò il tè e raccontò la storia, e poi parlarono del tempo, e delle riparazioni di cui aveva bisogno il furgone di Dean.

Bevuto il tè, lui svanì nell'appartamento ed Evvie riordinò la cucina e andò in camera sua. Prese il portatile dal cassettone, si sedette sul letto e fece qualcosa che non aveva ancora fatto: cercò Dean su Google. E lesse tutto. Così imparò che quello che era successo a Dean si chiamava *yips*, anche se adesso lo chiamavano il Morbo di Dean Tenney.

Il 17 giugno del 2000, il seconda base degli Yankees, Chuck Knoblauch, cercò di fare un lancio verso la prima. Invece, la palla finì fra il pubblico e colpì la madre di Keith Olbermann. Se fosse possibile prendere tutto quello che è attualmente noto sugli yips e ridurlo all'essenziale, il risultato potrebbe essere che Knoblauch in quella circostanza, era incapace di effettuare un lancio che eseguiva regolarmente da anni.

Golfisti nervosi, tennisti che all'improvviso non sanno più servire, giocatori di freccette o di cricket che perdono il tocco, campioni di basket che si bloccano in punta di piedi, incapaci di completare un tiro libero: tutti possono avere gli yips. La nascita del termine è comunemente attribuita al golfista Tommy Armour, a cui capitò nel 1920.

Nel baseball per molto tempo lo definirono Morbo di Steve Blass, perché il lanciatore dei Pirates perse la mira dopo il campionato del 1972. In seguito scrisse un libro intitolato *Pirata per la vita.* «Arrivai al punto che non volevo andare neanche al negozio di alimentari, non volevo più uscire, tanto mi sentivo umiliato.» Poi ci fu il periodo in cui lo chiamarono Morbo di Steve Sax, dopo che l'Esordiente dell'Anno 1982, un seconda base come Knoblauch, perse anche lui la capacità di tirare in prima. Se non altro nel baseball l'ultimo a beccarsi gli yips otteneva che diventasse la sua personale disgrazia. Il ricevitore dei Mets, Mackey Sasser, perse la capacità di rimandare la palla al lanciatore, perciò per un po' lo chiamarono Sasserite. E adesso il Morbo di Dean Tenney.

Un articolo di David Owen del 2014 sul *New Yorker*, raccoglieva le ultime ricerche nel campo dei casi clinici, secondo cui gli yips sono una complessa mistura di ingredienti psicologici e neurologici. Forse ansia, forse qualcosa di fisico, forse più un infortunio che una maledizione. Ma sarebbe molto difficile osservare qualcuno in preda agli yips senza pensare che la spiegazione più probabile sia che abbia offeso un demone vendicativo e costui gli abbia puntato contro un lungo dito scarno dicendo: «Tu».

Evvie guardò Mackey Sasser su YouTube, mentre pompava a tutta forza nel tentativo di rilanciare. Osservò tiri di Sax e di Knoblauch che gettavano gli uomini in prima base fuori dalla borsa, costringendoli a saltare, o correre a destra davanti a loro, irraggiungibili. Guardò Knoblauch colpire la madre di Olbermann.

E poi, per la prima volta, vide Dean Tenney lanciare in una partita ufficiale, in un video pirata di bassa qualità, in cui aveva fatto due tiri pazzi e aveva affrontato tre battitori in un inning contro i White Sox. Nei primi piani si vedeva che stringeva la mascella. Evvie notò *en passant* che al tempo aveva una barbetta ruvida che non le piaceva. I commentatori lo compativano apertamente e uno ipotizzò che forse era colpa della sua chiacchieratissima storia con l'attrice di Hollywood. Non affermava che la tipa fosse una iettatrice, diceva solo che era la classica situazione in cui i fan *sostenevano* che forse lei portava sfiga.

«Stronzo sessista», borbottò Evvie.

Interruppe il video. Ne trovò un altro. Lanciando contro gli Orioles prima che iniziassero i suoi guai, Dean disorientò, sconcertò e confuse tre battitori di fila. Il primo si sbilanciò pazzamente per prendere due tiri e li lasciò passare, e poi sembrò muoversi al rallentatore mentre guardava il terzo finire nel guantone del ricevitore. Comprese all'istante di aver fatto un terribile errore, anche prima che l'arbitro alzasse il braccio e urlasse. Il battitore successivo venne eliminato dopo aver coraggiosamente tentato di prendere con la mazza un lancio che cadde a picco come se fosse stato sospeso su una vasca. Il terzo resistette, poi Dean si allungò, si avvitò come una molla e lanciò la palla. Seguì un colpo come se il tipo volesse scagliarla fino a Filadelfia, un colpo così forte che il battitore a momenti si ribaltò. E poi c'era soltanto Dean, che andava verso la panchina, con in faccia esattamente quel mezzo sorriso.

8

Il pomeriggio seguente, Evvie sentì una macchina fermarsi nel vialetto. Andò alla finestra e vide una Miata nera e bassa, da cui scese una donna con i pantaloni kaki e un maglione verde. Evvie attese e arrivarono addirittura cinque colpi alla porta, che lei interpretò come *Non-ho-tutto-il-giorno.*

Ma quando aprì, la donna sorrideva calorosamente, e aveva in mano un taccuino con la copertina di pelle. «Sì?» disse Evvie, che all'improvviso si sentì goffa e in disordine e desiderò di essersi raccolta i capelli.

«Sono Ellen Boyd. Lavoro per *Beat Sports.*»

Non significava granché per lei, ma il nome lo conosceva. Sapeva di chi si trattava. «Sì?» ripeté.

«Sto cercando Dean Tenney. A quanto pare vive con lei.»

Che Dean affittasse l'appartamento non era un segreto; era in città da abbastanza tempo perché lo salutassero dal benzinaio e al negozio di alimentari, e aveva parecchie ammiratrici fra le ragazzine che passavano la giornata nella caffetteria a bere bombe di zucchero e panna senza prendere neanche un etto. Alcune persone avevano perfino trovato il coraggio di dirgli quanto gli sarebbe piaciuto vederlo tirare. Quando Evvie aveva assistito a uno di questi momenti, lo aveva sempre visto sorridere e ringraziare e poi dire: «Lei cosa fa?» o «Cosa è venuto a comprare?» o

«Secondo lei pioverà?» O, se era proprio disperato, se la cavava con il classico. «Lei come la cucina l'aragosta?»

Ma non era un segreto. Abitava lì. Perciò Evvie disse: «Sì, infatti». Ma quasi subito riavvolse la domanda e la risposta nella sua testa. «Cioè, sì, vive in questa casa. Non con me, però. Intendo dire che non viviamo insieme. C'è un appartamento sul retro.»

«È in casa?» chiese Ellen Boyd con il taccuino di pelle, anche se Evvie sospettava che avesse atteso finché non aveva visto che il furgoncino non c'era.

«No, non c'è. Se crede può lasciarmi il suo biglietto da visita, e gli dirò di chiamarla.» Questo era quello che aveva fatto Andy per lei quando un paio di reporter erano venuti a cercarla per farle delle domande sull'incidente di Tim. Aveva ancora i biglietti da visita in una busta. Non li aveva neanche mai guardati.

«Posso farle qualche domanda?»

«Oh, no, non posso aiutarla. Dovrebbe parlare con Dean.»

«Lei sa, per caso, se da quando è qui beve?»

Evvie strinse più forte il pomello della porta. «Scusi?»

«Vorrei sapere come se la passa. Se da quando è qui beve?»

«Non so di cosa stia parlando, ma vorrei che adesso se ne andasse, non ho altro da dire.» Iniziò a chiudere la porta, ma Ellen la tenne aperta con la mano.

«La capisco benissimo, ma rispondendo a un paio di domande lei lo aiuterà, perché andrò davvero via. Se è no, mi dica di no, ma se è sì, può chiudere la faccenda e io non tornerò più, okay? Sa se ha dei problemi mentali o psicologici?»

Evvie tacque per un attimo. Aprì completamente la porta e si fermò sulla soglia. «Se ne vada dalla mia veranda.»

«Lei e Dean vi conoscevate già quando suo marito era vivo, o vi siete messi insieme di recente, o...»

Evvie si sentì pronta a tutto. «Ascolta», disse, dando a ogni sillaba esattamente lo stesso peso, «sei nella veranda che mio padre ha costruito mentre fuori c'erano trentacinque gradi. Sono cresciuta qui e conosco tutti, e non mi succederà niente se ti sbatto giù da quei gradini a calcioni, te, il tuo taccuino e la tua pala per la merda.»

«Quindi non vuole dire come vi siete messi insieme voi due.»

Evvie strappò il taccuino di mano a Ellen e lo scagliò lontano. Cadde nell'erba con un tonfo. «Ti è caduta una cosa.» Evvie lo indicò con un cenno del capo e chiuse la porta.

Una volta chiusa, ci si appoggiò contro. «Merda. Merda», sussurrò fra sé, con una risatina rauca, nervosa. Si girò a guardare dalla finestra. Si chiese se Ellen Boyd stesse chiamando la polizia, per riferire che Evvie Drake aveva distrutto un oggetto di sua proprietà e doveva essere arrestata. Quasi quasi si aspettava di veder arrivare un'auto della polizia a sirene spiegate. E invece vide Ellen che ripuliva il taccuino, parlava al telefono e rideva tornando verso la macchina.

Quarantacinque minuti. Tanto ci mise Ellen Boyd a scrivere la storia, aggiungere una foto di Dean, e postare il tutto sul blog di *Beat Sports,* intitolato «Fuori campo». E un'ora dopo Evvie ricevette il link da suo cugino Steve, e dopo altri trenta secondi, aveva di fronte la schermata.

Quando Dean Tenney è scomparso da New York, in settembre, dopo aver toppato come pochi altri lanciatori a memoria d'uomo, circolavano voci che fosse drogato, depresso, o avesse problemi con il gioco. Gente più audace sussurrava che potesse trattarsi di problemi personali. Forse una donna con una situazione complicata. Magari una relazione a rischio. O magari una storia con un uomo, chissà.

Evvie ci avrebbe scommesso che era stata Ellen stessa a far circolare quelle voci, ammesso che circolassero veramente.

Ma circa un mese fa è riapparso a Calcasset, nel Maine, che secondo molti ha scelto perché lì vive il suo vecchio amico Andrew Buck, oltre a essere un luogo dove i locali probabilmente non hanno il cellulare e neanche Internet ad alta velocità, figuriamoci un account su Twitter.

Uff. #stronzecondiscendentinewyorchesi.

Ma poco dopo il suo arrivo Tenney è andato a vivere con una giovane vedova, Eveleth Drake. Il marito, un dottore del posto molto amato dai suoi pazienti, che lo chiamavano Doc, è morto in un incidente stradale meno di un anno fa.

Evvie si rese conto di quanto era meschino da parte sua aver notato, in tutto quel mucchio di merda scurrile, soprattutto le parole «molto amato». E comunque tutti i pazienti chiamano il dottore Doc.

Qualche ora fa Drake mi ha aperto la porta di casa (un edificio piuttosto grandioso, ma nello stesso tempo intimo, che sembra uscito da un film) e ha affermato che Tenney non c'era. Dopo aver ammesso che vivono insieme, si è rifiutata di rispondere alla domanda se Tenney beve e ha insistito di non essere a conoscenza di nessun suo problema mentale.

Come mai una vedova del Maine è finita a convivere con un tizio che due anni fa giocava negli Yankees? Possibile che tutto questo sia successo solo dopo che Doc è morto?

Quali che siano le risposte a questi interrogativi, quando le ho chiesto se avesse già una storia con Tenney prima della morte di suo marito, la signora Drake ha chiuso l'intervista e ha minacciato di aggredirmi.

«Non ho minacciato di aggredirla», borbottò Evvie. «O comunque ho minacciato di aggredirla pochissimo.» Doveva riconoscere che quella donna aveva sfruttato al massimo il niente che aveva. E anche se era tutto assolutamente innocente, non sembrava affatto innocente. E quelli che la conoscevano lo avrebbero letto. Suo padre lo avrebbe letto, i genitori di Tim lo avrebbero letto, tutti quelli che già la consideravano una cattiva moglie lo avrebbero letto. E, naturalmente, Dean lo avrebbe letto. Perché non aveva chiuso la porta?

Evvie sentì la chiave girare nella toppa mentre era sul divano a guardare la televisione. Dean arrivò in soggiorno e restò fermo sulla soglia. Poi le mostrò il cellulare. «L'ho visto», disse.

Lei si mise le mani sulla faccia. «Mi dispiace», disse nascondendosi. «Mi dispiace *tanto*.»

Lui venne a sedersi accanto a lei. «E di cosa? Ti dispiace per cosa?»

Evvie spostò le mani e lo guardò. «Oh, per aver dato l'impressione che andiamo a letto insieme. Sono certa che non sia affatto utile alla tua immagine pubblica in questo momento.»

«Non saprei», le rispose lui. «Credo che invece si rifletta positivamente su di me. Su di te, non so. Inoltre, il mio sito di sport preferito di recente mi ha eletto Primo Atleta che Getteremmo Volentieri in un Vulcano Attivo, perciò non credo che qualcosa possa danneggiare la mia immagine pubblica.»

«È anche possibile che io abbia minacciato la giornalista, il che di sicuro non è la cosa giusta da fare. Immagino che i tuoi collaboratori non saranno entusiasti.»

Lui socchiuse appena gli occhi. «I miei cosa?»

«Non hai… non so. Dei collaboratori. Avvocati o agenti o tipo PR?» Evvie agitò una mano nei pressi dell'orecchio. «Gente con delle mini cuffie che si aggira abbaiando per sapere se la limo arriverà in tempo e se tutti sono al loro posto?»

«Quelli sono i maggiordomi. O i wedding planner. E io non ce l'ho il wedding planner.»

«Hai capito, dai.»

«Sì, avevo gente intorno, parecchia. Adesso ne ho molta

meno e non gli parlo spesso. E quando lo faccio, non bado a quello che mi dice. Quello che intendevo poco fa è che mi dispiace che una giornalista sia piombata qui a tempestarti di domande sulla tua vita e tuo marito, perché immagino non sia stato affatto divertente.»

«Non è stato divertente», ammise lei. «Ma comunque non avrei dovuto minacciarla.»

«Cosa le hai detto?» chiese lui con un ghigno.

Lei si rimise le mani sulla faccia. «Le ho detto che se non se ne andava l'avrei sbattuta giù dalla veranda.»

Dean fece la faccia di uno molto scioccato. «Quindi *l'hai* minacciata!»

«Sì, le ho detto che avrei preso a calcioni lei, il suo taccuino e la sua… pala per la merda.»

Dean scoppiò a ridere. «Veramente?» Lei annuì sconsolata e lui le tolse le mani dalla faccia. «Smettila di fingere che non sia fantastico. È fantastico. E lo sai. Quella è una cazzo di scagnozza, ecco cos'è. Ti chiamerò Picchiatore.»

Lei emise un lungo gemito.

«Senti, quindici mesi fa hanno bruciato la mia foto nel bar di cui ero co-proprietario. Hanno sparato alle finestre del mio vicino con una pistola ad aria compressa perché o non sanno contare le finestre o non conoscono la differenza fra 816 e 818.»

«Più il vulcano in attività», disse piano Evvie.

«Più il vulcano in attività, sì», ribadì lui. «Perciò credimi, le persone che ancora lavorano per me non si agiteranno più di tanto perché hai urlato contro una giornalista. E io apprezzo quello che hai fatto.»

Lei sorrise, un piccolo sorriso, e sentì che le spalle si rilassavano. Lui alzò una mano: «Dammi il cinque». Lei non reagì. «Forza, Eveleth. Dammi il cinque.» Lei alzò la mano e la batté contro quella di Dean. Mentre tornava nel suo appartamento, lui disse: «Pala per la merda. Questa te la rubo. Adesso è mia».

9

Il mattino dopo Dean stava rispondendo alla mail di uno dei suoi fratelli quando sentì bussare, i due colpetti di Evvie. Quando aprì la porta di comunicazione, lei era lì con un tizio con i capelli grigi e un giubbotto della Calcasset High School. «Ciao», iniziò Evvie. «Dean, hai visite. Ti presento Ted Finch. Allena la squadra di football del liceo. E anche se lui non te lo dirà mai, suo figlio Jake è la nostra star… un *running back*, giusto?»

«*Running back*», ripeté Finch, «sì.»

«Ciao, coach.» Si strinsero la mano un po' imbarazzati.

«Ti ho visto giocare alla televisione. Sono felice di conoscerti.»

«Oh, grazie.»

Evvie annuì. «Volete venire a parlare qui, attorno al tavolo? Io vado di sopra a lavorare. Mi ha fatto piacere vederti, Ted.»

«Anche a me, Eveleth.»

Dean guardò Evvie che spariva su per le scale, dandogli una pacca sul gomito mentre passava. «Bene», disse.

«Allora, come ti trovi qui da noi?» gli chiese il coach.

«Benissimo. Sono tutti gentilissimi. È bello non essere più in città.»

«Lo immagino.» Finch gli sorrise. «Mi dispiace per come si sono messe le cose a New York.»

Dean annuì. «Sì, grazie.» Lasciò che il silenzio indugiasse per qualche secondo. «Allora, cosa posso fare per te?»

«Ecco, sono venuto a chiederti un favore. Ho una squadra di football che ha quasi terminato una stagione intensa. I miei ragazzi si impegnano molto, e a questo punto dell'anno sono un po' pesti, e cerco sempre qualcosa per motivarli. Perché non si impigriscano. Ogni tanto faccio venire qualcuno a parlare con loro, a dare qualche consiglio sul football, o in generale. Solo consigli generali.»

Dean cominciò a vedere più nitidamente il senso di questa visita. «Okay», disse, e fece l'espressione vagamente perplessa dell'uomo che non ha capito. Forse Ted non ce l'avrebbe fatta a spiegarsi. Forse Dean non sarebbe stato costretto a dire di no.

«Tu sei un professionista. Hai giocato con i migliori, hai avuto un sacco di pressione. Non è baseball, ma sono sicuro che potresti tradurre i concetti. Speravo che magari fossi disposto a...»

«Oh», Dean adottò un'espressione ancora più incerta. «Coach, lo sai che ho chiuso con lo sport professionista, vero? Praticamente è per quello che sono famoso.»

Finch si strinse nelle spalle. «Già, certo, lo so.» Scosse quello che dal rumore sembrava un mazzo di chiavi poderoso che aveva in tasca, un mazzo di chiavi della scuola, il mazzo del coach. «Non ci credo tanto alla storia che è tutto un problema psicologico. Chiunque una mattina si sveglia, e scopre di essere finito. Anche gli allenatori.»

Dean tacque, preparandosi a trovare l'argomento ridicolo, la tipica cosa che può dire un allenatore di provincia che non capisce niente dello sport professionista. E invece si scoprì ad annuire suo malgrado. «Hai ragione, probabilmente.»

«Nessuno è pronto. Ammetto che non a tutti capita a metà di una partita. Non a tutti capita in televisione. Non per tutti la cosa fa notizia. Succede più spesso che si perda velocità, o ci si infortuni a catena. O che ci si logori. Ma tutti, prima o poi, si svegliano e sono finiti. E tu sarai anche finito, ma resti comunque il migliore che questi ragazzi avranno la possibilità di conoscere, molto probabilmente. Credo che sarebbe un bene, per loro, imparare che nella vita si può vincere e anche perdere, che non è tutto scontato.»

Dean doveva ammettere che erano parole sensate. Se non altro avrebbe potuto spiegare cosa gli ci era voluto per arrivare dove era arrivato, anche se non aveva idea di come si facesse a rimanerci. Questo forse poteva essere utile a quei ragazzi. Poteva almeno avvertirli di non dare i loro soldi a dei ciarlatani in caso diventassero dei professionisti e ne facessero un sacco e poi avessero una spettacolare involuzione.

Però, una giornalista si era presentata a casa di Evvie. Si sentiva già abbastanza male per quanto era successo; non voleva portarli anche a scuola o al campo di football, e poi chissà se la squadra aveva voglia di stare a sentire uno, che non solo non giocava a football, ma era stato praticamente dato alle fiamme e cacciato dalla città perché non riusciva a lanciare meglio dei ragazzini del liceo?

«Saremo discreti», gli disse il coach Finch, leggendogli nel pensiero con l'abilità di chi da vent'anni leggeva i complessi segnali comportamentali del maschio diciassettenne del New England. «Non ne faremo uno show. Due chiacchiere coi ragazzi, tutto lì. E se funziona, chissà? Potresti dare una mano durante gli allenamenti, magari da assistente allenatore, invece di stare tutto il giorno davanti ai videogames, come scommetto che fai.»

Dean ridacchiò. «Non gioco più a football dai tempi del liceo, e non ero granché.»

«Non importa.»

«Non so se è una buona idea, coach. I ragazzi stanno sempre online, e la gente parla.»

Finch alzò le spalle e agitò una mano. «I miei ragazzi sono a posto. Se gli dico di non metterlo su Twitter, se ne staranno zitti e muti.»

«Detesto dovertelo dire, coach, ma credo che abbiano mollato Twitter. Quello è per i vecchietti come noi due. Credo che adesso dovrai dirgli di non metterlo su… qualcos'altro. Forse Instagram.»

«Oh, per amor del cielo», borbottò lui. «Appena imparo cos'è che fanno con i telefonini, loro già fanno altro. È come cercare di afferrare un'anguilla. Comunque, sono dei bravi ragazzi. Il peggio che può succedere è che si venga a sapere che lavori con un gruppo di ragazzini. Al momento, la voce che circola è che ti sei bevuto il cervello, perciò non hai niente da perdere, giusto?»

Dean aveva avuto un sacco di allenatori. E coach Finch dei Calcasset High School Hawks era il primo che si fosse rivolto a lui per un favore chiamandolo un favore. Difficile dirgli di no.

10

La terza settimana di ottobre, Dean aprì la porta di comunicazione e gridò a Evvie, che era nel soggiorno a leggere il diario di un ballerino degli anni Venti, che mancavano dieci minuti all'inizio di *Halls of Power*, una serie politica di cui erano drogati e che ci tenevano a vedere nel momento della messa in onda, ma che avevano giurato di negare di conoscere se mai qualcuno glielo avesse chiesto.

Quando la porta non era chiusa potevano tranquillamente parlarsi e a volte la lasciavano aperta per chiacchierare mentre lei preparava la cena o lui controllava le mail. Ogni tanto, quando Evvie cucinava qualcosa di cui era particolarmente orgogliosa, lui mangiava con lei, oppure lei andava a piazzarsi su una delle poltrone di Dean con una birra e lui le raccontava qualche storia di viaggio della squadra, il che non significava, avevano stabilito, parlare di baseball. Le raccontò di un tipo che aveva nascosto per salvarlo da una ex fidanzata furiosa, di altri due che aveva aiutato a entrare di nascosto in hotel una volta che avevano fatto scandalosamente tardi, e di una volta in cui si era dovuto infilare nella sua camera d'albergo nudo, cercando di ripararsi dagli sguardi con un asciugamano e una chitarra elettrica.

«Ancora non ci credo che ti sei preso questo enorme e

ridicolo televisore», disse lei, piazzandosi per vedere *Halls of Power*, «lo adoro.» Dean l'aveva montato sulla parete opposta alle poltrone, perciò lei si sedette lì, con le gambe sul bracciolo. «Dove eravamo rimasti?» disse.

«Il lobbysta che detesti stava pagando l'Agente Speciale Flathead dell'FBI.»

«Ah, okay.» Si massaggiò le braccia attraverso il maglione. «E il presidente…»

«Stava dando un bel veto tascabile alla vice presidente.»

Evvie si girò verso di lui. «Se guardiamo questa serie ancora per un po', scoprirò quanti eufemismi politici per definire il sesso conosci.»

«Guarda, non lo so neanch'io. Chiedimelo ancora.»

«Okay. Cosa stava facendo il presidente?»

«Stava dando un gran bel parere e consenso alla vice presidente.»

«Basta.»

«E allora tu smetti di ridere.»

Evvie si stiracchiò. «Fa un po' freddo, non trovi?»

«Un pochino.» Le versò da bere.

Lei si alzò e andò in cucina a prendere un mattone avvolto nella stagnola di cui a volte si serviva per battere il pollo. Lo usò per tenere aperta la porta di comunicazione. «Così l'aria circola meglio», disse. «Allora, com'è andata oggi?»

«Ah, c'è una cosa che volevo dirti. Non so se lo sai, ma i Drake vogliono creare una borsa di studio per il liceo.»

Evvie annuì. «Sì, ne avevo sentito parlare. E non mi stupisce.»

Dean scosse la testa. «È una specie di eroe locale, eh? Se posso chiedere.»

«Già. Sai, è andato in California ed è tornato qui. Lavorava qui, viveva qui… era una cosa importante.»

«Semplicemente il fatto che fosse tornato a vivere e lavorare qui?»

«Sì», lei gli tolse di mano il bicchiere di whisky e scosse la testa quando lui le porse il tubo delle Pringles. «Un paio di anni fa qualcuno ci ha detto che Tim, che si è diplomato nel 1999, era uno degli unici due diplomati con lode del nostro liceo, dopo il 1994, che ancora vivessero qui.»

«Come mai?»

«È una questione demografica ed economica.»

«Cioè? Spiega pure, secchiona. Anche io ho fatto l'università.»

Lei rise. «Be', in sostanza la maggior parte dei diciottenni con delle buone possibilità non resta in una cittadina come la nostra. E quando se ne vanno, di solito non ritornano. Perciò la città invecchia, la base dei contribuenti si restringe, e tutto diventa più difficile. Per farla breve, troppi che se ne vanno e muoiono, non abbastanza che arrivano e nascono.»

«Lo Stato più bianco e vecchio del Paese.» Dean annuì.

«Esatto.» Bevve un altro sorso. «E così, per quanto riguarda Tim, un sacco di gente pensava che se fosse stato figlio loro, probabilmente lo avrebbero incoraggiato ad andarsene. Ma lui non lo ha fatto, e per questo lo amavano.»

«Posso capirlo.»

«E poi era carino, era simpatico e gentile finché non vivevi con lui, e ha sposato la sua ragazza del liceo. Aveva quel certo non so che. Quel qualcosa che permette ad alcune persone di scivolare attraverso la vita.» Evvie mosse la mano nell'aria. «Per molti che lo hanno visto crescere, credo che Tim fosse… un unicorno.»

«E non aveva aspirazioni maggiori?»

«Certo.»

«Allora perché è tornato?»

Evvie alzò le spalle. «Perché da qualunque altra parte sarebbe stato semplicemente un cavallo di bell'aspetto.» Sorrise e indicò il televisore. «Comincia.»

* * *

Quella sera, quando andò a dormire, Evvie tolse il mattone e chiuse la porta, ma il mattino seguente, quando Dean venne in cucina a prendere il caffè, lei disse immediatamente: «Rimetti il mattone».

Dopo di che, la chiusero soltanto la sera.

11

L'AUTUNNO precedente Evvie aveva saltato il Ringraziamento. Aveva spedito suo padre a mangiare il tacchino con Andy, le sue figlie e Kell, e aveva passato quasi tutto il giorno a letto con un libro e una bottiglia di vino: l'aveva aperta a mezzogiorno e finita alle dieci e mezzo di sera.

Quest'anno Andy aveva iniziato a lavorarsela con un mese di anticipo, dicendo che voleva assolutamente che lei e suo padre andassero a Thomaston da Kell. Kell aveva invitato anche i genitori di Dean, e loro avevano una tale voglia di vederlo ed erano così affascinati dalle foto che aveva mandato che avevano deciso di affrontare il viaggio. Evvie promise di andare, poi si preparò a disdire, poi trovò nella posta il volantino di un supermarket con i tacchini surgelati in offerta e pianse chiusa in bagno, poi chiamò Andy e assicurò che avrebbe portato la torta di zucca.

Giovedì al risveglio trovò un paio di centimetri di neve e scese avvolta nella vestaglia pesante per farsi il caffè. Sentì che Dean era in piedi, perciò si avvicinò alla porta chiusa e disse: «'Giorno».

«'Giorno.» Aveva la voce ancora addormentata. Questo la fece sorridere.

Mentre versava il caffè nel filtro, la porta si aprì. «Vuoi un caffè?» chiese Evvie.

«Sì», Dean entrò in cucina e si sedette. «Ieri sera ho fatto tardi da Kell. L'aereo dei miei era in ritardo, perciò siamo arrivati a mezzanotte.»

«Si sono sistemati?»

«Sì. Devono recuperare dieci anni di chiacchiere. E con cinque figli maschi tra tutti, sono certo che saranno parecchio impegnati.»

«Sono stati carini a fare tutta questa strada.»

«Credo che mia madre volesse controllare con i suoi occhi che non fossi ridotto così male come dicono i giornali. E tu? Sei contenta? Tacchino? Famiglia? Football?»

Lei fece un verso che non era proprio una risata. «Non so se sono contenta, ma sarà bello vedere tutti quanti. L'altr'anno non ho festeggiato.»

«Comprensibile», disse lui sfregandosi una spalla.

Lei versò l'acqua, schiacciò l'interruttore, e ascoltò il sibilo della caffettiera mentre metteva via i piatti puliti. Quelli che le avevano regalato per le nozze, e che ancora usava ogni giorno, erano bianchi con un giro di fiorellini gialli lungo il bordo. A lei sembravano piatti per le bambole. «Capisco di essere di cattivo umore quando non sopporto questi piatti», disse.

«Accidenti. Come mai?»

«Non sono nel mio stile. Quando fai una lista di nozze pensi sempre che diventerai un'altra persona. Come se sposandomi sarei diventata una tipa da fiorellini gialli.»

Mise via i bicchieri, le posate, la ciotola del frullatore. Negli ultimi due mesi avevano passato tanto di quel tempo insieme in quella cucina che anche se era di spalle Evvie sapeva benissimo cosa stava facendo Dean. La guardava lavorare e ascoltava tutto strizzando gli occhi o inclinando la testa ogni tanto. Quando si erano conosciuti, lei aveva pensato che ascoltava come uno psicanalista, ma adesso le sembrava più un'attenzione da giornalista. Come se tutto quello che diceva Evvie terminasse con un punto e virgola. «Non sono diventata una tipa da fiorellini gialli», continuò lei. «Mi sono ritrovata con tutta questa roba che non avevo scelto, perché esiste l'industria dei matrimoni e devi comprare brutti piatti e asciugamani non troppo morbidi e la gente *si arrabbia* se non usi le pentole a pressione e i frullatori e le forchette per gamberi che avevi assicurato di desiderare tantissimo, e così sei inchiodata. Io sono inchiodata a questi piatti a fiori per il resto della mia vita.»

«Perché sei inchiodata?»

Evvie chiuse la lavastoviglie e si girò verso di lui. «Oh, be'… insomma. Ormai li ho, no? E sono di buona qualità.»

«Ma non sei obbligata a usarli.»

«Giusto, ma ho *questi*.»

«Sono piatti.»

«Sì.»

«E quindi puoi sostituirli con altri piatti.»

«Però questi li ho già.»

«Ma in questa casa ci vivi soltanto tu.»

«Anche tu.»

Lui indicò con un cenno del capo la porta di comunicazione. «Io vivo lì. Tu vivi qui.» Batté sul tavolo con un dito. «Tu…» *toc* «vivi…» *toc* «qui…» *toc*. «Sono i tuoi piatti, cazzo. Sei tu che mangi con quei piatti.»

«Lo so.»

«Perciò se non ti piacciono, comprane degli altri. Diane te ne da uno scatolone pieno per un dollaro e mezzo. E probabilmente ci aggiunge anche le posate per l'insalata in omaggio.»

«Perché te la prendi tanto per i piatti?» chiese lei, incrociando le braccia sul petto.

«Perché te la prendi *tu*?»

«Io non me la prendo!»

Il silenzio adesso era diverso. La caffettiera sibilava.

«Ci sono un sacco di cose su cui non prendi una decisione»,

disse lui alla fine. «Credo che almeno riguardo ai piatti una decisione potresti prenderla, mentre a sentire te si direbbe di no.»

Evvie pensò ai bicchieri da vino troppo delicati, al tavolo troppo piccolo, a quella casa troppo grande, all'enorme doccia che aveva al posto della vasca che avrebbe voluto, e si chiese se avesse mai deciso di vivere in quel posto. «Comprerò dei piatti nuovi. Lo prometto.»

La caffettiera suonò, lei riempì due tazze e le portò al tavolo. «Mio padre non vede l'ora di conoscerti. Gli piace il baseball, ma mi sono fatta promettere che non lo nominerà neanche, e se tu vuoi sapere qualcosa sulle aragoste, lui può soddisfare la tua curiosità.»

«Per quanto tempo ha lavorato in quel campo?»

«Dunque, ha cominciato l'apprendistato a dieci anni, e a diciassette è diventato il suo mestiere. Ha smesso due anni fa, quindi, direi... quasi cinquant'anni.»

«E tu niente pesca delle aragoste?»

«Ero una femmina, non si usava tanto per le bambine. In più, osservando mio padre avevo capito che era una fatica tremenda. Quando mi alzavo per andare a scuola lui era già uscito, e tornava a casa quando io avevo finito di preparare la cena.»

«Santo cielo. Io a quell'età non ero capace nemmeno di riscaldare una minestra.»

Lei sorrise. «Be', era lui quello che lavorava duro. La sua schiena era – anzi è – un disastro a furia di piazzare le trappole. L'hanno operato parecchie volte, e questo è uno dei motivi per cui ha finalmente smesso. Per lui era molto importante che io sapessi di poter fare qualunque lavoro volessi. 'Nella vita c'è molto più che ottocento trappole', mi diceva sempre.»

«Ottocento trappole?»

«È il numero massimo che può avere un pescatore.»

«Sono un bel po' di aragoste.»

«Sì. Credo... di aver pensato che esistevano modi più comodi di guadagnarsi la vita.» Appoggiò le mani al tavolo. «E immagino che alla fine la cosa più semplice fosse sposare un dottore.»

«C'era qualcos'altro che volevi fare?» le chiese lui.

Evvie sospirò. «Credo che tutti i miei progetti riguardassero qualcosa che sarebbe successo *dopo*. A ventidue, ventitré anni il tempo è praticamente infinito. È una piscina in cui non tocchi il fondo. Sapevo che ci sarebbe stato qualcos'altro, ma era sempre *dopo*. Dopo, dopo. Era come se aspettassi l'inizio di qualcosa, e in realtà c'ero già in mezzo. Capisci cosa intendo?»

«Certo.»

Lei prese fra le dita un filo sulla manica della vestaglia. «Tu non hai mai voluto fare nient'altro, a parte il baseball?»

Lui fece una specie di sibilo. «No. Mai.»

«E ai tuoi dispiaceva?»

Dean rifletté per un attimo. «Non credo che nessuno sia entusiasta se suo figlio ha un progetto che può interrompersi nel tempo che ci vuole a lanciare la palla nell'occhio a qualcuno. Ma alla fine si sono rassegnati e mi hanno sostenuto moltissimo. Mi hanno spinto in tutti i modi a partecipare a un campo estivo di All-Star, ed è stato lì che ho deciso che sarei andato alla Cornell… e il resto lo sai.»

Evvie ripensò alla pigna che si infrangeva sullo steccato mentre lei lo spiava al buio, e si chiese se ripetesse quel gesto continuamente, ovunque si trovasse e con qualsiasi cosa: con le arance nelle corsie dei supermercati, con le palle con la neve dietro i negozi di souvenir e con i ricci di mare portati dalla marea contro le assi consunte delle rimesse per le barche; se lanciasse sempre tutto finché non riusciva a spaccarlo. Avrebbe voluto sapere se pensava di tornare a giocare. Avrebbe voluto fargli tutte le domande che aveva promesso di non fare: era fuori di testa, era incasinato, era successo qualcosa, cosa era successo?

«Volevo solo avvertirti che mio padre ti parlerà un sacco di aragoste.»

«Sono pronto. Mio padre invece potrebbe farti delle domande sulla tua assicurazione sulla casa.»

«Non vedo l'ora.»

La porta della casa di Kell si aprì, e Lilly li guardò. «Ciao, benvenuti al Ringraziamento!» disse. Era la più avventurosa delle due bambine in fatto di abbigliamento, e quel giorno sfoggiava dei pantaloni a quadretti bianchi e marroni e una T-shirt bianca con le maniche lunghe ornata da una rana di lustrini.

«Ciao, lucciola», le disse Evvie.

«Ciao rana dalla bocca larga», aggiunse Dean, scompigliandole i capelli.

«Nooooodaiiiii!» gemette Lilly ridacchiando, e poi corse via.

«Accidenti, è proprio pazza di te», disse Evvie. Una calda ondata di profumo di tacchino li accompagnò in soggiorno, dove Frank Ashton stava svuotando una ciotola di noccioline mentre dalla cucina arrivava un fitto chiacchiericcio. Lilly era sparita nella tavernetta, dove di sicuro la aspettava sua sorella con l'inevitabile castello gonfiabile o robot transformer che la nonna aveva preparato per loro. Evvie lanciò un saluto collettivo. «Non alzarti, papà», disse chinandosi a baciarlo e a premere una guancia contro la sua. «Come stai?»

Lui le diede un colpetto sul braccio. «Tutto bene, tesoro.» Evvie amava sempre molto il suono della voce di suo padre. Prima di staccarsi da lui, lo strinse forte ancora una volta.

«Papà, questo è il mio amico Dean.»

Dean gli strinse la mano. «Piacere di conoscerla.»

«Sì, anche per me. E ho promesso a Eveleth di non dire niente sul baseball.» Evvie si bloccò.

«Benissimo», disse Dean annuendo. «Mi scusi solo un attimo, vado a dare un bacio a mia mamma.» Prese la torta di zucca dalle mani di Evvie e si diresse in cucina. «Ehi, ragazzi, sto arrivando a controllare le torte. Tutto ciò che non è coperto, è mio diritto mangiarlo con le mani.» Evvie sentì Kell che rideva.

Quando Dean non fu più a portata d'orecchio, Evvie si chinò verso il padre. «Papà, qual è l'unica cosa che ti avevo chiesto di non fare?»

Frank alzò le mani. «Non gli ho chiesto niente. Non mi hai detto che non potevo rivolgergli la parola.»

Andy apparve sulla porta della scala che portava alla tavernetta. «Evvie ti tormenta, Frank?»

«Ci hai proprio preso, Andrew», disse Frank ficcandosi in bocca un'altra manciata di noccioline.

Evvie si alzò per avvicinarsi al suo caro amico. Lui la strinse tanto forte da strapparle una smorfia. «Sono felice che tu sia venuta», le disse in un orecchio.

«Anche io.»

«Tuo padre e Dean hanno fatto amicizia.»

«Senza esagerare. Dean è in cucina con gli altri genitori.»

Andy la lasciò andare. «Dean stai dando fastidio a mia madre? Mamma, Dean ti da fastidio?» gridò allontanandosi.

Evvie si era a malapena tolta il cappotto che Dean tornò in soggiorno. «Evvie, ti presento i miei genitori, Angie e Stuart Tenney. Lei è Evvie.»

La madre di Dean era sottile e aveva le guance rosate, riccioli grigi e gli occhiali; suo padre era alto – anche se non quanto il figlio – e con le spalle larghe. Evvie strinse le mani a entrambi, ma provò il forte impulso di abbracciarli, in particolare la madre. «Abbiamo sentito molto parlare di te», disse Angie.

Il marito era accanto a lei con le mani sui fianchi. «Spero che Dean non dia troppe feste sfrenate costringendoti a chiamare la polizia.»

«Per niente», li rassicurò Evvie. «È un inquilino modello, ve lo garantisco.»

Arrivò Kell, mangiucchiando uno spicchio di mela, seguita

da Andy. «In cucina tutto procede secondo i piani», annunciò, «perciò perché non vi sedete?»

«Allora», disse il padre di Dean mentre si accomodavano, «stamattina abbiamo sentito Tom. È a Boulder con la famiglia di Nancy. Brian e David sono dalla sorella di David, e Mark e Alison in crociera.»

«Sono tutti i miei fratelli», disse Dean a Evvie. «Papà sta condividendo le notizie. L'ha detto che sono tutti sposati?»

«E Mark è in crociera», ripeté Stuart. «Per il Ringraziamento. Chi è che ha voglia di mangiare la torta di zucca in costume da bagno nel bel mezzo dell'oceano? Con un ombrellino nel bicchiere? È la cosa più stupida che io abbia mai sentito.»

Angie rise e gli diede di gomito. «Non essere odioso. A loro piace il mare.»

«E a me il trenino dei minatori del parco divertimenti Six Flags Over Texas, ma non vado a fare lì il pranzo del Ringraziamento.»

«Senti, Stuart», disse il padre di Evvie. «Hai detto che sei cresciuto nel Jersey. Sei mai stato a Coney Island?»

«Come no», rispose Stuart. «Una mia prozia abitava da quelle parti e sono stato sull'ottovolante, il famoso Cyclone. E tu sei mai stato a Dollywood?» Frank scosse la testa. «Lì ne hanno uno che si chiama Thunderhead. Qualche estate fa l'ho provato. Quando sono sceso ho rifatto il testamento.»

«Spero che tu mi abbia lasciato qualcosa di interessante», disse Dean.

«A te lasceremo il gatto.»

«No, per favore, il gatto no.»

«E invece sì. Ti lasceremo proprio il gatto», ripeté Stuart. «E una postilla in cui diremo che ogni anno ad Halloween dovrai metterlo in maschera e portarlo alla parata sulla Quinta Strada, altrimenti perderai l'eredità.»

«Nella nostra città c'è una signora che porta a passeggio il gatto», disse Frank. «I turisti pensano che sia un'abitudine locale. Su Internet c'è scritto che nel Maine la gente porta a spasso i gatti al guinzaglio. E tutto perché un idiota ha visto Lois trascinare Pookie in Main Street come se fosse un barboncino.»

«Si chiama Pumpkin, non Pookie», lo corresse Evvie.

«Vabbè.»

«E allora, Evvie, parlaci un po' del tuo lavoro», intervenne Angie.

Evvie rise. «Faccio trascrizioni. Collaboro soprattutto con giornalisti e ricercatori. Ascolto le loro interviste e le batto a computer e a volte faccio l'indice in modo che possano trovare velocemente quello che stanno cercando. Io lo trovo un lavoro interessante.»

«Dean conosce un sacco di giornalisti», disse Stuart con una strizzatina d'occhio. «Lui adora le interviste.»

Evvie si rivolse a Dean. «Sul serio?»

«Mio padre sta cercando di attaccar briga.»

«Be', adesso però sono curiosa», replicò Evvie.

«Raccontale di *Johnny Boo-Hoos*!» rise Stuart.

«Chi è *Johnny Boo-Hoos*?» chiese Evvie.

Dean roteò gli occhi. «Non è un chi. È un cosa. È un bar a Brooklyn. L'articolo su di me che i miei genitori preferiscono inizia con me che mi ingozzo di bastoncini di pollo da *Johnny Boo-Hoos*. Questi pezzi cominciano sempre parlando di cibo. Jennifer Lawrence che mangia salmone marinato e roba del genere, oppure qual è il posto preferito di LeBron James per i burrito, come se a qualcuno gliene fregasse qualcosa.»

«A me piacerebbe provare i burrito nel posto preferito di LeBron», disse Andy, alzando la mano.

«Piantala», gli disse Dean, puntando un dito contro di lui. Andy sorrise e si rimise a sedere. «Comunque. L'inizio è tipo: 'Dean Tenney si sta ficcando in gola enormi pezzi di pollo fritto industriale mentre un giornalista sportivo cerca di farlo parlare di quanto lui detesti i giornalisti sportivi.'»

«Ti avevano chiesto proprio quello?» disse Evvie.

«Non era necessario», commentò Angie. «Alla tele del bar c'era proprio il suo commentatore preferito.»

«Pete Danziger», specificò Stuart con espressione cupa.

Il padre di Evvie sbuffò. «Oh, *quell'*idiota.»

«Grazie, Frank», disse Dean. «Vedete? Frank è d'accordo con me. Danziger è un conduttore di trasmissioni sportive. E una testa di cazzo.»

«Dean!» protestò sua madre, ma sorridendo. «Kell, mi scuso per mio figlio.» Kell agitò una mano e bevve un altro sorso di vino.

Dean proseguì. «Era più o meno tre anni fa e parlavano di Domenico Garza, che gioca per i Mets, e che dopo aver fatto un home run aveva festeggiato abbracciando Florido Marquez. E tutti quei vecchi parrucconi si sono agitati, dicendo che voleva mettere in imbarazzo il lanciatore e roba del genere. E Danziger blaterava che i giocatori devono essere sempre rispettosi, e io ho detto al giornalista che nessuno avrebbe fatto tutto questo casino se Garza e Marquez fossero stati bianchi.»

«Infatti», disse Evvie.

Dean si mise un po' più dritto, come se il suo corpo ricordasse l'irritazione provata. «Se Domenico Garza si chiamasse James Leo Francis Patrick Houlihan, potete scommetterci il culo che nessuno lo avrebbe trovato irrispettoso. Lo avrebbero semplicemente definito un giocatore appassionato, che ama il baseball. Così ho detto al tipo, e loro l'hanno pubblicato.»

«E a Danziger non è piaciuto», disse il padre di Dean.

«Per niente», Dean fece un sorrisetto. «In seguito ha diffuso la notizia che avevo fatto quattro lanci pazzi in una sola partita, col che penso si sia messo in pari.»

Il silenzio inondò la stanza infilandosi sotto le porte e nelle fessure attorno alle finestre. «Io sono stata orgogliosa di te», disse Angie alla fine. «Hai detto quello che ritenevi giusto. È per questo che tutti adorano intervistarti. Perché dici la verità.»

«Come sull'ambiente», disse Stuart.

«Oh, l'ambiente!» la madre di Dean si mise una mano sul cuore.

Evvie si sporse in avanti. «Davvero!»

Dean si appoggiò all'indietro con un gemito, come per un attacco di ernia, ma Angie annuì. «Dean era sul red carpet per un film con Melanie, allora era la sua ragazza, tanto cara. E gli chiesero cosa voleva dire ai suoi fan. E lui: 'Negare il cambiamento climatico è un'idiozia da terrapiattisti che vogliono vederci affogare tutti'.»

«Zucconi imbecilli», la corresse Stuart. «Da zucconi imbecilli che vogliono vederci affogare tutti.»

«Hai ragione», disse amorevolmente la mamma di Dean. «Era zucconi imbecilli.»

«Non sapevo che ti fossi dato alla politica», disse Kell rivolta a Dean.

«Me ne frego della politica. Semplicemente non voglio morire nella guerra per l'ultimo litro d'acqua nella piscina per bambini di *Mad Max*.»

Evvie incrociò lo sguardo della madre di Dean, e decisero insieme di non ridere. «Dean è felice che siamo tutti insieme a ringraziare per tutto quello che abbiamo», disse Angie, sollevando il bicchiere in direzione del figlio.

«Siete una banda di cretini», disse Dean sorridendo mentre tutti brindavano a lui.

Alla fine Frank mise la partita di football alla tele e la conversazione proseguì tra soggiorno e cucina. A un certo punto Frank si arrabbiò così furiosamente per un touchdown che rovesciò sul pavimento un piatto pieno di guacamole. Evvie si precipitò dalla cucina con dei tovaglioli di carta prima ancora che lui glielo chiedesse.

In cucina, Evvie pelava patate accanto a Kell. Kell era nata per nutrire, dissetare, abbracciare, e negli ultimi anni Evvie aveva visto i suoi eleganti capelli corti diventare più grigi e la sua zuppa di vongole diventare più buona. Aveva perso il marito molto giovane, quando Andy era piccolissimo, e quando Andy e Lori avevano avuto Rose e Lilly, aveva deciso che valeva la pena di rinunciare ai suoi amici del Colorado – tra cui Angie e Stuart – per trasferirsi nel Maine vicino alla famiglia. E così si era spostata a Thomaston e aveva comprato quella bella casetta. C'era una camera per le nipotine, che a casa della nonna erano obbligate a mangiare la frutta ma non la verdura.

Kell tempestò Evvie di domande su Dean, nonostante le ripetute assicurazioni che si trattava esclusivamente di un rapporto padrona di casa-inquilino. Ormai non era più *esattamente* così, ma l'ultima cosa al mondo che desiderasse era solleticare la curiosità di una donna che ci aveva messo tanto a convincersi che lei e Andy non si sarebbero sposati.

Ogni tanto Evvie andava a dare un'occhiata al tacchino attraverso lo sportello del forno e lo vedeva diventare sempre più dorato e croccante, e poi diede una mano con le patate e affettò il pane e lo mise nel cestino. C'erano fagiolini e ripieno di castagne, e Kell aveva preparato la sua *vera* salsa di mirtilli, grazie mille. «Aprire un barattolo e mettere il contenuto in tavola per il pranzo del Giorno del Ringraziamento!» diceva almeno una volta all'anno. «È come mangiare in mensa su una piattaforma petrolifera!» A volte sostituiva la piattaforma petrolifera con la stanza di uno studente al college, ma la preferita di Evvie era: «Tanto varrebbe mangiare in macchina appoggiati alla leva del cambio».

Quando tutto fu pronto, si sedettero al grande tavolo, così stretti che i gomiti quasi si toccavano, e Lilly e Rose furono sistemate sulla scrivania presa in camera loro. I bicchieri erano colmi di vino, e Frank aveva in mano il trinciapollo, pronto a operare. «Che meraviglia, Kell, grazie.» Poi lo posò. «Vorrei dire due parole.»

Evvie si sentì avvampare per qualcosa che non era il vino.

Pensò al giorno del suo matrimonio, quando suo padre si era alzato e aveva raccontato una storia che lei avrebbe preferito si fosse tenuto per sé. Di quella volta che erano andati insieme allo zoo, quando lei aveva dodici anni, e lui le aveva prestato un paio di occhiali da sole della madre di Evvie, ancora in suo possesso. A un certo punto lei aveva creduto di averli persi e le era venuto quello che, tuttora, considerava il suo unico vero attacco di panico, accovacciata su una panchina, incapace di respirare, sicura di morire. Per suo padre, questa storia dimostrava che ragazza sensibile e affettuosa era, a disperarsi tanto per aver perso una cosa, soprattutto visto che alla fine gli occhiali si erano semplicemente infilati in una tasca della sua borsa. Per lei, invece, questa storia dimostrava che vuoto avesse lasciato sua madre, e come qualunque cosa, panico compreso, tendesse a riempirlo.

E poi suo padre aveva fatto il brindisi. Non aveva detto che Tim era fortunato a sposarla, e neanche che lei era fortunata a sposare lui. Invece aveva detto, in modo molto preciso, che lei era fortunata che Tim la avesse sposata. «La mia famiglia è così fortunata, ed Eveleth è così fortunata, che Tim voglia essere suo marito.» Evvie sapeva che l'intento era di mostrare una generica e generosa gratitudine. Frank era stato allevato da una madre impegnata a combattere i diritti delle donne e da un padre che aveva insultato il «movimento di liberazione femminile» durante un altro memorabile pranzo del Ringraziamento, nel 1997. Aveva sempre desiderato assicurarsi che qualcuno avesse cura di lei, e per quanto lo riguardava, sua figlia aveva avuto fortuna.

Evvie scosse appena la testa. «Papà, le bambine hanno fame. Mangiamo.»

«Eveleth, ci metto un secondo», disse lui. «Voglio dire che sono felice che siamo qui, tutti insieme. Sono felice che i vecchi e i nuovi amici siano riuniti, e che abbiamo le nostre carissime Rose e Lilly. Vederle crescere anno dopo anno è una cosa meravigliosa.»

«Amen», rispose Evvie, prendendo la forchetta.

«Ehi, quanta fretta, non si corre con la preghiera. Siamo lieti che Stuart e Angie ci abbiano raggiunti, siamo grati di averli conosciuti e di aver conosciuto Dean. E siamo felici che oggi mia figlia sia con noi, dopo l'anno che ha passato. È una donna piena di coraggio, come voi ben sapete.»

«Papà», disse Evvie.

Frank proseguì. «Credo che tanti papà si augurino che le loro figlie sposino un dottore, anche se non tutti lo ammetterebbero. Non volevo che Evvie passasse la sua vita a occuparsi di un uomo che ogni sera riportava a riva la barca carica di aragoste, credetemi. E lei ha sposato un brav'uomo che una volta mi ha salvato la vita. Eveleth non poteva fare nulla che mi rendesse più orgoglioso di lei che riuscire a cavarsela da sola in questo anno.»

Evvie sentì che c'era qualcosa che la *attanagliava*. Così cercò di spiegarlo in seguito, e così si sentiva. Era come un dolore che le si scioglieva in corpo, e scendeva veloce lungo le braccia e le gambe, e le premeva in testa come per farla scoppiare. Così posò la forchetta, guardò suo padre e disse: «Sul serio?»

Lui si interruppe. Tutto si fermò. Forse anche la rotazione terrestre.

Fu Andy a parlare. «Ev», disse solamente.

Non fu abbastanza, perché niente sarebbe stato abbastanza. «Sono stata sdraiata sul letto per tredici, quasi quattordici mesi. Non sono quasi mai uscita. Mi sono nutrita e ho lavorato lo stretto necessario per arrivare a fine mese. Spero che non sia questo il massimo che posso fare per renderti orgoglioso di me. Spero che sopravvivere al fatto di non essere più sposata con un dottore non sia la cosa più significativa che puoi immaginare per me. Sono andata a scuola. Probabilmente vivrò un'altra cinquantina di anni. Spero che questo non sia il mio momento più alto.»

«Non è ciò che intendeva dire tuo padre, tesoro», la blandì Kell in tono suadente, proprio come avrebbe fatto la madre che Evvie avrebbe dato qualunque cosa, *qualunque*, pur di avere accanto adesso. Il modo in cui il suo corpo quasi si rattrappiva dal desiderio non per *sua* madre, ma per *una qualsiasi* madre, per un'*altra* madre, come quelle che avevano Andy e Dean, era un pensiero talmente sleale verso suo padre che forse era peggio di qualunque cosa avesse detto ad alta voce.

«Ma certo che non intendevo quello, piccola, non essere sciocca», disse Frank. «Capisco che...»

«Basta», disse lei. «Tu non capisci.»

«Stiamo parlando delle cose per cui siamo grati», provò a dire suo padre, «e io sono grato che tu sia forte.»

Evvie sentì gli sguardi su di sé, due bambine agitate che si chiedevano perché la temperatura nella stanza fosse cambiata, dei quasi estranei che non sapevano cosa fare. Guardò Dean, che era seduto accanto a lei, lo sguardo chino sulle proprie mani. Guardò suo padre, perplesso, che non sapeva se a questo punto doveva tagliare il tacchino, e cosa sarebbe successo adesso. Non lo sapeva neanche lei. Era come se le si fosse rotto un bicchiere in mano e non avesse un posto dove mettere i pezzi. Fece un gran respiro e la pressione nella sua testa si allentò. «Scusate. Scusate. Non so cosa mi ha preso.»

«Tranquilla», le disse sollevato suo padre mentre impugnava il trinciapollo. «Lo so che non intendevi davvero dire quelle cose. Mangiamo.»

12

Ci misero circa mezz'ora ad andare da Thomaston a Calcasset. Avevano preso il furgone di Dean, e durante il viaggio di ritorno Evvie chiuse gli occhi e appoggiò la testa allo schienale. «Mio padre parla dei suoi sentimenti più o meno una volta ogni cinque anni», disse. «Ma quando lo fa, vale la pena.»

«Puoi dirlo forte», rispose Dean.

«Non riesco a credere di avergli risposto in quel modo», ribadì lei. Dean attese. Eccolo di nuovo, il punto e virgola. «Non avrei dovuto.»

«Diglielo, prima o poi.»

«Cioè? Cosa?»

«Be', è evidente. Finché continuerai a mentire su tutto, sarai sempre arrabbiata. Non è giusto nei suoi confronti. E neanche nei tuoi.»

Lei alzò la testa e lo guardò nell'oscurità. «Cosa stai dicendo? Come sarebbe che mento?»

«Evvie, non puoi pretendere che tuo padre sappia che il tuo matrimonio era tutt'altro che meraviglioso visto che continui a far finta che lo fosse.»

«Tutti i genitori pensano che il matrimonio dei figli sia meraviglioso.»

«Inventane un'altra.»

«Inventane un'altra?»

«Non è affatto vero che tutti i genitori pensano che il matrimonio dei figli sia meraviglioso, scherzi? Mio padre ci ha messo cinque anni ad accettare la moglie di uno dei miei fratelli. Aveva scommesso con me che avrebbero divorziato. Il giorno del loro matrimonio. Inventane un'altra.»

«Non capisco cosa vuoi da me», Eveleth si sfregò gli occhi. «Credo che nessuno racconti ai genitori tutto quello che succede col partner. A mio padre offro una versione della mia vita che lui possa accettare.»

«Quindi fai così perché lui è tuo padre.»

«Sì.»

«E allora perché Andy non sa niente? In teoria è il tuo migliore amico.»

«Cosa vuol dire 'in teoria'?»

«Non sa niente. Crede che tu stia male da un anno perché ti manca tuo marito. E lui non è tuo papà. Non è un abitante di questa città a cui tuo marito ha tolto un amo dalla gamba e che non vuole sentir dire che il suo dottore non era perfetto. Tu dici che lui è il tuo migliore amico, lui dice che tu sei la sua migliore amica, e non sa un bel niente. Devi cominciare a dire la verità a qualcuno.»

«È contro le regole del nostro patto», rispose lei dopo un po', «stiamo parlando di mio marito.»

«Annulliamolo.»

«Che cosa?»

«Il patto.»

«Completamente?»

«Completamente. Annulliamolo. Diventiamo amici, invece.»

Il primo pensiero di Evvie, si rese conto con timore, era di lasciare che le ossa le cedessero e crollassero sulla spalla di Dean. Ma il secondo, migliore, fu di non farlo. «Non possiamo annullare il patto. Lo abbiamo suggellato con una stretta di mano.»

«L'ho appena fatto.»

«Okay, benissimo.» Si tirò su ben dritta. «Perché non riesci più a lanciare?»

Lui ebbe un fremito. Lei se ne accorse anche al buio. «Non lo so. Ho cercato in tutti i modi di capirlo, ma non ci sono riuscito. È così e basta. Inutile piangerci su. È stato uno schifo, ma l'ho superata.»

Ti rovini a scagliare pigne nel buio, pensò lei. Chi vuoi prendere in giro?

«Mmm», disse Evvie piano, ma facendosi sentire, con scetticismo mitigato dalla compassione. Faceva sempre un sacco di lavoro coi rumorini.

«Perché tuo padre ha detto che Tim gli ha salvato la vita?»

Evvie sospirò. «Quando Tim era ancora studente di medicina, una sera eravamo tutti insieme a cena. Mio padre si lamentava di sentire una specie di pressione alla schiena pensando di aver fatto qualche sforzo in barca. Tim l'ha spedito al Pronto Soccorso, dove gli hanno diagnosticato un leggero attacco di cuore. Adesso sta bene; saranno passati dieci anni da quando è successo. Ma Tim aveva ragione. Se fosse dipeso da me, probabilmente gli avrei fatto un massaggio alla schiena e gli avrei detto di andare a letto presto.»

«Uau.»

«Già. E Tim me l'ha rinfacciato, che tu ci creda o no. Anni dopo, mentre stavamo litigando, mi ha detto: 'Sei un'ingrata, Eveleth. Forse è grazie a me che non hai perso l'unico genitore che ti resta'. Così mi ha detto. In faccia.»

«Ti credo.»

«Lo so.» Tacque, tamburellando sulla portiera. Pensò che Dean avrebbe aggiunto qualcosa, ma non lo fece. «Un'altra volta, si infuriò con me perché ero arrivata con mezz'ora di ritardo a una cena fissata per le sette, perché lui mi aveva detto che era alle sette e mezzo. E fa: 'Evvie, avevo detto alle sette. Ma stavi leggendo'. Era sempre la stessa storia. Rompe il suo telefono gettandolo per terra mentre guarda una partita di hockey? Si vede che era un telefono difettoso, perché lui l'ha appoggiato piano, anche se io l'ho visto *scagliarlo* per terra. Lo faceva anche per delle stupidaggini. Ma proprio stupidaggini minime. Se non chiudeva la porta di casa a chiave era perché io gli avevo detto di lasciarla aperta. Se non avevo sentito un messaggio in segreteria ai tempi in cui ancora si usavano i messaggi in segreteria non era perché lui non me lo aveva lasciato, ma perché io non avevo controllato.»

Immaginò che Dean le lanciasse un'occhiata dal posto di guida e guardò ostinatamente fuori dal finestrino. Quando erano quasi arrivati, passarono accanto a Dacey Park, il campo dei Claws, dove prima giocavano i Calcasset Braves, e lei glielo indicò. «Che ci fanno d'inverno?» chiese Dean.

«Niente», rispose lei. «Resta lì abbandonato. La squadra va in ibernazione, l'impianto va in ibernazione. Come tutti noi, mi pare.» Guardò i prati imbiancati e gli alberi quasi completamente spogli. «Hai mai giocato a baseball con la neve?»

«Non molto. Si cerca di non farlo. Soprattutto lanciare. Col freddo le dita non funzionano granché. Ma a volte succede, durante le partite autunnali.»

Frenò nel vialetto e lui scivolò, con una certa riluttanza, giù dal furgone, in quello che era ormai ufficialmente il freddo di fine novembre. Lasciarono le scarpe accanto alla porta in modo che gli ultimi frammenti di neve si sciogliessero sullo stuoino e lei si fiondò subito sul divano. «Vuoi fermarti? Guardiamo se c'è qualcosa alla tele?» chiese.

«No, mi siedo solo un attimo per vedere se riesco a digerire la seconda fetta di torta che non avrei assolutamente dovuto mangiare.» Si sedette accanto a lei e tutti e due si abbandonarono contro lo schienale, pieni di cibo e poco inclini a muoversi. Alla fine lui si girò verso Evvie. «Ehi, posso farti una domanda?»

«Certo!» Si girò anche lei, a guardarlo.

«Hai detto a tuo padre che riesci ad arrivare alla fine del mese.»

«Sì. Tu mi paghi, e io pago i conti.»

«Non per essere morboso, ma… eri sposata con un dottore. Come mai non si era fatto un'assicurazione sulla vita?»

«L'ha fatta.»

«Andy mi ha detto di no.»

«Ah. Sì, a lui ho detto che non ce l'aveva.» Dean la guardò. «Sì. Ho mentito.»

«E perché?»

«Perché così lui non mi avrebbe fatto domande sull'assicurazione.»

«Hai avuto… i soldi?» Dean sollevò un sopracciglio.

Lei sbatté gli occhi e rifletté per un attimo, poi fece un gran respiro. «Se te lo dico, non devi dirlo a nessuno, neanche ad Andy.»

«Okay.»

Evvie alzò lo sguardo al soffitto. «Li ho avuti, ma non sono miei.»

«Li hai dati via?»

Lei chiuse gli occhi. «Lo farò. Alla fine di tutte le procedure burocratiche mi hanno mandato un assegno. Sono andata da un avvocato e l'ho fatto depositare in un conto separato. Sta lì.»

«Non ti servono?» le chiese.

Lei si girò verso di lui e in questa occasione notò che ciglia lunghe avesse. Ma che c'entrava? «Be', Dean, sono soldi. Ho le bollette da pagare. Certo che mi servono.»

«Ma non li usi.»

Lei distolse lo sguardo. «No.»

«Vuoi dirmi perché?»

Lei rispose continuando a guardare il soffitto, con calma. «Preferirei di no. Non adesso.»

Anche lui guardò il soffitto. «Un po' bizzarro», disse poi.

Lei rise. «Lo sei anche tu.»

Accesero il caminetto a gas e restarono seduti lì con le mani sulle pance piene e ripassarono insieme i pettegolezzi più salienti della serata finché lui ammise finalmente di essere stanco morto e di voler andare a dormire. Lei si tirò su e lui si alzò dal divano facendo uno sforzo notevole e parecchio rumore, poi si stirò schiena e spalle e si massaggiò il collo. «Bene allora, ci vediamo domani.»

«Buonanotte», disse Evvie, come sempre. Ma poi Dean, non come sempre, all'improvviso si chinò verso di lei – e lei alzò il viso verso di lui in un tempo di reazione zero – e la baciò sulla fronte, proprio in mezzo.

«Buon Giorno del Ringraziamento», disse e andò nel suo appartamento chiudendosi la porta alle spalle.

«Buon… Giorno del Ringraziamento», gli gridò dietro Evvie, con voce incerta. Si sfiorò la fronte con le dita.

Inverno

13

L'ARTICOLO si intitolava «Verso una filosofia del fallimento». Era su *Esquire* di dicembre, e si proponeva di esaminare il modo in cui gli americani elaborano, scrivono, sentono e definiscono il fallimento. Prendeva a esempio quattro casi, e uno era l'ex superstar del baseball Dean Tenney, che rappresentava un genere che l'autore pareva orgogliosissimo di aver definito «Fallimento del Povero Bianco».

Diceva che un conto era elaborare un fallimento in cui una buona idea non aveva funzionato o una serie di ostacoli imprevisti avevano impedito di raggiungere il successo. E un altro era vedere il fallimento «presentarsi senza un senso e senza un perché». Scriveva:

> *Ricorderemo Tenney come ricordiamo la New Coke. Sarà come la Edsel, ma in forma umana. Iniziò come promessa. Una meraviglia fisica. Un esemplare in rappresentanza di tutto quello che possiamo fare. Ma ormai questo non conta più. Sarebbe meglio anzi che non avesse mai avuto successo. Perché tutto ciò che rammenteremo saranno le palle che passano oltre il ricevitore, i corridori increduli della propria fortuna che si precipitano alla casa base, e i compagni di squadra che cercano di non insultarlo. Chi*

guarda non riesce a trovare spiegazioni né a non temere che possa succedere a lui, a meno di non ascoltare i mormorii dei giocatori che credono sia una questione di debolezza mentale e di sistemi nervosi crollati e incapaci di riprendersi. Queste voci sono reali. E si riferiscono a Tenney in modo specifico.

Tenney non è più un lanciatore. Ora è l'uomo nero degli incubi. È l'incarnazione della peggiore situazione immaginabile per chiunque abbia raggiunto un certo livello di successo. È la storia in cui tutti i tuoi sforzi e il tuo duro lavoro non significano niente. È la storia in cui la tua vita, senza una causa evidente, diventa il manoscritto di un libro che nessuno scrive più, abbandonato sul tavolo senza neanche la parola fine.

La sera del lunedì di dicembre in cui questo articolo fu pubblicato, la macchina di Andy si fermò nel vialetto di Evvie. Evvie aprì la porta a due bambine avviluppate in piumini rosa e viola, e al loro padre, che le lanciò un'occhiata circospetta appena la vide in faccia. «Quegli stronzi», sillabò silenziosamente. Lei annuì.

«Venite, entrate», disse a Rose e Lilly, prendendo i loro giubbotti. «Andate di sopra e ficcatevi nel lettone, io arrivo subito.»

«*La sirenetta!*» strillò Lilly.

«Adesso vediamo. Sii gentile con tua sorella, Lill. Ti ricordi come ci si comporta ai pigiama party, vero?»

«*La sirenetta!*» strillò di nuovo Lilly mentre lei e Rose salivano le scale.

Andy rabbrividì. «Avrai il tuo bel daffare. Grazie mille. Ti ha detto qualcosa?» chiese poi.

«No. È entrato nel suo appartamento, ha chiuso la porta di comunicazione e non ha detto una parola.»

«Okay. Lo porto a bere qualcosa, vediamo se ha voglia di

parlare.» Lui ed Evvie andarono in cucina, e Andy gridò: «Ehi, Dean! Sei pronto?»

«Dammi cinque minuti.» Dean aveva la voce stanca.

Si sedettero al tavolo. Lei lo guardò allusiva. «Allora? Questa nuova amica?»

Evvie sapeva che Andy era uscito un paio di volte con Monica Bell, un'insegnante del liceo, dopo averla conosciuta a una festa, ma lui non le aveva raccontato altro. Adesso sorrise. «È simpatica. Siamo andati al cinema a vedere quel film con l'attore francese che era anche in quell'altro, quello con Jessica Chastain che non ti è piaciuto.»

«Sì. Era Bryce Dallas Howard e il tipo è canadese, ma sì, ho capito.»

«Vabbè. Comunque, siamo andati al cinema e poi a cena da *Fontaine*. È stato bello. Mi piace. Piacerà anche a te.»

«Bene.» Evvie se li vedeva, a un tavolo d'angolo al ristorante, mentre camminavano diretti al cinema, seduti vicini. Si sentiva così invadente a immaginare perfino le forchette e i loro posti al cinema, ma non poteva evitarlo. «Sembra una bella cosa.»

«Sai… potresti farlo anche tu prima o poi.» Andy le fece un cenno con la testa. «Se decidessi di volerlo, potresti farlo benissimo.»

«Cosa? Uscire con Monica Bell?» Lo sapeva. Sapeva che era una reazione sciocca e superficiale, *e* che era solo una tattica per evitare l'argomento, *e* che era antipatico, *e* che sembrava che stesse prendendo in giro la nuova amica di Andy. Lui alzò gli occhi al cielo e lei sollevò una mano. «Scusa. Ho capito benissimo. Ma io neanche ci penso. Per niente.»

«Non sei obbligata. Non sto dicendo quello. Non c'è niente di peggio che quando uno comincia a uscire con qualcuno, allora di colpo devono farlo anche tutti gli altri. Ti assicuro che non sono proprio il tipo.»

Lei scosse la testa. «Lo so che non sei il tipo.»

«Sono tuo amico.»

«Lo so.»

«Sto solo dicendo che *potresti.*»

«Sì, lo so.» Era abbastanza sicura del contrario. Sapeva che Andy intendeva due cose: sia che avrebbe potuto trovare qualcuno con cui uscire, sia che nessuno la avrebbe giudicata male per questo, perché era passato abbastanza tempo. Lei però era convinta che si sbagliasse in entrambi i casi. Nell'immortale linguaggio delle metafore del sesso basate sul baseball, lei non riusciva neanche a immaginare di mettere la divisa da gioco, figuriamoci arrivare in prima base. «Ci penserò. Mi sembra ancora sbagliato.»

«Perché?»

«Ecco… quella faccenda di essere vedova. L'altro giorno stavo trascrivendo un'intervista, sai Jason, quel tipo per cui lavoro ogni tanto? Ha intervistato un professore sulla condizione delle donne subito dopo la Seconda Guerra Mondiale, e hanno parlato della *vedova* di un soldato, e io mi sono resa conto che da quando Tim è morto non mi sono mai definita vedova. Né vedova in generale, né sua. Non vado in giro presentandomi come: 'Sono Eveleth Drake, la vedova del dottor Timothy Drake'. Sono la Vedova Drake.»

«Non credo che qualcuno lo faccia, tranne che nelle fiction.»

«Ho cominciato a riflettere su questa parola, sai? 'Vedova'. È strano che esista una parola per 'signora che era sposata con qualcuno che è morto'. Ma c'è. Sono io. Io sono una vedova, in questo preciso istante. E sono una vedova sempre. Sono una vedova ovunque vada, e questo spiega perché mi sento costantemente vedova. Ho cercato sul dizionario, però, e ho scoperto che se mi risposo non sarò più una vedova. Anche se lui l'ho comunque sposato, e lui se n'è andato.»

Andy si accigliò. «Strano, però.»

«Vero? È come la principessa in coma che si sveglia soltanto se qualcuno la bacia.»

«È addormentata», precisò Andy.

«Chi è addormentata?»

«La principessa. Si chiama *Bella Addormentata*, non *Bella in coma*. Ho letto quella fiaba di recente, perciò fidati, dorme soltanto. Però capisco quello che intendi.»

«È strano», disse Eveleth, «avere questa caratteristica personale che dipende dal fatto che sono stata sposata, e di cui non posso liberarmi a meno di non sposarmi di nuovo. Ti rendi conto che non potrò mai più essere single? Posso essere soltanto sposata o vedova, *per sempre*.»

Andy rifletté per un attimo poi alzò un dito. «E se tu ti risposassi e poi divorziassi, cosa saresti?»

«Ah», disse lei. «Credo che sarei una divorziata.»

«E se ti risposi e il matrimonio viene annullato?»

«Allora credo che tornerei a essere una vedova.» Fissò il tavolo. «Sono orribile. Devo trovarmi un progetto o qualcosa del genere. Quando fa freddo e non sto lavorando, resto seduta a far niente e sento una per una tutte le mie ossa.»

«Cosa significa, che senti le tue ossa?»

«Che le sento. Cioè, mi accorgo della fortuna di averle, perché se non le avessi, sarei sostanzialmente un mucchio di muscoli e pelle e grasso e un sacchetto di organi tipo quelli che ti danno col tacchino.»

«Ehi, che schifo.»

«Scusa», disse lei, abbassando la voce. «Ho paura di diventare una vera piaga.»

«Be' direi di no. Cioè, non andrei a raccontare in giro la storia del sacchetto di tacchino, ma tutti vogliono che tu sia felice. Impegnati in un tuo progetto e allora ti parleranno di quello che stai facendo, e la smetteranno di chiedermi cosa devono dirti, e io potrò licenziarmi dal mio lavoro di 'Uomo che Sussurra a Eveleth'.»

«Mi spiace.»

«Per cosa?»

«Che devi fare il sussurratore.»

«E per il tuo progetto posso suggerirti un corso su come non scusarsi continuamente?»

«Scusa.»

«Oh, Gesù!» lanciò un grido. «Dean, sbrigati, dai!»

La porta si aprì, e lui attraversò la cucina ficcandosi le mani in tasca. «Ci vediamo, Ev.»

Andy le lanciò un'occhiata. «Okay, allora. Non so a che ora torno. I pigiami sono nella borsa accanto alla porta. Grazie ancora. Mandami un messaggio se Lilly ti spacca i timpani.»

«D'accordo.» Dalla finestra del soggiorno, Evvie seguì i fari posteriori dell'auto di Andy finché riuscì a vederli.

Quando *La sirenetta* finì, in camera di Evvie regnava la quiete. Lilly era crollata durante il film e adesso era un groviglio di braccia e gambe che occupava metà del letto, e Rose era rannicchiata accanto a Evvie nell'altra metà. Mentre scorrevano i titoli di coda e spegneva il dvd, Evvie osservò Lilly, che premeva con la bocca contro il cuscino. Si chinò a sussurrare a Rose: «Tua sorella è ancora più addormentata del solito». Rose si sollevò a guardare oltre il corpo di Evvie, poi si lasciò ricadere. «Che tipa buffa», sussurrò Evvie.

Rose roteò gli occhi e rispose nello stesso tono sommesso. «Urla sempre.»

«Sì, urla sempre. Credo che a furia di cantare col film si sia esaurita.» Evvie arruffò i capelli di Rose. «Sei emozionata che fra poco è Natale?»

Rose alzò le spalle. «Credo di sì.»

«Credi? E i regali non li vuoi?»

Il sorriso asimmetrico era una delle cose che Rose aveva ereditato da Lori. «Sì che li voglio.»

Evvie scivolò giù e tirò la coperta su tutte e due. «Cosa c'è che non va, ragazza mia?»

Rose sospirò, ed Evvie pensò che sette anni erano troppo

pochi per avere un sospiro del genere nel proprio vocabolario. Un sospiro sarcastico, sì. Un sospiro arrabbiato e frustrato, sì. Ma non un sospiro che sembrava emesso da una cameriera di tavola calda stanca morta. «Per Natale vado dalla mamma e lei dice che devo fare un regalo a Fred.» Fred era il fidanzato di Lori, un designer di mobili di Charleston, che aveva incontrato qualche anno prima, poco dopo che lei e Andy si erano separati.

«E tu non vuoi farglielo?»

«Dovrei fare i regali solo alla mia famiglia», disse Rose.

Evvie annuì. «Ah.» Doveva essere il primo, o al massimo il secondo anno in cui la bambina sceglieva personalmente i suoi regali per gli altri, ma a giudicare da come si tormentava le unghie doveva aver deluso qualche aspettativa. «Be', un sacco di gente fa regali anche agli amici, sai?»

«Tu e mio papà vi fate dei regali?»

«No. Ma solo perché siamo pigri e detestiamo andare a fare shopping.» Rose sorrise. «Tuo papà mi comprerebbe un sacchetto di patatine dal distributore e io gli prenderei un hot dog al bar del benzinaio.»

Rose soffocò una risata nella manica del suo pigiama e poi iniziò ad arrotolare e srotolare il bordo della coperta. «Fred è così noioso. È simpatico, ma parla sempre di sedie.»

«Non c'è nient'altro che gli piace? Sport? Musica? Libri?»

Rose si voltò a guardare Evvie senza dire niente, e spalancò due occhioni ancora più grandi del solito prima di rispondere: «Parla *veramente* solo di sedie».

Evvie guardò Rose, concentrandosi. «E… il golf? Gioca a golf?»

Rose scosse la testa. «Non fa niente.» Attese esattamente il tempo giusto. «A parte le sedie.»

«Ho un'idea», disse Evvie. «Regalagli una cravatta.»

«Vuole una cravatta secondo te?»

«No, probabilmente no. Ma cravatte, profumi, vassoi per dolci e cose del genere da centinaia di anni vanno benissimo quando non sai che cosa comperare. Una cravatta è un bel regalo, un regalo sicuro.»

«Non so se è abbastanza bello», disse Rose.

Evvie prese una mano di Rose, e ammirò le sue lunghe dita. «Sai una cosa? Non c'è niente di cui preoccuparsi. Tua mamma e tuo papà ti vogliono bene, e sono certa che anche Fred te ne vuole. E quando Fred vedrà che gli hai fatto un regalo, sarà felice, perché è un gesto affettuoso, e perché viene da te.»

«Evvie?»

«Sì?»

Rose si agitò per un istante, poi disse: «Non mi piace sempre andare da mia mamma. Devo mettere tutta la mia roba in valigia e devo dividere la camera con Lilly. E non ho sempre voglia di andarci».

«Lo so. E non c'è niente di male.»

«Devo andare lo stesso», Rose lo disse in tono avvilito, più a se stessa che a Evvie.

«Sì. Adesso come adesso sì, ci devi proprio andare.» Evvie le strinse una mano. «So che sarai felice di vederla.»

Rose annuì. «Anche tu devi vedere tua mamma?»

«Certo. Non a Natale, ma ogni tanto. Quando viene da queste parti.»

«Senti la sua mancanza allora.»

«Ogni tanto», Evvie lisciò il dorso della mano di Rose.

«Non farò Natale qui con papà.»

«Non proprio il giorno di Natale», disse Evvie, «però quando torni farete Natale insieme. E rifaremo i biscotti a fiocco di neve, e tu mi aiuterai. Dura di più, sai. Natale non è un giorno soltanto. È tutto quanto. Sono gli elfi, le renne e *Jingle Bells*.»

«*Jingle bells, jingle bells, jingle all the way…*» canticchiò Rose, poi rise.

Evvie prese un barattolo di crema per le mani sul comodino. «Ne vuoi un po'?» Rose annuì, ed Evvie se ne mise un po' sul palmo e poi sfregò le mani di Rose con le sue. «Sarà ancora Natale quando torni, prometto e giuro.»

«Prenderò una cravatta per Fred», disse Rose alla fine. «E poi mi manca solo qualcosa per Lilly e per papà e per mamma e per le nonne e per i nonni.» Guardò Evvie. «E per te.»

«Ah, sei la migliore», disse Evvie abbracciando Rose. «Non esiste un'altra come te.»

14

Quando Rose si fu addormentata, Evvie riuscì a scivolare giù dal letto per andare in cucina a fare i piatti. Immaginava che al ritorno di Dean loro due avrebbero parlato dell'articolo. Ma quando lui e Andy arrivarono, portarono le bambine nella macchina di Andy, poi Dean si infilò nell'appartamento, chiuse la porta, e fu tutto. Niente bacio sulla fronte; non ce ne erano più stati dopo il Ringraziamento. A volte lei si chiedeva se non avesse immaginato tutto.

Alle due del mattino era ancora sveglia, con la coperta in più sul letto moriva di caldo, senza aveva freddo. Adesso era inverno veramente, quasi sottozero, e mentre si chiedeva se alzarsi per andare a regolare il riscaldamento, sentì il furgone di Dean che si metteva in moto. Lo udì fare manovra nel vialetto, girare con cautela attorno alla sua macchina, e andare via.

C'erano un sacco di possibilità. Forse voleva fare un giro per schiarirsi le idee. O andava a soccorrere un amico che aveva forato nel cuore della notte. Poteva non essere niente. Ma quando si girò su un fianco Evvie avvertì un dolorino alla schiena, e quando toccò il punto con la mano fu come premere il pulsante PLAY su un video di tutte le volte che aveva visto Dean massaggiare ed estendere la spalla destra. Lo aveva fatto nella sua cucina, e quando passeggiavano in città, e durante la cena, e quando guardavano la televisione insieme. Anche per questo c'erano svariate possibilità. Poteva essere una specie di tic. Poteva essere una vecchia ferita o il risultato di aver tirato con tutte le sue forze per otto mesi all'anno, per venticinque anni. Poteva non essere niente di che, certo. Ma lei vide con gli occhi della mente Dean che tirava una palla finché la spalla non gli faceva male, e sentì il vento soffiare fuori dalla finestra. E si ricordò di quando lui le aveva chiesto che ne era di Dacey Park d'inverno.

Gettò indietro le coperte e si alzò, accendendo l'abat-jour sul comodino. Quando faceva freddo dormiva con una morbida camicia di flanella e dei boxer a quadretti, perciò tenne la camicia e si infilò jeans e stivali. Scese, mise il cappotto di lana e prese le chiavi della macchina.

I Dacey erano stati proprietari del giornale locale e di un incantevole hotel quando entrambe le attività erano in condizioni economiche molto più fiorenti. Adesso in città restava soltanto un Dacey che lavorava in banca. Ma il campo da gioco che era stato costruito per i Calcasset Braves portava ancora il nome della famiglia. Evvie si fermò nel parcheggio, e da principio pensò che forse si era sbagliata. Le luci del campo non erano accese; era buio, come doveva essere. Poi però vide il furgone, infilato accanto a un piccolo fabbricato. Evvie era sollevata nel sapere dove si trovava Dean, preoccupata che fosse lì, e un po' turbata per averlo capito.

Scese dalla macchina e si avviò verso il campo, e mentre si avvicinava all'ingresso, udì un rumore metallico che riconobbe come quello della palla che colpiva la recinzione dietro il ricevitore, che naturalmente non c'era. Fece ancora qualche passo, e il rumore si ripeté, e poi sentì lui che diceva, in tono quasi rassegnato, «Cazzo».

Evvie ficcò le mani nelle tasche del cappotto ed entrò dal cancello aperto, dove normalmente ci sarebbe stato qualcuno a controllare il biglietto. Si avvicinò al campo e un'altra palla colpì lo steccato, e poi si ritrovò sulla linea della prima base e vide che cosa aveva fatto Dean. Aveva sistemato parecchie grosse torce, in pratica dei riflettori, tutte in fila tra il monte di lancio e il piatto.

Non guardava nella sua direzione. Lo osservò prendere una palla da un secchio. La gamba scattò, il corpo roteò, e la palla volò nel buio e poi ci fu il *clang*. Lei prese una boccata d'aria fredda e la guardò trasformarsi in uno sbuffo bianco mentre diceva: «Ciao».

Lui sobbalzò, poi si girò a guardarla. Aveva il respiro affannoso. «Che ci fai qui?» La sua voce si indurì quando chiese: «Che c'è, mi segui?»

«Ho sentito il furgone che partiva», rispose lei. «E allora... ho indovinato.» Andò all'apertura dello steccato ed entrò nel campo, fino alla scarsa erba invernale su cui aveva messo piede soltanto due volte: una quando la banda della scuola aveva suonato prima di una partita e un'altra quando la sua truppa scout delle Coccinelle aveva partecipato all'esecuzione dell'inno nazionale. Andò vicina a Dean.

«Hai indovinato che alle due e mezza del mattino ero al campo di una squadra di dilettanti.»

«Ho pensato che volessi vedere con i tuoi occhi dove si svolgeva la gara dei cereali.» Indicò la casa base. «Bree è caduta proprio... lì.» Lui sorrise, ma appena. Lei si guardò attorno, come per cercare qualcuno nel buio. «Non sapevo che in dicembre non si prendono neanche il disturbo di chiudere l'impianto.»

«Lo fanno. Ma se chiedi in giro e prometti di non rompere nulla, riesci a rintracciare il tipo che ha la chiave.»

Evvie annuì lentamente. «Pensavo che tu avessi chiuso con questa roba. Pensavo che te la fossi lasciata alle spalle.»

Lui scosse la testa. «Non ne voglio parlare. Altrimenti, te l'avrei detto.»

«Hai detto 'amici'. Hai detto che volevi annullare il nostro patto. Mi hai chiesto di Tim, e dei soldi, e di mio padre. Io ti chiedo perché ti alzi nel cuore della notte per lanciare palle contro lo steccato e imprecare.»

«Gesù», ansimò. «Amici? Sarebbe questo, secondo te? Questa è una cosa privata, Evvie. Per un anno e mezzo non sono riuscito a fare niente senza ritrovarmi col fiato di qualcuno sul collo. Secondo te adesso ho voglia di parlare di questa cosa?»

«E secondo te io avevo voglia di parlare di mio padre?»

«Sono venuto qui per non essere *più* perseguitato dalla gente. Se avessi voluto discutere dei miei lanci, sarei rimasto a Manhattan. Sono venuto qui per evitare di dare spiegazioni sul mio conto, perciò non chiedermi di farlo, okay? Sto benissimo. E veramente non ho proprio voglia di parlare di questa faccenda, okay?»

Evvie non si era neanche resa conto che si aspettava che lui fosse felice di vederla, finché non fu evidente che non lo era. Adesso, rendendosi conto che lo *aveva* seguito, ed *era* notte fonda, sentì un brivido di imbarazzo lungo la spina dorsale. Fu come una specie di clonazione involontaria, con una sua copia che si distaccava da lei e guardava la scena. Vedeva quest'uomo che cercava di godersi un momento di solitudine nel cuore della notte e questa pazza che si presentava in pigiama senza essere stata invitata. Non le venne in mente niente da dire tranne: «Okay, ciao», che però sospettava avrebbe causato la sua morte per combustione, causata da imbarazzo. Restò lì, immobile, incapace anche solo di immaginare una dignitosa ritirata. Poi però si accorse che lui indossava soltanto una camicia con le maniche lunghe. «Ehi, non dovresti metterti un giaccone o qualcosa del genere? Non è peggio per il tuo braccio, se resti così?»

«Sì», e cominciò a camminare avanti e indietro di fronte al monte di lancio. E poi ripeté. «Sì. Probabilmente sì.»

Lei si avvicinò e gli mise una mano sul gomito. «Come posso aiutarti?»

Lui guardò la mano e poi la guardò negli occhi: «Mi aiuti già».

«Vorrei aiutarti di più.»

Lui ridacchiò e si massaggiò la spalla. «Sì, lo so. In tutta sincerità, non riesco neanche a sentire la palla.» Si tolse il guantone e se lo infilò sotto il braccio, poi piegò e raddrizzò le dita. «Te l'ho detto com'è lanciare col freddo.»

Lei mise le mani su quelle di Dean. «Sì, infatti le hai gelate.»

Lui abbassò lo sguardo e mosse appena i pollici, premendo leggermente le mani di lei, giusto quel tanto perché fosse certa che gli stesse facendo qualcosa. Poi Dean annuì. «Okay. Andiamo a casa.» Raccolsero le torce e le palle, lei prese la macchina, lui il furgone e la seguì fino a casa, dove si diedero la buonanotte.

Quando fu di nuovo a letto, Evvie continuò a pensare al ricevitore fantasma e continuò a sentire la palla che colpiva la recinzione. Lanciare era una cosa che Dean faceva fin da quando era bambino. Non era una cosa complicata; il suo corpo era lo stesso di prima. Gli stessi legamenti e muscoli e giunture. Aveva la stessa mente; non aveva dimenticato nulla di quello che sapeva. Qualcosa si era rotto, e quello che si rompe si può aggiustare. Così era, secondo la logica.

15

QUALCHE giorno dopo aver beccato Dean a Dacey Park, Evvie trovò online la dottoressa Jane Talco, una psicologa di Rockland che trattava i disturbi di origine ansiogena, e che dalla foto sembrava degna di fiducia. Per curare un problema mentale, suppose lei, si deve cominciare con un dottore della mente.

Quando Evvie entrò nello studio, la dottoressa era in piedi davanti alla scrivania, dando le spalle alla porta, e si girò stringendo in mano un taccuino. Era vestita casual, e aveva gli occhiali spinti indietro sulla testa. «Salve.»

«Salve, sono Eveleth Drake, ho appuntamento per le dieci e mezza.»

«Certamente, entri. Mi scusi, stavo sistemando le scartoffie sulla scrivania.» Diede la mano a Evvie. «Sono Jane Talco. Si sieda.»

Evvie sprofondò nel divano, che era un pochino più cedevole di quello che si aspettasse. Sorrise goffamente, esaminando le placide stampe appese alle pareti e le malauguranti scatole di fazzolettini sul tavolino accanto al divano.

«Allora, che cosa la porta nel mio studio?» I suoni arrivavano smorzati, come se fossero state in una tenda fatta di coperte e cuscini.

Evvie non sapeva bene come cominciare. Decise di buttarsi.

«Ho bisogno di aiuto. Lo so che tutti dicono sempre che è per un amico, ma nel mio caso è *davvero* per un amico.»

La dottoressa inclinò la testa. «È per un amico. Okay. Mi dica qualcosa di più.»

«Ecco, ho un amico che era un atleta professionista. Ha mai sentito parlare degli yips?»

«Steve Sax, giusto?»

«Esatto. Il mio amico ha gli yips. E si è ritirato. Dice che sta bene ma a me non pare. Sto cercando di essere una brava amica. So che si fanno molte ricerche in questo campo, e volevo il consiglio di un esperto, perché se l'origine è l'ansia magari potrei essere d'aiuto.»

«Oh, interessante. Posso sapere qualcosa di lei, in modo da farmi un'idea del suo background, e poi parliamo di questa cosa?» disse la dottoressa Talco. Evvie non andava matta per questa parte, ma immaginò che il semplice fatto di non essere stata sbattuta fuori implicasse che valeva la pena di restare, perciò annuì.

«È sposata?»

«No.»

«Ha una relazione?»

«No.»

«Figli?»

«No.» Santo Dio. Era come parlare con la nonna quando era viva, c'erano solo meno anatre di ceramica sugli scaffali.

«È mai stata sposata?»

Evvie si spostò sul divano. «Sono stata sposata fino a un po' più di un anno fa. Mio marito è morto.»

«Oh, mi scusi», disse la dottoressa Talco, prendendo appunti. «Come va?»

«Il meglio possibile, direi.»

«Per quanto tempo siete stati insieme?»

«Da quando avevo quindici anni.»

La dottoressa Talco annuì lentamente. «È stata una storia lunga.»

«Sì.» Evvie tossicchiò.

«In questo ultimo anno lei è stata bene fisicamente? Come va col sonno? Riesce a dormire?»

Lei pensò alle confezioni di ZzzQuil e ai sogni con Tim che urlava e camminava su e giù, che continuavano a presentarsi ogni quindici giorni. A volte lui indossava il camice bianco e una volta c'era anche Dean. Pensò a quando stava sdraiata per terra al buio, e a quanto le mancava non potersi più stendere sulla moquette dell'appartamento. «Sì», rispose. «Dormo bene.»

«Come vanno i suoi livelli di energia? Le sembra che siano nella norma?»

«Sì.» Si sedette un po' più dritta.

«Ha avuto un supporto psicologico o qualcosa del genere?»

«No. Mi hanno aiutata molto gli amici e la famiglia. Non avevo bisogno d'altro.» Cominciò ad arrotolare fra le dita il bordo del maglione. «Non ho affatto voglia di stare sempre lì a pensare a mio marito e al mio matrimonio e a tutto quanto. È talmente complicato. Perciò cerco di uscire dalla mia testa, ogni tanto. Ecco perché mi piacerebbe aiutare il mio amico a stare meglio.»

«Cosa intende dire affermando che il suo matrimonio era complicato? Potrebbe parlarmene un po'?»

Evvie fissò la laurea della dottoressa appesa al muro. «No, direi di no. Solite cose, di tutti i matrimoni.»

«Solite cose di tutti i matrimoni, ho capito», disse la dottoressa. «Da quanto lo conosce? Il suo amico con gli yips?»

«È il mio inquilino, in realtà. Affitta una parte della mia casa. Si è trasferito un paio di mesi fa.»

«Capito.» La dottoressa Talco guardò i suoi appunti. «Allora, mi ascolti.» Giocherellò con la penna. «Ogni tanto qualcuno arriva nel mio studio e dice: «Sono in crisi, ho bisogno di una terapia». Ma alla fine viene fuori che più che altro hanno bisogno di un'amica. E allora io gli spiego che un'amica è una cosa diversa da una psicologa. Tanto per cominciare, gli amici non si pagano. In teoria, almeno. Quindi io non sono un'amica.»

«Okay. Sta dicendo che secondo lei io vorrei essere sua amica? Perché guardi che non è quello che le sto chiedendo. Cioè, senza offesa...»

La dottoressa Talco sorrise. «No. Quello che intendo dire è che gli psicologi non sono amici e gli amici non sono psicologi. E questo significa che lei non può essere la psicologa del suo lanciatore.» La dottoressa si interruppe per vedere se Eveleth aveva capito e giunse apparentemente alla conclusione che no, non aveva capito. «Se lui ha dei problemi e ha bisogno di aiuto, allora lei può essergli amica, come mi pare stia già facendo. Ma se ha bisogno di un dottore, allora deve trovarselo lui. Lei non è in grado di fornirgli quel tipo di aiuto, in qualità di amica, se di questo si tratta, neanche se io le dicessi tutto sull'ansia.»

«Non è questo che cercavo di fare.»

«Non c'è nulla di male. Mi creda, lei non è la prima ad avere avuto questa idea. La gente viene da me a chiedermi di curare un fidanzato, o la ragazza, o un genitore, o un figlio. E io do a loro la stessa risposta che do a lei.»

«E cioè?»

«Che l'analisi è come lo spazzolino da denti. Il tuo non puoi farlo usare a nessun altro.»

«Quindi aspetti», disse Evvie. «Lei rifiuta la mia richiesta di una terapia?»

Comprese che la dottoressa Jane Talco era quasi sul punto di scoppiare a ridere. Ma si trattenne. «Non rifiuto la sua richiesta. Anzi, penso che ci sarebbe parecchio da lavorare, e che potrei aiutarla più di quanto crede. Ma vorrei parlare di lei. Perdere il marito, soprattutto alla sua età, è una cosa che secondo me richiede parecchio sostegno. Che il matrimonio fosse complicato o no. Non c'è niente di male.»

Il male c'era, invece, ed era che in realtà a lei sarebbe potuto davvero servire farsi strizzare il cervello così tanto da ribaltarlo. Ma quello che aveva trasformato Evvie in una palla arrotolata sul letto, quello che l'aveva fatta singhiozzare sulla spalla di Andy per quasi due settimane dopo che era tornata dall'ospedale, era più una stanchezza che la penetrava fino alle ossa anziché il dolore che la dottoressa voleva far emergere. E l'ultima, l'ultimissima cosa che desiderasse era parlarne.

Si alzò. «Grazie per il consiglio. Prometto di conservare il suo biglietto da visita.»

La dottoressa si alzò anche lei e allungò una mano come per posarla sul braccio di Evvie, ma non lo fece. «Ehi. Non vuole fermarsi ancora un momento? Completiamo almeno l'ora di appuntamento. Vorrei aiutarla se posso.»

«Non credo, ma grazie per avermi ascoltata.» Evvie prese la borsa, si mise il cappotto, e si chiuse alle spalle la porta dello studio. Appena fu in macchina, tirò fuori il telefono. Era il momento di mandare un messaggio a *qualcuno* e raccontare della dottoressa che non aveva voluto ascoltarla, che aveva trasformato un colloquio professionale in una intervista da rotocalco destinata a farla piangere, proprio come se lei avesse bisogno dell'ennesima persona ossessionata dalla sua vedovanza. Restò lì con il telefono in mano, ascoltando la pioggia che iniziava a scrosciare sul parabrezza. Dopo qualche minuto, infilò il telefono in borsa e mise in moto.

16

UNA settimana circa prima di Natale, chiusi nell'appartamento al riparo da un vento gelido che scuoteva le finestre, Dean ed Evvie erano distesi sulle poltrone a bere whisky liscio. Avevano bevuto un paio di bicchieri. Lui aveva le lunghe gambe appoggiate al tavolino, e lei era messa di traverso, con le ginocchia sul bracciolo, e si sentiva decisamente annebbiata. «Perché Natale lo festeggiano tutti gli anni?» chiese.

«O mamma», disse lui sorridendo. «Dove vuoi andare a parare?»

«Guarda che è una domanda molto a proposito», disse lei, versandosi in bocca il resto del whisky e facendo quel piccolo schiocco che non mancava mai quando inghiottiva del liquore. «Nessuno ha abbastanza tempo per questa cosa. Nessuno vorrebbe affrontare tutta quanta la...» Agitò per aria la mano senza bicchiere. «Non credo che sia necessario farlo tutti gli anni.»

«Ogni quanto lo festeggeresti?»

«Ogni quattro anni, come le Olimpiadi.»

«Ormai le Olimpiadi sono ogni due anni.»

«Okay, ogni quattro anni come le olimpiadi invernali, caro avvocatino.»

«Quindi questo è il tuo progetto per Natale. Se sei un bambino di quattro anni, niente più Natale fino alla terza elementare.»

«Gli farebbe solo bene. Certi bambini sono tremendi. Queste sono le semplici verità del mondo di Eveleth.»

Lui annuì lentamente. «Un taglio del settantacinque per cento su Natale, tolleranza zero per i bambini tremendi.»

«Sì», disse lei. «Tolleranza zero.»

«Da dove arriva il nome 'Eveleth'?» chiese lui, corrugando la fronte. «È un nome di famiglia? È la dea vichinga delle aragoste o qualcosa del genere?»

Lei scosse la testa. «Eveleth è nel Minnesota. Su a nord, un freddo del cazzo. Saranno sessanta chilometri dal Canada. È dove è nata mia madre. Suo padre lavorava in una miniera di ferro.»

«Ci sono miniere di ferro in Minnesota?»

«Una volta sì.»

«E adesso?»

«Non più tante.»

«E come diavolo ha fatto a finire sposata con un pescatore di aragoste del Maine?» chiese Dean. Finì di bere, prese il bicchiere di Evvie, e versò a entrambi ancora un goccio.

«È andata all'università a Boston, e un'estate venne qui per seguire i ragazzini in un campo estivo. Lui aiutava un amico nella pesca, e si sono conosciuti in un bar. È stata una specie di… infatuazione, penso, e lei si è trasferita qui e sono nata io. Scommetto che le è sembrato tutto molto romantico. Molto avventuroso. Ma le mancava casa e così mi ha chiamata Eveleth. Mi chiamo come l'infelicità di mia madre.» Sollevò il bicchiere e bevve un sorso. Di solito, sentiva nella mente quello che stava per dire prima che le arrivasse sulle labbra. Adesso però, succedeva il contrario.

Dean la guardò attentamente, come se volesse approfondire l'argomento, ma non lo fece. «Il mio fratello maggiore, Tom, è ingegnere. Mark lavora per una start-up tecnologica che fa qualcosa con schermi touch o roba simile. Brian è un commercialista. E io, il figlio minore, ho dato il nome a una mossa di wrestling, non ufficialmente. Vuoi sapere quale?»

«Credo di no.»

«Indovina, dai.»

Lei fece una smorfia. «Non voglio indovinare.»

«È il 'soffocamento'.»

Lei annuì. «Sì, temevo fosse quella.»

In quel momento preciso il vento si levò più forte e la finestra sbatté ancora. «Si fa sul serio, là fuori», disse lui.

«È *terribile,* là fuori.» Evvie bevve e sospirò. «Vorrei essere alle Fiji o roba del genere.»

«Hai un sacco di desideri per essere una che vuole dar via tutti i suoi soldi.» Sollevò un sopracciglio. «Ci potresti andare, alle Fiji.»

«Te l'ho detto, non li voglio quei soldi.»

Lui sollevò una mano. «No, mi hai detto che li *vorresti*, ma non li prenderai. Il che secondo me è una follia. Anche se forse hai letto in giro che io sono pazzo, perciò il mio parere vale quel che vale.»

«Lo sai cosa è veramente una follia?» disse lei. «Non posso prenderli, ma neanche restituirli. Ecco perché ho mentito. Non so cosa farne. Non ti sembra pazzesco? Cioè, avrebbero dovuto andare ai suoi genitori, quei soldi. È una situazione talmente assurda che alla fine dare un grosso malloppo di denaro ai suoi ricchi genitori sarebbe la cosa giusta da fare. Ma io non posso farla.»

«Perché?»

Lei sorrise appena. «E come glielo spiego? È la sua assicurazione sulla vita. Io ero sua moglie. Loro vogliono che li abbia io quei soldi. Non li prenderebbero mai, a meno che io spiegassi perché non li voglio. E non ho intenzione di schiantarli, dopo quello che hanno già passato, dicendogli che non lo amavo più. Non ho intenzione di dirgli che, finché non prendo i soldi, è come se lo avessi lasciato. E che voglio credere che lo avrei lasciato veramente.»

«Non puoi darli a tuo padre?»

Evvie sbuffò. «Ci sono zero possibilità che mio padre prenda dei soldi da me, altrimenti sarebbe ovviamente la prima cosa che farei.»

«Non sono ancora sicuro di sapere perché non li tieni. Arrivano da una compagnia di assicurazione e tu nei hai più bisogno di quegli stronzi. Cos'è che non ho capito?»

Lei guardò nel bicchiere. «È solo che... non posso. Non posso. È già abbastanza brutto che io mi facessi mantenere da lui finché era vivo.»

«Le assicurazioni funzionano così, Evvie. La gente ha bisogno di soldi. Servono a questo. Esattamente a questo. Non ti pagano in base a quanto sei triste; ti pagano per i soldi che guadagnava lui e che adesso tu non hai più.»

«E così lui muore, io mi prendo i soldi, e in questo modo posso vivere, e fare avanti e indietro in tutte le stanze di questa grande casa e divento vecchia e non sono *niente*...»

Dean si tirò su e posò il bicchiere sul tavolo. «Benissimo, prima di tutto, signorinella...»

«Signorinella?» Era un po' ubriaca. Erano entrambi un po' ubriachi.

«Prima di tutto, signorinella, tu non sei niente. Non saresti niente neanche se tu continuassi a metterti quella T-shirt del cazzo con la band del liceo, e quel maglione coi pelucchi e restassi a immusonirti su quel divano fino a ottant'anni, perciò non voglio più sentirtelo dire.» Bevve un sorso e disse al fondo del suo bicchiere. «Gesù, ma chi *era* questo coglione?»

«Dovrei darli a te i soldi», disse lei. « Puoi prenderteli, basta che non dici a nessuno che te li ho dati io.»

«Non ne ho bisogno. Ho fatto un sacco di soldi finché non ho completamente smesso di far soldi. E anche se ne ho buttati un bel po' in start-up per costruire motori che vanno a merda di tacchino o roba simile, me ne restano ancora abbastanza.»

«Com'era?»

«Com'era cosa?»

«Non riuscire a lanciare.»

Lui la guardò socchiudendo gli occhi. «Com'era essere sposata con lui?»

«L'ho chiesto prima io.» Evvie dondolò avanti e indietro la gamba penzoloni.

«Era abbastanza come riuscire a lanciare», disse, «ma se tu avessi fatto schifo.»

Lei continuò a dondolare il piede.

«Okay. Se ti chiedessi di alzarti e attraversare la stanza, cosa faresti per prima cosa?» chiese lui.

«Immagino… alzarmi?»

«Giusto. E succederebbe senza bisogno di pensarci, perché sai come ci si alza da una poltrona. Cioè, quello che succederebbe, che succederebbe *veramente*, sarebbe che appoggeresti una mano di fianco a te e ti tireresti su un pochino. Ti spingeresti leggermente indietro e solleveresti le gambe, poi ti gireresti e appoggeresti i piedi per terra. Poi sposteresti il peso sulle gambe e raddrizzeresti le gambe e… capisci quello che sto dicendo?» Lei inclinò appena la testa. «*Scenderesti da quella cazzo di poltrona*. Dici al tuo corpo di alzarsi? E lui si alza. Sa come fare. Se tu avessi lanciato per vent'anni, sarebbe la stessa cosa. Non c'è bisogno di spiegare a te stesso come si lancia ogni volta. Cerchi di colpire un punto a venti metri di distanza con un margine di un centimetro a destra e uno a sinistra. Questo è il tuo compito. E poi un giorno ti svegli e… ci sei, fai la stessa cosa di sempre. Ma improvvisamente è come cercare di piegare un cucchiaio del cazzo col pensiero.» Bevve un sorso. «Come cercare di lanciare con il braccio di qualcun altro. Ecco com'era.»

«Be', accidenti. Triste. Molto.»

«Non un granché.» Dean sollevò le sopracciglia. «Adesso tocca a te.»

Lei svuotò il bicchiere e ci tamburellò sopra. «Vediamo. Essere sposata con Tim era come… come remare in una barca, ma per dieci anni. E non arrivi da nessuna parte e saresti pronta a fermarti. Però, più vai avanti, più pensi: 'Be', dai, continuo ancora per cento metri. Caso mai l'approdo fosse *proprio* lì'. Così non avrei fatto tutto questo viaggio per niente.»

Lui annuì. «Sai, desideravo tanto di essermi rotto un gomito o fratturato quel polso del cazzo. Almeno avrei potuto indicarlo e dire: 'Ecco, è per questo'.»

Lei si girò nella poltrona per versarsi ancora da bere, sentendosi quasi in colpa perché riusciva a far fare al suo corpo quello che voleva senza il minimo sforzo. «È stata una donna?» chiese.

Ancora quell'accenno di sorriso. «Perché vuoi sapere se è stata una donna?»

Alzò le spalle e rimise le gambe sul bracciolo. «Sono curiosa.»

«Sì, ma perché vuoi sapere *in particolare* se è stata una donna? Per caso vuoi sapere se ce n'è una adesso?»

Lei rise, una risata incauta piena di whisky. «Be', questo però non dovresti *dirlo*, non hai mai sentito parlare di sottotesto?»

«Non è stata una donna. E non ce n'è una adesso. Consideralo testo.»

Si guardarono negli occhi per un secondo, lei si passò il pollice sul labbro inferiore, poi si tirò su bruscamente. «Devo andare. Devo dormire. Non devo...» Posò sul tavolino il bicchiere con il resto del drink. «Se continuo a bere divento melensa.»

«Non importa.»

Lei si sentì arrossire, si alzò e si girò in modo che lui non la vedesse in faccia. Barcollava leggermente e per un istante si appoggiò al bracciolo, ma non si voltò. «Okay, grazie, è stato carino», gli gridò mentre passava nella sua cucina. «Buona notte, Dean.»

«Buona notte, Eveleth nel Minnesota, quasi in Canada», le rispose lui.

17

Quando Dean Tenney giocava in una serie minore e viveva in una camera in affitto ad Albuquerque, lui e la sua squadra andarono a una festa per la fine della stagione a casa di un onesto magnate locale delle ferrovie che si chiamava Fitz Holley. L'enorme magione vittoriana di Holley all'interno era vetusta e intoccabile, e dava l'idea che accanto al mobile bar ci fosse il colonnello Mustard che faceva fuori Miss Scarlet a colpi di candeliere. Ma nella sala giochi, rivestita di legno scuro e odorosa di sigaro, c'era un vecchio flipper con immagini di pin up. I campanelli suonavano, le alette colpivano in modo soddisfacente, ed era impossibile descrivere il movimento della pallina senza ricorrere a rumori tipo *sproing*. Dean se ne era innamorato. Lo voleva, o ne voleva uno così. Finì sull'elenco di quello che si sarebbe procurato appena le cose si fossero messe bene.

E per un po' naturalmente le cose si misero davvero molto bene e quando viveva a New York Dean ogni tanto dava un'occhiata ai flipper in vendita. Ma scoprì che tendenzialmente erano prodotti kitsch ispirati dalla cultura pop: *L'Isola di Gilligan*, *Kiss* e *Stella NBA Michael Jordan*. Aveva comprato qualche gioco di freccette in versione lusso, ma quando non fu più in grado di lanciare, tirare le freccette gli sembrava troppo ridicolo, anche se scoprì che quello riusciva ancora a farlo, e allora *echecazzo,* e alla fine le regalò agli amici prima di trasferirsi.

Poi in febbraio, mentre stava da Evvie, un amico di Boston gli fece sapere che un tizio di sua conoscenza aveva messo in vendita un oggetto di pregio appartenuto a suo padre, mancato di recente: un flipper del 1956 in buone condizioni per cui aveva fissato un prezzo ragionevole. O meglio, un prezzo relativamente non irragionevole. Non erano cifre che avrebbe potuto spendere ancora a lungo, ma al momento le poteva spendere. Guardò le foto che gli erano arrivate nella mail, e anche se non c'erano le pin up, era figo, con le macchine da corsa. *Venduto.* L'unico lato negativo era che Dean doveva andare a prenderselo a Boston, un viaggio di quattro ore in macchina.

Lo spiegò a Evvie mentre bevevano un caffè in un gelido giovedì mattina, e lei fece una smorfia per le pin up e rise dei flipper con i Kiss, e fu così educata da non chiedergli quanto avrebbe speso per questo flipper grazie al quale avrebbe presumibilmente scatenato un macello di tonfi e colpi e *ding* e *sbeng* in tutta la casa a tutte le ore. «E quand'è che andrai a prenderlo?» chiese.

«Domenica», disse lui. «Vuoi venire?»

«A Boston?»

«Sì. Sono quasi quattro ore con il mio furgone, e ho provato ad ascoltare tutti i podcast che mi hai consigliato, ma non credo di poterne sentire più di tanti. Ci sono un sacco di punti di vista sulla semplice poesia di fare coperchi per tombini e cose così. Fammi compagnia. E poi mi hai detto che vuoi uscire di casa un po' di più. E questo è *decisamente* uscire. Si tratta di alzarsi presto, partire, arrivare là, aiutarmi a caricare un flipper sul furgone, tornare, aiutarmi a portare il flipper in casa…»

Evvie rise. «Ah, quindi dovrei *lavorare*?»

«Certo», rispose lui. «Ce la puoi fare, mi hai detto che sei per metà minatore.»

«Sono un quarto minatore. Un quarto minatore, un quarto

fabbricante di trapunte del Minnesota, e per metà pescatore del New England.»

«Le trapunte non mi servono, ma tutto il resto è molto promettente. Dai, vieni.»

«Se hai così bisogno di compagnia, dovresti chiedere ad Andy.»

«Lo sai che musica sente.»

«Però con gli sforzi fisici è meglio lui di me.»

«Piantala di tergiversare, Minnesota. Vieni o no?»

«Mi compri una ciambella da Dunkin' Donuts?»

«C'è anche qui Dunkin' Donuts.»

«Non è la stessa cosa. Voglio Dunkin' Donuts di Boston.»

«Va bene, ti compro una ciambella da Dunkin' Donuts a Boston.»

E così, accettò di accompagnare Dean a prendere il flipper. La vedova e il giocatore di baseball in esilio si mettevano in viaggio per andare a recuperare un pesante e costosissimo giocattolo da piazzare nell'appartamento in cui lui non aveva intenzione di rimanere a lungo. E per un unico momento nella cucina di Evvie, parve una cosa assolutamente logica.

Domenica mattina, Evvie fece scivolare due uova ben cotte su un piatto per Dean e divise un bagel, metà per lui e metà per lei. «Colazione pronta!» gridò.

Dean entrò in cucina con addosso la maglia dei New York Giants. Lei lo guardò e sollevò le sopracciglia. «Che c'è?» chiese lui.

«Ci vogliono quattro ore ad andare e quattro a tornare, e nel mezzo dobbiamo caricare un flipper. Sei sicuro di avere tempo per una rissa in un bar?»

«Non ho intenzione di fare a botte in un bar. E ringrazia che non è degli Yankees.»

Dopo colazione, Evvie mise i piatti nel lavello, prese il cappotto e le chiavi, e raggiunse Dean fuori, dove lui stava facendo scaldare il motore del furgone. Salì accanto a lui e per un attimo accarezzò l'idea di saltare giù e passare la giornata avvolta in una coperta. Aveva registrato tre episodi di *Survivor* e doveva ancora guardarli, e poteva scegliere di non farsi sballottare per quattro ore in un furgone allo scopo di aiutare un adulto e spostare un balocco da mezza tonnellata. Il divano era caldo, il furgone era freddo, Boston era lontana.

Ma Dean ingranò la marcia indietro. «Forza, facciamo questa cosa», disse, ed erano già sul vialetto.

Eveleth aveva visto Calcasset da ogni possibile angolazione: nel corso del tempo era stata in ogni punto della città e aveva guardato ogni edificio. Ma era passato un secolo da quando l'aveva vista per l'ultima volta allontanandosene. Non molto tempo prima se l'era tanto immaginato, quel momento. Si era immaginata al volante della sua Honda, in autostrada verso il sud, proprio come adesso. Ma invece di essere al volante, guardava dal finestrino contorcendosi per togliersi il cappotto. E invece che per sempre, se ne andava soltanto per quel giorno.

«Avrei una domanda.» Dean interruppe, al momento giusto, quella serie di pensieri.

«Sì», si girò a guardarlo.

«Quest'anno ci sarà la corsa dei cereali? Mi arrabbierei se non ci fosse.»

«Dovrebbe esserci, sì. Sono impazienti di ridarle la sua corretta collocazione come evento mondano di modesto interesse locale e *non* destinato a diventare uno scandalo che coinvolge scorrettezza sportiva e relazioni extraconiugali. Forse però ritireranno la scatola dei Cheerios. Potrebbero appenderla ai riflettori, sopra il campo.»

«Sì, significherebbe conferirle la giusta dignità.»

«Verrai a vedere una partita dei Claws con me?»

«Certo.»

«Non… non sapevo bene se lo odi o ti manca o cosa.»

«Il baseball, dici? Sì, mi manca, eccome. Scherzi? È l'unica cosa che ho fatto per la maggior parte della mia vita. Se pensi che io spenda troppo per questo flipper, dovresti vedere quanto ho speso per cercare di ricominciare a giocare. Avrei ceduto volentieri l'altro braccio se avessero potuto far funzionare come si deve quello buono.»

Evvie collegò il telefono allo stereo del furgone e mise un po' di musica.

La parte centrale del Maine, da Bar Harbor a Portland, proietta nell'Atlantico tante piccole isole come stalattiti. È divisa da fiumi e porticcioli con nomi ospitali che sembrano marche di bagnoschiuma o luoghi in cui le barche affondano nelle canzoni popolari: Sheepscot River, Damariscotta River, Linekin Bay. La strada corre lungo la costa, tuffandosi in cittadine turistiche come Wiscasset e Bath e Brunswick prima di arrivare a Portland dove un po' controvoglia si unisce con la 95, che da Bangor e Augusta si sposta un po' più nell'interno.

Quando arrivarono verso Freeport, che era più o meno a un'ora da Calcasset, Dean indicò uno dei cartelli stradali. «Ehi, passiamo davanti allo store di L.L.Bean; hai bisogno di una tenda con lo sportellino per il cane o di scarponi collaudati per ottantacinque gradi sotto zero?»

«Ci sono stata lì», disse lei. «È enorme. Pieno di uomini che vogliono ritrovare se stessi e invece si accontenteranno di finire fra le ortiche e grattarsi le balle. Tim era molto seccato che non facessero liste nozze.»

Dean si accigliò. «E che regali di nozze voleva da L.L.Bean?»

«Sacchi a pelo, borracce, zaini e cose del genere. Era tornato da poco e immaginava che saremmo stati molto all'aperto, credo. Ma non è successo. Ha imprecato contro una decina di paletti per tenda ed è finita lì.»

Dopo un'altra ora di viaggio passarono accanto a un manifesto che diceva: VICTORY TATTOO PROSSIMA USCITA 7 KM: INCHIOSTRI PREMIATI.

«Ehi, ti piacerebbe un tatuaggio che ha vinto dei premi?» chiese lei. «Potremmo passarci.»

«Ce l'ho un tatuaggio», rispose Dean.

Lei si girò a guardarlo. «Veramente?»

«Sì.»

«Che cos'è?»

«Me lo sono fatto fare quando ho firmato il mio primo contratto. Però ero ubriaco, e anche se avevo già finito l'università, è molto da annuario del liceo.»

«Dove ce l'hai? Cioè, a meno che...»

Lui alzò con una mano il bordo della maglia e, tenendo l'altra sul volante, lo sollevò a mostrare buona parte del suo fianco destro. Guardava la strada, e così non vide che Evvie apriva la bocca e la richiudeva alla vista di quel fianco, della pelle, una chiazza di pancia che spingeva contro la camicia mentre Dean rideva. Qualcosa nelle sue ginocchia *rispose* a questo con un battito di emozione e lei comprese subito, con chiarezza cristallina: *Ah, certo, desiderio*.

E proprio sulle costole, c'era una scritta nera, in caratteri semplici: IL GIORNO IN CUI SMETTI, COMINCI A MORIRE. Evvie aprì la bocca e quello che ne uscì fu – e un giorno molto tempo dopo, ammisero entrambi che sembrava proprio quello – «*Buuuuuuh.*»

Lui rise e tirò giù la maglia, quasi scusandosi, come se fosse una reazione a quel sentimento. «Puntavo alla longevità. Non mi aspettavo di battere dei record o diventare ricco. Volevo solo giocare per tanto tempo.»

«Oh. Che fregatura.» Di certo, pensò, non era la cosa migliore da dire. Ma negli attimi seguenti, divenne evidente che invece lo era.

«Non fare la tragica», disse lui, «altrimenti non ti faccio vedere quello che ho sul culo, che dice ODIO LE ARAGOSTE.»

«Non faccio la tragica», protestò lei. «Ascolto quello che mi dici, tutto lì.»

«Ehi», disse lui, con un cenno verso una direzione imprecisata. «Puoi prendere l'indirizzo nella tasca e metterlo nel cellulare così quando arriviamo in zona ci dà le indicazioni?»

«Vuoi… che prenda un biglietto nella tua tasca?»

Seguì un attimo di silenzio, poi Dean fece una smorfia. «Ehi. Tu. Che pensieri sporcaccioni. La tasca dello specchietto.» Scosse la testa. «Nella *mia* tasca, pensa te.»

«Non avevo capito!» lei rise e tirò giù l'aletta dello specchietto, che aveva effettivamente un taschino, e in quel taschino trovò un indirizzo di Somerville, che copiò nel cellulare. «Sei tu quello che si è tolto la maglia», borbottò mentre il GPS prendeva la loro posizione ed emetteva la previsione che il viaggio sarebbe durato ancora un'ora e un quarto. «Sappiamo qualcosa del tizio da cui stiamo andando?» chiese. «Siamo sicuri che non ci scuoierà per trasformarci in lampade?»

«Il mio amico Corey, con cui giocavo alla Cornell, lavora con lui alla fabbrica di bare.»

«La fabbrica di *bare*?»

«Non è un eufemismo per qualcos'altro, Eveleth, è una fabbrica di bare. Un luogo dove costruiscono le bare. Corey fa i manici e le decorazioni, a quanto pare, e questo Bill le fodere. E suo padre, il padre di Bill, aveva il flipper che andiamo a prendere. Quello con le macchine da corsa.»

«Sì, me l'hai detto.»

«Spero che abbia il clacson e la sirena. Devi ammettere che sarebbe fighissimo.»

«E perché mai un flipper dovrebbe avere la sirena?»

«E infatti non ce l'avrà, ma non sarebbe fantastico se ce l'avesse? Ti terrei sveglia tutta la notte con quella. Mi piace l'idea.»

«Se hai tanta voglia di sentire una sirena, posso chiamare la polizia e farti arrestare.»

«Non spararle grosse, Minnesota.»

«Sai», disse lei, «forse non ti conosco abbastanza per farti da navigatore. Non so quanto sei stato a Boston, ma le strade sono progettate in modo da impedire a chiunque di capire dove stia andando.»

«Proviamoci.» Evvie tenne lo sguardo fisso sul telefono finché non arrivò il momento di infilare il furgone nel dedalo di stradine di Somerville, caotiche, ingannevoli, spesso diagonali *e* a senso unico. Trovarono la casa alta color ardesia, e Dean parcheggiò nel vialetto. Scesero, e lei si chinò ad abbracciarsi le ginocchia per sgranchirsi i muscoli della schiena. Seguì Dean nella veranda, e lui suonò il campanello. Venne ad aprire un uomo con i capelli brizzolati e una maglia dell'Università del Massachusetts.

«Buongiorno, sono Dean e lei è Eveleth.»

«Oh, sì, certo, sono Bill, entrate.» Diede la mano a entrambi e poi si spostò per lasciarli passare in un soggiorno quasi vuoto con una pila di scatoloni in un angolo, etichettati come MERCATINO UNO e MERCATINO DUE. «Scusate il disordine, stiamo ancora sistemando le cose di mio padre.»

«Figurati», disse Dean. «Ti faccio le mie condoglianze.»

«Grazie, Dean. È un piacere conoscerti, mi piaceva vederti giocare. Se posso dirtelo.»

«Ma certo, grazie.»

«Anche a mio padre piaceva, anche se quando ti guardava alla tele diceva cose non tanto carine. Ti avrebbe fatto pagare un supplemento per l'acquisto del flipper.» Bill si mise le mani sui fianchi e sospirò.

«Be', per fortuna ha fatto in tempo a vedere le mie ultime prestazioni che un po' di gioia gliela avranno data.»

Bill alzò lo sguardo e fece a Dean ed Evvie un lampante occhiolino. «Sì, credo che qualcosa abbia visto.»

«Lieto di essere stato utile», disse Dean, allargando le braccia.

«Cercherò di non vedere quella maglia», disse Bill, con finta severità. «Com'è andato il viaggio?»

«Bene. Devo ancora una ciambella a Evvie, ma credo che la mangeremo poi a casa.»

«Mi paga in ciambelle», aggiunse lei.

Bill sorrise. «Sono felice che siate potuti venire. È da un paio di mesi che cerco una buona casa per questo. Volevo che l'avesse qualcuno che se lo godesse.»

«Dean se lo godrà *un sacco*», disse Eveleth. «Sta' sicuro che non avresti potuto trovare un genitore più amorevole di lui.»

«Benissimo, perfetto.» Li portò in una sala giochi in fondo alla casa, completamente vuota tranne per il flipper, contro una parete.

Non era certo nuovo, ma lo avevano spolverato, e quando Bill lo accese, fece tutti i tintinnii e ronzii del caso, come un cane randagio che si impegna per farsi adottare. Non c'era la sirena, no, ma automobili dai colori vivaci ornavano i fianchi e la parte alta: macchine da sballo, secondo l'autore, tutte alettoni e strisce colorate, a cui si appoggiavano ragazze con la gonna a ruota e ragazzi in jeans coi risvolti.

Dean aiutò Bill a smontare il flipper *(che belle braccia ha, non guardarle, non guardarle)* e a segnare i punti giusti per rimontarlo in seguito. Quindi, Dean ed Evvie lo caricarono sul furgone, in pezzi meticolosamente impacchettati nella plastica a bolle chiusa con nastro adesivo. Quando tornarono in casa, lei distolse educatamente lo sguardo mentre Dean contava i bigliettoni che porse a Bill con una stretta di mano, poi salutarono e si avviarono al furgone.

«Non tutte sarebbero disposte ad accogliere un flipper in casa», gridò Bill. «Hai una ragazza d'oro.»

«Oh, sì, lo so.» Dean si voltò per annuire.

Evvie aprì la portiera e montò nel furgone, e quando salì anche Dean e chiuse la portiera, lei lo guardò, e lui alzò le spalle. «Non si è mica sbagliato.»

Lei scosse la testa. «Okay. Mi devi una ciambella. Andiamo a prenderla.»

Pranzarono a ciambelle, perché era un giorno così, poi Dean riprese l'autostrada. Questa volta, ascoltarono un programma di varietà alla radio e un podcast di crimini reali che piaceva a Evvie (lui continuava a interrompere dicendo «è stato il marito» e invece era stata la sorella, ma alla fine ammise che comunque gli era piaciuto) finché arrivarono a Calcasset nel pomeriggio. Quando si fermarono davanti a casa, cominciava a fare buio.

«Muoio di fame», disse lei mentre lui apriva il retro del furgone. «Avrei dovuto chiederti un panino al burro di arachidi.»

«Benissimo, Mister Muscolo, prendilo dall'altra parte.»

Portarono dentro la cassa del flipper, le gambe, la parte alta, e Dean allineò tutto ordinatamente sulla moquette dell'appartamento. «Più tardi lo monto», disse, andando verso l'angolo cottura. «Adoro il mio flipper con le macchine da corsa, ma ora devo assolutamente mangiare.» Si appoggiò al bancone. «Formaggio alla griglia? Io voglio un po' di formaggio alla griglia. E tu? Formaggio alla griglia?»

«Sì, d'accordo.» Lei si sistemò al solito posto. «Il massimo che sognavi era possedere un flipper?»

«Sinceramente», disse Dean aprendo e chiudendo sportelli, «ci ho pensato così tanto che adesso ho quasi paura di rimontarlo. Come se la realtà non potesse essere all'altezza. E poi non sono bravissimo a flipper, e ho il timore che quando sarà montato e pronto da usare, la cosa diventerà più evidente che finché resta per terra a pezzi.»

«Ho quasi la sensazione che il padre di Bill ci osservi, e condivida la tua eccitazione, ma sia comunque scocciato che uno degli Yankees si sia impadronito del suo bene prezioso.»

«Se non altro probabilmente ha una splendida bara.»

«Uau, da quando sei proprietario di un flipper sei diventato molto dark.»

Evvie sentì il pane sfrigolare in padella mentre lui veniva a sedersi accanto a lei. «Posso dirti una cosa?» le chiese, passandosi una mano fra i capelli.

«Certo.»

Si tolse la scarpa destra con il piede sinistro, e poi quella sinistra con il piede destro. Studiò per un attimo il viso di lei.

«Cosa?» chiese Evvie, sfiorandosi pensierosa una guancia, come se si aspettasse di trovarci un po' di zucchero a velo.

«Oggi un paio di volte ho avuto voglia di baciarti.»

Evvie sollevò le sopracciglia e poi le abbassò. Strinse le labbra e poi le rilassò. *Svelta, dai, veloce, com'è un'espressione neutra?* «Veramente?» Era scioccata. No, soddisfatta. Forse esaltata. No, aspetta, le si arricciavano le dita dei piedi dalla voglia. E dal panico.

«Sì, cioè, ci ho pensato qualche altra volta, ma oggi ci ho pensato un po' di più. Nel furgone, e poi adesso quando siamo arrivati e stavamo scaricando la roba.» Fece un vago gesto in direzione del vialetto. «Però non sapevo cosa ne pensavi tu, e mi è sembrato che prenderti alla sprovvista non fosse una buona idea. Cioè, normalmente io prendo alla sprovvista. Di solito non faccio tante chiacchiere. Ma questo mi sembra un caso speciale.»

«Okay», disse lei lentamente, con il cervello in subbuglio, che si muoveva freneticamente come le zampe di un'anatra sott'acqua, mentre il viso restava più fermo possibile. «Perché sono vedova? O perché sono la tua padrona di casa? O perché siamo amici? O per via di Andy? O...»

Lui annuì. «Giusto. Per tutte queste cose. Un caso speciale.»

«E così fai un po' di chiacchiere.»

«Diciamo che ti propongo un dialogo.»

Evvie si sentiva la testa sfrigolare internamente e pensò che forse, per una volta, doveva semplicemente parlare. Aprire la bocca, e vedere cosa succedeva. Fu sorpresa nel sentire affiorare un sorriso. «Senti...»

Lui si alzò immediatamente. «Capito.»

«Ehi, siediti», gli disse lei, e lui si lasciò cadere sulla poltrona. «Non era quel genere di 'senti'.»

Lui sollevò entrambe le mani. «Vai avanti. Ma se mi dici 'ragazzo straordinario', mi spiace ma niente sandwich.»

Lei si morse un labbro. «Lo sento anche io», disse. «Giusto? Cioè, lo sento. Sono stata qui. Capisci? Sono proprio qui.» Agitò una mano a indicare lo spazio fra loro. «Me ne sono accorta. Lo sento… anche io.»

Lui le sorrise. «Okay.»

Per un attimo, rimpianse di non essersi concessa un paio di storielle stupide dopo essere rimasta sola. Rimpianse di non aver alimentato quella parte di lei che desiderava sentirsi sotto le dita, le mani, la pelle, il battito di un'altra persona. La disorientava troppo, la incantava e impauriva troppo, pensare a questa ipotesi. Suo marito non era l'unico uomo che aveva baciato, ma era l'unico con cui aveva fatto sesso, ed era come se il *sì, va bene* dell'adulta e la cotta da liceale e la diffidenza imparata a sue spese tentassero tutte insieme di infilarsi in una porta, creando il caos.

«Non sono pronta», disse. «E non voglio buttarmi in questa cosa senza essere pronta, perché… lo rimpiangerei, e rimpiangerei… di rimpiangerlo. Capisci cosa intendo?»

«Certo», disse lui. «Assomiglia un po' a 'magari più avanti'.»

«Lo so», disse lei con una smorfia. «E non lo farei mai se non fosse un…»

«Caso speciale, no, lo capisco. Sul serio. Ma immagino che questa sia la risposta, perciò se si tratta di 'magari più avanti', allora più avanti dovrai darmi un qualche segnale di via libera, se cambi idea.»

«Un segnale di via libera? Devo darti un segnale di via libera?»

«Sì. Toccherà a te, dare il segnale.»

Lei ci pensò un attimo. «Va bene, e cosa dovrebbe essere?»

«Il segnale?»

«Sì.»

«Credo che dovrebbe essere: via libera.»

«Questo è il segnale di via libera? Via libera?»
«Questo è il segnale di via libera.»
«Va bene. Capito. Ehi, attento che il mio sandwich si brucia.»
Mentre lui andava ai fornelli, lei mimò con le labbra, tanto per provare.
Via libera.

18

Un paio di giovedì dopo, mentre guardava *Halls of Power*, Evvie sentì bussare alla porta. E chi poteva essere alle dieci di sera passate? Ma guardò dalla finestra e vide la macchina di Andy nel vialetto, perciò andò ad aprire. «Ehi, tutto bene?»

«Sì, sì, tutto a posto», rispose lui. «Scusa se non ho chiamato. Ero da mia madre e sono venuto direttamente qui. Ti devo parlare. Posso?» Aveva le mani infilate in tasca, ma Evvie notò un elastico per i capelli delle bambine attorno al polso di Andy, a dimostrare che a qualcuno si era sciolta la treccia a casa della nonna.

«Certo, entra. Vuoi una birra? O una tazza di tè? Qualcosa? Sei sicuro di star bene?»

«No, sono a posto, grazie.» Si sedette sul divano, ma restò teso in avanti, con i gomiti appoggiati alle ginocchia e le dita intrecciate. «Devo parlarti di una cosa, e ho provato a pensare come arrivarci, ma non mi sembra di aver trovato il modo.»

«Mi fai paura», disse Evvie, sedendosi accanto a lui. «Che succede?»

«Mi dispiace. Ero da mia madre, e ci siamo messi a parlare di te e di come te la passi.» Eveleth trovò un po' mortificante questa confessione, ma Andy andò avanti. «E abbiamo parlato anche della sera in cui Tim ha avuto l'incidente.»

«Oh», disse lei, e si grattò un'unghia.

«Mia mamma ha detto che una delle cose che l'avevano fatta sentire più triste era che si era resa conto che quando tu eri arrivata in ospedale pensavi che Tim fosse soltanto ferito. E che pensavi di restare a lungo in ospedale con lui, cosa che trovò molto commovente. Mi ha detto che dovevi amarlo moltissimo per esserti preparata a restare tutto il tempo necessario. 'Povera ragazza, si era preparata una valigia per stare chissà quanto', mi ha detto.»

«Okay», Evvie aveva la bocca secca. «E cosa gliel'ha fatto pensare?»

«Ricordi che quella sera non eri in grado di tornare a casa da sola? E così ti avevo accompagnato io con la mia macchina. E mia madre il giorno dopo era andata in ospedale a recuperare la tua macchina.»

Eveleth fissava il tappeto, sgomenta. «Non mi ricordo chi ha preso la mia macchina, è tutto molto confuso. Però è possibile, certo.»

«Così ha capito che pensavi di restare in ospedale. Mi ha detto che ti eri portata una valigia. Per restare accanto a lui. Ad aspettare. Mi ha detto che l'ha vista sul sedile posteriore della tua auto, quando è andata a recuperarla. E che ha sempre pensato a questa cosa con tanta tristezza, perché alla fine non ne avevi avuto bisogno, lui se n'era andato prima che tu arrivassi.»

Lei sentì il sangue ronzarle nelle orecchie. E le guance avvampare, fino all'attaccatura dei capelli. Aveva caldissimo, o forse molto freddo.

«Mi ha raccontato che si è avvicinata alla tua macchina e ha visto questa vecchia valigia blu con gli adesivi.» Andy cercava di guardare Evvie negli occhi, ma lei fissava un punto trenta centimetri davanti ai suoi piedi. «Credeva che tu l'avessi preparata per l'ospedale. Perché mamma non sa che quella era la valigia di tua madre. Ma io sì.»

Andy lo sapeva perché una sera, mentre bevevano una birra

in soggiorno e Tim lavorava fino a tardi, lei gli aveva parlato di Eileen Ashton, che si struggeva per Eveleth la città ma non per Eveleth la figlia. Evvie aveva aperto il ripostiglio nell'ingresso e tirato giù la vecchia valigia blu con gli adesivi di Parigi e Londra, adesivi che sua madre aveva comprato in libreria. Gli aveva fatto vedere cosa c'era dentro, tutto ciò che Eileen le aveva mandato o aveva lasciato andandosene: gli occhiali da sole, una sciarpa di cashmere, qualche lettera, un braccialetto d'argento, tre tascabili dalle pagine ingiallite. Aveva cercato di spiegargli quanto avesse sentito la mancanza di sua madre nell'adolescenza, e di come adesso avesse quasi paura di ricevere sue notizie. Ne aveva paura, ma non poteva buttare via nulla di suo.

Andy continuò a parlare. «E perciò lei non può sapere che non è possibile che quando hai ricevuto la telefonata dal Pronto Soccorso tu l'abbia presa, svuotata e preparata per l'ospedale. Mia mamma non sa che tu puoi aver tirato fuori quella valigia dal ripostiglio e averla messa in macchina per un'unica ragione.» Tacque per un istante. «Ma io sì, lo so.»

«Andy.» Finalmente lei lo guardò.

«Te ne stavi andando?» Aspettava una risposta. «Lo stavi lasciando?» Attese. «Lo stavi lasciando *quella sera*? Evvie?»

Eveleth aveva passato gli ultimi diciassette mesi con un petardo di terrore legato alle costole, e adesso sapeva cosa si provava a sentirselo esplodere dentro. Pensò che poteva svenire, poteva vomitare, poteva piangere, poteva perfino scoppiare a ridere. E invece, disse: «Lo stavo lasciando quella sera».

«Per questo stavi caricando la macchina.»

«Avevo appena cominciato», rispose lei, con la sensazione che la sua voce arrivasse da un registratore, o che Andy avesse tirato un cordino che le spuntava dalla schiena, e le parole uscissero da un marchingegno come quello delle bambole. «Ma non avrei portato via granché.»

«E ti hanno telefonato.»

Lei annuì. E gli raccontò tutto. La macchina, la valigia, la telefonata, e il dottore con i capelli bianchi che quando era arrivata le aveva detto che suo marito era morto.

Quella sera Andy l'aveva riaccompagnata a casa in macchina, la stessa macchina che adesso era parcheggiata nel vialetto con il maglione di Rose appallottolato sul sedile posteriore. Evvie tremava così forte che quando erano arrivati, lui l'aveva stretta a sé per aiutarla a entrare in casa, aprendo la porta che non si era curata di chiudere a chiave, e poi le aveva fatto salire le scale e l'aveva stesa sul letto, dove lei si era girata dall'altra parte e si era rannicchiata abbracciandosi le ginocchia. Andy aveva acceso l'abat-jour sul comodino poi era andato in bagno e aveva inumidito con acqua fredda un asciugamano. Poi si era seduto vicino a lei. «Okay», le aveva detto. «Ecco.» Lei si era girata e aveva permesso che lui la rinfrescasse, come faceva con le bambine quando erano malate. Aveva preso il pigiama da un cassetto e aveva aspettato mentre lei si preparava, e poi si era sdraiato accanto a lei sopra le coperte, e avevano dormito per mezz'ora o un'ora alla volta, finché non si era fatto giorno.

Era rimasto a casa sua per tredici giorni. Kell aveva tenuto le bambine e gli aveva portato i vestiti, e ogni giorno qualcuno portava spezzatino, pane, zuppa, stufati. Andy ritirava tutto alla porta e prometteva di trasmettere a Evvie il loro amore. La scuola chiamò un supplente per le sue classi. Il padre di Evvie telefonava ogni giorno per sentirsi dire che lei non voleva che andasse, non voleva vedere nessuno. Andy costringeva Evvie a farsi la doccia, la induceva a mangiare con lusinghe, promesse e minacce, e anche se c'era una camera degli ospiti con un letto per lui, metà delle notti dormiva rannicchiato vicino a lei, perché certe volte lei prendeva un Benadryl e riusciva ad addormentarsi solo se qualcuno la abbracciava, altrimenti no.

I genitori di Tim si erano occupati del funerale, e Andy ci aveva accompagnato Evvie. Aveva portato in tintoria il suo vestito di lana grigio, l'aveva condotta in chiesa, e sostenuta mentre riceveva le condoglianze. Da persone che, come lui, non sapevano che quando l'ospedale aveva chiamato lei stava caricando la macchina per andarsene. Ogni cinque o dieci minuti si era chinato per dirle all'orecchio: «Brava». E ogni volta che lo faceva, lei aveva provato una nuova fitta di dolore. Avrebbe giurato che ogni volta, il suo cuore pompava acido che saettava fino alla punta delle dita. Era stata la prima volta in cui quelle parole avevano cominciato a rimbalzarle dentro il cranio: *Mostro, mostro.*

Poi l'aveva riaccompagnata a casa, e lei era andata dritta a letto. Quasi sempre piangeva e dormiva e toccava appena le ciotole di zuppa e il pane tostato che lui le portava su un vassoio. Dopo un po', la obbligò a vedere un paio di film con lui, niente di troppo stupido niente di troppo triste, niente con incidenti di macchina. «Mi dispiace tanto», diceva Andy. «Mi dispiace tanto. Come posso aiutarti?» E lei si tirava le coperte sopra la testa. Dopo qualche giorno, Evvie scese per mangiare, e dopo qualche altro giorno cominciarono a parlare di quando sarebbe stata pronta a restare da sola.

Quando Andy riemerse, Evvie sapeva che tutti gli chiedevano di lei ovunque andasse, perché poi lui le portava i loro saluti. E sapeva che lo lodavano anche se lui non glielo riferiva, perché spesso aveva sentito dire: «Sei così buono con lei». «È così fortunata ad averti.» «Non so come farebbe quella ragazza senza di te, Andrew.» Questo ancora succedeva, ogni tanto, perfino fra quelli che frequentavano Evvie di persona. Volevano sapere da Andy come lei stesse *veramente.* Volevano che lui traducesse per loro la reticenza di Evvie e spiegasse la sua assenza in posti dove si sarebbero aspettati di vederla.

«Lo stavi lasciando», ripeté lui. «E quindi tutto quel tempo dopo… non era perché ti mancava. O invece sì?»

Evvie scosse la testa. «Non avevo idea di cosa fare.»

«Evvie, ti… ti picchiava? Avevi paura di lui?»

Conta avere il terrore di qualunque conversazione con lui? Conta irrigidirsi appena entrava in una stanza? «No», disse.

«Gli avevo promesso che non avrei parlato con te della nostra vita matrimoniale. E non ero sicura che me ne sarei andata finché non l'ho fatto, e... non ho detto niente a nessuno. Ti avrei chiamato.»

Lui annuì. «Lasciavi la città.» Non era una domanda. Andy sapeva che lei non avrebbe potuto lasciare Tim e restare a Calcasset. Doveva aver avuto intenzione di andarsene parecchio lontano.

«Sì», disse lei.

«Non avresti salutato tuo padre e neanche me... o le bambine.»

«No, non vi avrei salutati.» Stava per dirgli che avrebbe lasciato dei biglietti per loro, ma aveva l'impressione che avrebbe peggiorato le cose.

«Evvie... ti avrei aiutato, ti avrei aiutata a trovare un posto dove stare. Ti avrei portata dove volevi.»

Lei scosse la testa. «Non ho detto niente a nessuno.»

Andy non alzò la voce, non lo fece mai per tutta la conversazione. «Sei stata la prima persona a cui ho detto che avrei divorziato. L'ho detto prima a te che a mia madre. Non posso crederci di non aver saputo niente.»

Evvie era certa che Andy stesse facendo scorrere nei suoi pensieri le foto di tutti quei giorni passati a portarle da mangiare in camera, e di lui al funerale di Tim chino a parlarle all'orecchio, e loro due alla cerimonia dell'albero, e sapeva che Andy stava cambiando la didascalia a tutte quelle immagini. Lui le aveva ripetuto una quantità di volte che capiva tutto quello che lei riteneva magari strano, sbagliato, inadatto alle circostanze. La perdita subita spiegava ogni cosa, secondo Andy. Il dolore spiegava ogni cosa. Ma adesso doveva riguardare le fotografie, ed Evvie riteneva inevitabile che cercando nuove didascalie per loro, prima o poi sarebbe arrivato a *Qui è dove sta mentendo.* «Non volevo rispondere a nessuna domanda su questa cosa», disse. «Pensavo che tutti mi avrebbero biasimata.»

«Pensavi che io ti avrei biasimata?» Non era necessario che le dicesse quanto era ingiusto né che non le aveva mai dato motivo di pensarlo. Aveva ragione, e questo non cambiava il fatto che lei aveva avuto intenzione di andarsene lasciandogli solo un biglietto, dopo di che Andy avrebbe passato gli stessi tredici giorni a consolare suo padre. Lei poteva anche discutere, ma era vero: era pronta a lasciarli senza neanche salutare. Sarebbe tornata a trovarli. Avrebbe telefonato. Ma era sua intenzione andarsene definitivamente. Molto, molto definitivamente.

«No», disse. «No, certo che no. Lo sapevo che tu non mi avresti biasimata. Non so cosa mi sia passato per la testa.» Erano loro da soli, più un lieve ticchettio, e la caldaia che ronzava. «Mi dispiace.»

Lui annuì, ma quello che disse fu. «Non preoccuparti.»

Evvie abbassò lo sguardo e per la prima volta si rese conto che portava ancora la fede e lui no. Si era tolto l'anello due mesi dopo che Lori se ne era andata. Andy era stato sposato e adesso non era più sposato, era non sposato. Lei era diversamente sposata, per sempre.

«Devi dirmi se fra noi è tutto a posto.»

Lui annuì. «Certo. È tutto a posto.» Si girò a guardarla. «C'è molto su cui riflettere.»

«Sì», si sfregò gli occhi.

Andy guardò l'ora e disse: «Non voglio farti stare su. E anche io devo andare a casa. Domattina lavoro. È stata una lunga giornata. Ma non volevo andare a dormire con questa cosa in sospeso.»

«Okay. Sono contenta che ne abbiamo parlato.» Si fermarono davanti alla porta. «Andy, mi dispiace tanto per il modo in cui hai scoperto tutto questo, e mi spiace tanto di non avertelo detto.»

«No, lo capisco, sai.» Fece dondolare il mazzo di chiavi. «Forse non ero la persona giusta a cui dirlo.»

«No, non è quello. È che non volevo che lo sapesse nessuno. E così nessuno lo ha saputo.»

Lui annuì lentamente. «Già», e si avviò alla porta.

«Ci vediamo sabato?» chiese lei mentre lui usciva nella veranda.

«Certo.»

«Ti voglio bene.»

«Anche io te ne voglio, Ev.» Scese i gradini, andò alla macchina e la salutò con la mano mentre lei chiudeva la porta.

19

VENERDÌ pomeriggio, mentre stava leggendo in soggiorno, Evvie ricevette un messaggio di Andy: *Ehi, devo cancellare domattina. Progetti con M x il wknd. Ci vediamo sabato prox, okay?*

Lei lo fissò per un attimo, poi rispose: *Certo, divertiti.* Poi cancellò e lo cambiò in *Certo! Divertiti!*

Così sembra un po' sarcastico, pensò, e lo cambiò in *Certo. Divertiti!*

Il mattino seguente era in cucina a lavare i piatti quando sentì i tonfi e gli scampanellii del flipper. Fece capolino nell'appartamento. «Posso guardare?»

«Sì, a patto che non mi prendi in giro», rispose lui, senza girarsi. «Ehi, aspetta, ma oggi è sabato», disse sovrastando il rumore. «Non dovresti essere fuori con Andy?»

«Ha annullato», disse appoggiandosi al flipper. «Fa cose con la sua ragazza.»

«Oooh, l'altra donna. Come ti senti al riguardo?» chiese Dean.

«Be', significa che devo farmi io i pancake, un bel guaio.»

«Non mi pare di averti chiesto *questo*.»

«No, lo so. Sono felice se è felice. Vorrei che non avesse annullato la nostra colazione, ma non lo biasimo. E neanche lei. Se io fossi la sua ragazza, non vorrei che avesse un impegno fisso tutti i sabato mattina. Mi aspetterei che fosse disponibile per uscire, o andare da qualche parte o… restare a casa. O che ne so.»

«O che ne so», ripeté lui. «È tutto a posto, fra voi?»

«Non farlo.»

«Non fare cosa?» lui imprecò a bassa voce e fece partire un'altra pallina argentea.

«Non aspettarti che io sia gelosa, è talmente un cliché. Non è la prima ragazza con cui è uscito in questi quattro anni; è soltanto quella che sta durando di più.»

«Ho pensato che magari non ti sta simpatica.»

«Non la conosco bene. Cioè, l'ho vista in febbraio al compleanno di Andy, ma non abbiamo parlato granché.»

«Probabilmente è terrorizzata», disse Dean, dando una botta al flipper.

«Guarda che non vale sbatterlo», disse Evvie. «Da cosa sarebbe terrorizzata?»

«Da te, probabilmente.»

«E perché mai?»

«Scherzi? Secondo te, da quando esce con Andy, quante persone le avranno detto che pensavano che lui stesse con te? O aspettasse di mettersi con te? Sei una di qui, lo sai quanto sono dannatamente pettegoli. Io a voi due vi capisco, più o meno, ma se fossi Monica, ti considererei… una specie di assurdo mix tra sua madre, la sua ex moglie, la sorella maggiore e la sua manager. Devi ammettere che risulta piuttosto… lo sai.»

«No, risulta cosa?»

«Pesante.»

«Be', non credo che avrà molte occasioni di vedermi nel prossimo futuro, quindi è a posto. E che cosa intendi dicendo che tu 'ci capisci più o meno'?»

«Be', che è insolito.»

«Cosa?»

«Questo rapporto platonico di affinità è una cosa che pochi praticano.»

«Lo so», un campanello smise di tintinnare. «È... be'... è successo, tutto lì.»

«Destino?»

«Necessità domestica», rispose lei. «Quando ha divorziato Lilly era in culla e Rose camminava a malapena. E Lori è... scomparsa.» Fece un gesto con le mani a evocare una sparizione per magia. «Sai che si è portata via tutti i cucchiai? Non so perché, quando ha messo su la sua nuova casa, ci teneva ad avere molti cucchiai. Andy voleva che tutto finisse al più presto e nel modo più indolore possibile, così le ha detto – nonostante io glielo avessi sconsigliato, se ricordo bene – 'Prendi tutto quello che vuoi'. E così lei prese tutti i cucchiai. Una mattina sono passata da loro, una settimana dopo che Lori se n'era andata, e Rose stava cercando di mangiare i cereali con una forchettina di plastica.»

«Kell non gli aveva ricomprato cinque di tutto?»

«Andy non glielo aveva detto. Ma a me sì. Così gli ho comprato dei cucchiai. E gli ho portato un libro di cucina. Stavo con le bambine quando lui doveva uscire. Ero con loro la sera in cui Lori ha telefonato che sua mamma era morta, e ho massaggiato la schiena a Rose finché non si è addormentata. Ho insegnato ad Andy a farle le trecce, o almeno ci ho provato.»

«Mi ha detto che gli hai salvato la vita.»

«Veramente?»

«Sì.» La pallina scivolò nella buca, e Dean guardò intensamente Evvie. «E quindi ti dico una cosa: tutto questo occupa spazio. Ha le bambine, ha sua madre, ha degli amici. E ha te, la classica amica assolutamente platonica, per carità, che gli ha salvato la vita, come racconta a tutti.» Prese una tazza dal tavolino lì accanto e bevve un sorso di caffè. «Dico solo che può essere pesante.»

«Capito. Si vede che hai visto un sacco di psicologi. Allora, che fai oggi a parte giocare a flipper?»

«Devo fare un po' di allenamento con la squadra, e poi dovrei fare un'intervista.» Lei lo guardò stupita e lui fece partire un'altra pallina. «Lo so. Però questo tizio mi piace. Vuole scrivere un articolo su quello che fanno i giocatori dopo aver smesso. E mi ha detto che voleva anche qualcuno che non si fosse ritirato volontariamente. Ha usato proprio questa espressione: 'Ritirato volontariamente'. È un modo davvero educatissimo per dire 'È crollato aprendo una tale voragine che dentro ci hanno fatto una piscina'.»

«Sei sicuro di volergli parlare?»

«Non sono sicurissimo, no. Ma a un certo punto dovrò decidere che cosa fare oltre a vivere a casa tua e cazzeggiare con un gruppo di liceali. Alla fine dovrò mettere fuori la testa e vedere se è ancora inverno o cosa.»

«Mmm… ho paura che il Giorno della Marmotta tu te lo sia già perso.»

«E va be', c'è San Patrizio allora, e metterò fuori la testa per vedere se ci sono ancora in giro una quantità di imbecilli, neanche irlandesi, che vomitano sul marciapiede.»

«Perfetto.»

Guardare Dean che giocava a flipper si rivelò un ottimo modo di trascorrere un sabato mattina. Ma le mancava il caffè caldo, e il bacon, e stare seduta di fronte a qualcuno che ogni sabato prendeva una baby sitter, in modo che loro potessero starsene lì a chiacchierare di niente di speciale.

Il giovedì seguente, Andy le scrisse: *Sabato non ce la faccio. Possiamo vederci domenica? Sono incasinato con M & Lil & Ro.*

Lei rispose: *Ho da fare anch'io. Ci aggiorniamo per il prossimo weekend.* Poi cancellò il messaggio che aveva scritto e salvato ma non inviato, che diceva: *Non vedo l'ora di vederti sabato. Mi dispiace che ci siamo persi, spero che possiamo parlare.*

* * *

L'articolo con l'intervista a Dean uscì la seconda settimana di marzo, quando iniziavano gli allenamenti per il campionato di baseball. Era la prima volta che Dean li mancava da undici anni. Il pezzo doveva essere online alle dieci del mattino di martedì, mentre nel Maine pioveva, ma a Tampa sicuramente splendeva il sole. Dean restò chiuso in casa con l'iPad, un caffè e un bagel. Evvie era in camera sua con il portatile, aggiornò il sito e guardò qualche trailer: erano quasi due anni che non andava al cinema. Sapendo che lui era sotto ad aspettare, aspettò anche lei. Non successe niente alle 10:00, alle 10:02, alle 10:05. Poi, alle 10:07 in cima alla colonna delle storie apparve «Dopo il baseball: otto giocatori raccontano come avere tempo libero, pagare i drink e cambiare vita». Sei degli intervistati si erano ritirati dopo lunghe carriere, e uno aveva smesso per dedicarsi alla famiglia. E, infine, c'era Dean, che l'autore definiva «a prima vista, forse il più famoso fallito nello sport del Ventunesimo secolo».

Ma nell'articolo Dean parlava con affetto della città in cui viveva al momento (la definiva «il contrario di New York sotto ogni punto di vista») e dei ragazzi che allenava («quando i ragazzini che ti prendono per il culo scompaiono, ne senti la mancanza, perciò sono fortunato ad aver trovato questi»). La versione di Dean presentata dall'articolo avrebbe tranquillamente potuto concorrere al titolo di Uomo più Amabile del Mondo, mentre spiegava che «la squadra aveva fatto tutto il possibile per aiutarmi» e «bisogna saper capire quando non rappresenti più una risorsa» e «sarei un ingrato a lamentarmi dopo undici stagioni nel baseball professionista e tre partecipazioni alle World Series. Sono stato fortunato. Sono ancora fortunato». Raccontò del viaggio a Boston a prendere il flipper, che a quanto pare aveva fatto vedere al reporter durante una visita di cui Evvie non si era neanche accorta. Il giornalista era persino andato fino a Somerville per parlare con Bill, che gli aveva detto che Dean era «un bravo ragazzo, per essere uno Yankees».

Dean non aveva raccontato che ogni tanto sgattaiolava al campo della squadretta locale per fare dei lanci alle due del mattino, mandando la palla a sbattere contro la recinzione, alla luce di alcune torce. Non gli aveva parlato di quando usciva a portare l'immondizia e si fermava a lanciare pigne contro lo steccato per farle schiantare. Non gli aveva detto che aveva la sensazione di lanciare con il braccio di qualcun altro. Invece, aveva mostrato al giornalista un Dean che si era perfettamente adattato alla situazione ed era super rilassato, un Dean «Hanno dato il mio nome alla presa di Soffocamento, ma va tutto benissimo» Tenney. Il Re del Controllo.

E poi, alla fine del pezzo, l'autore aveva scritto: «Ogni tanto Tenney si massaggia la spalla destra con il braccio sinistro, come se ancora la usasse quotidianamente. A un certo punto gli ho chiesto se gli fa male. 'Sono gli scricchiolii della vecchiaia', mi ha risposto. 'Anche se potrebbe anche essere il mio braccio che mi dice di alzarmi da questo dannato divano e tornare a fare il mio lavoro.' Mi sorride e aggiunge: 'Una delle due'. Non sono sicuro che stesse scherzando».

Evvie lesse l'articolo fino in fondo e fissò la foto di Dean, attribuita a un fotografo dello staff. Dean, con un giaccone pesante e un berretto degli Yankees, seduto su una pila di casse per le aragoste su una barca che si chiamava *Second Chance*, di un amico del padre di Evvie. Guardava il fotografo strizzando appena gli occhi e gli offriva un'espressione leggermente ombrosa che parlava di momenti difficili e di intrighi. E di sesso, anche se questo forse lo diceva solo a lei.

Immaginava l'entusiasmo del fotografo che aveva portato Dean in giro e aveva trovato una barca che si chiamava *Second Chance* su cui piazzarlo. Avrebbe potuto benissimo chiamarsi *Potente Metafora Galleggiante*. Era esattamente come aveva previsto Andy, che prima o poi la stampa avrebbe desiderato che Dean provasse a tornare. Volevano perdonarlo e non perché avessero buon cuore. Era perché odiarlo aveva perso il suo sapore come lo perdono i chewing gum, e adesso sentivano il bisogno di gustare qualcosa di diverso.

Evvie chiuse il computer e scese in cucina, dove preparò il tè e attese. Quando il bollitore fischiò, apparve Dean. «Ehi.»

«Ehi», rispose lei, mettendo una bustina nella tazza. «Bell'articolo.»

«È un bravo ragazzo», Dean si appoggiò allo stipite. «Onesto. Mi ci sono riconosciuto.»

«Buffa quella frase sul braccio», disse lei. «Quando dici che forse vorrebbe lanciare.»

Senza bisogno di voltarsi, Evvie sapeva che lui aveva inclinato la testa come se non capisse a cosa si riferiva. Come se non avesse appena letto l'articolo. «Non ho detto che il mio braccio vuole lanciare.»

Lei non si girò. «Hai detto che forse vuole. Hai detto che forse la spalla ti fa male perché il braccio vuole fare il suo lavoro.»

«Scherzavo.»

«Quindi non vuoi tornare a lanciare.» Si girò e si sedette. Poi allungò un piede sotto al tavolo per spingere la sedia di fronte a lei.

Dean si sedette. «Non capisco la domanda. Sai cosa è successo. Non è questione di quello che voglio. Adesso è così. E mi sta bene.»

Lei tamburellò sulla tazza. «Perché vai a fare lanci nel cuore della notte, al gelo? Perché ti ho trovato lì a tirare verso il nulla come un pazzo? Che ci *fai* al campo?»

«Mi hai trovato lì perché mi hai seguito», le rispose lui in tono teso e controllato. «Mi hai trovato lì perché ti sei alzata alle due di notte, sei uscita in pigiama e hai preso la macchina per venirmi a cercare. Cioè, forse dovremmo parlarne, di questa cosa. Forse dovresti spiegare perché giri in macchina nel cuore della notte cercando indizi come se fossi quella stronza de *La signora in giallo*.»

«Cerco di essere tua amica. Cerco di capire. Dici che stai bene…»

«Senti, ogni tanto fa piacere comportarsi in modo normale. Voi avete un campo da gioco, io non ho un lavoro. Quando sono arrivato qui, non conoscevo nessuno tranne Andy. Mi piacciono i campi da gioco. È un luogo familiare, tutto lì. Ne stai facendo chissà che, esageri. Non sarò mai in grado di spiegare come ci si sente a non riuscire a lanciare, non importa quante volte me lo chiedi.»

«E le pigne?» disse lei. «Che mi dici delle pigne? Anche quelle sono familiari?»

Di nuovo quell'espressione. «Di cosa parli?»

«Ti ho visto qua fuori, che raccoglievi una pigna e la scagliavi contro lo steccato, e hai continuato a farlo finché è andata in pezzi. Lo fai dappertutto? Te ne vai in giro a tirare cose? È per *questo* che ti massaggi la spalla? Perché non riesci a smettere di lanciare roba nel nulla finché non ti fa male?»

Dean reagì, ma non nel modo in cui lei si aspettava. «Che succede fra te e Andy? Perché non vi vedete più il sabato?»

Lei scosse la testa come se avesse dell'acqua nelle orecchie. «Cosa… cosa c'entra questo?»

«Chi ti conosce?» chiese Dean.

Eveleth lo fissò. *Sto per svenire? Sarebbe davvero assurdo.* «Come sarebbe 'chi ti conosce'?»

«Vuoi essere mia amica, vuoi che ti parli di cose che hai visto mentre io non sapevo che stavi guardando, ma a te, chi ti conosce? Io no. Andy neanche, e tuo padre neanche. E penso che neanche tuo marito ti conoscesse. Vivo in casa tua, e dici che siamo amici, ma non ho la più pallida idea di quello che ti passa per la testa. E adesso vuoi farmi delle domande su quello che combino nel cuore della notte? Scordatelo. Se vuoi che tiri fuori la mia merda, sai che ti dico? Prima tu.»

Evvie si sentì pulsare le tempie. Guardò la tazza che aveva in mano e vide che le dita che stringevano il manico tremavano.

Si alzò e andò ai pensili. Ne aprì uno e tirò fuori uno dei piatti di porcellana con i fiorellini gialli. Quelli perfetti per una casa delle bambole. Si girò verso Dean e lo tenne dritto in modo che lui lo vedesse bene.

«È un piatto. E quindi?»

Lo sollevò fino alla sua fronte, poi, senza smettere di guardare Dean, aprì la mano e lo lasciò cadere. Per un attimo il tempo restò sospeso, come una parola che resta sulla punta della lingua. Ma quando il piatto toccò terra, esplose con fragorosa soddisfazione.

Dean fece un balzo sulla sedia. «Che cazzo fai?»

«Io abito qui», rispose lei. «Giusto? Abito qui. Sono i miei piatti. L'hai detto tu. Hai detto che se non mi piacciono dovrei comprarmene degli altri.» Si voltò e prese dall'armadietto una tazza da colazione. Questa volta non la lasciò cadere, la scagliò sul pavimento, dove quella si infranse con violenza, mandando i pezzi lontano.

Lui non disse niente. La fissò e basta.

Evvie prese un altro piatto. Con entrambe le mani. Chissà perché, quando toccò terra, questo non si ruppe. Lo lanciò con foga, ma quello atterrò di piatto e sopravvisse. Lei lo raccolse e guardò Dean.

«Ho capito», disse lui, alzando una mano. «Non c'è bisogno che li rompi. Ho capito.»

Lei allungò un braccio e sbatté il piatto contro lo spigolo del tavolo, mandandolo in pezzi. Gliene restò uno in mano, che fece cadere sul crescente mucchio ai suoi piedi.

«Eveleth, Cristo», disse Dean, alzandosi e spingendo via la sedia.

Lei si voltò e prese gli ultimi sei piatti tutti insieme, e li posò sul bancone. Li ruppe uno dopo l'altro, sbattendone qualcuno contro il bancone o contro il tavolo prima di farli cadere per terra, e Dean la osservò a braccia incrociate. Uno lo scagliò pensando a quando Tim l'aveva chiamata idiota perché non trovava le chiavi di casa, e i frammenti scivolarono e saltellarono sul pavimento finché finirono sotto il frigo e oltre la lavastoviglie.

Quando furono tutti in pezzi, ognuno dei piatti in cui aveva cenato alle nove e mezza di sera dopo aver rinunciato a veder tornare Tim, ogni piatto che aveva messo di fronte a lui a colazione la mattina del suo compleanno con una candelina in una pila di toast, Evvie si fermò. Era accaldata, le girava la testa e le batteva forte il cuore, e Dean continuava a non dire niente. Poi si avvicinò a lei, facendosi largo fra i piatti rotti, aprendosi un sentiero fino a raggiungerla. Le andò vicinissimo, tanto da farle sentire il profumo del suo detersivo per la lavatrice.

Dean allungò un braccio e lei si chiese se avrebbe sentito la mano di lui posarsi sulla sua nuca. Per fortuna, prima che chiudesse gli occhi o comunque si comportasse come chi in modo molto evidente spera di essere baciata, vide che aveva preso una ciotola nell'armadietto, che distrusse con un semplice scatto del polso, uno scatto che un tempo valeva parecchi milioni di dollari all'anno.

In un film, sarebbero scoppiati a ridere, e avrebbero finito con carezze e baci. Sarebbe stato un momento pieno di gioia. Invece restarono lì, accanto al lavello e ruppero otto piatti piani, otto tazze da colazione e otto piattini. Quando lui le porse l'ultimo, lei se lo mise davanti agli occhi, in modo quasi reverente, poi aprì le dita e semplicemente permise al peso dell'oggetto di non appoggiarsi più alla sua mano. Il piatto si ruppe in frammenti talmente piccoli che cessò di esistere. Il rumore si alzò e poi si fermò, e poi furono loro due insieme, soli, fermi su un'isoletta di fiorellini gialli. Lei sollevò una mano per scostare una ciocca di capelli dal viso arrossato, e lui sussultò. «Ti sei ferita.»

Niente di strano, che circondata da schegge di piatti rotti si fosse tagliata un paio di dita. Fu casomai una sorpresa che, controllando bene, non trovassero molto più sangue. Mise le mani sotto l'acqua fredda per lavarle, e Dean premette un tovagliolino di carta sui tagli. «Faccio io», disse Evvie, ma lui mise una mano sulle sue.

«Devi premere forte per fermarlo.»

Era così alto che lei avrebbe dovuto prevedere le dimensioni delle sue mani, ma vedere quanto erano piccole le sue dita in confronto a quelle di Dean la fece ridere. «Hai le zampe come un cucciolo di alano», mormorò.

«Già. Sai, certe cose sanno ancora farle bene.»

Lei lo guardò. Aveva una piccola cicatrice sopra un sopracciglio. Quasi di sicuro, immaginò, era stata una palla a colpirlo. La fronte si era aperta. Forse era successo quando era piccolo, come lei quando era caduta su un pezzo di vetro e avevano dovuto darle quattro punti a un ginocchio. Forse no. Per il tempo di un battito di ciglia, si vide mentre gli metteva una benda sulla fronte.

Lui sbirciò i tagli sotto il tovagliolo. «Credo che sopravvivrai.»

Evvie continuava a guardargli le mani, e poi lasciò scivolare lo sguardo lungo il braccio, fino alla spalla. Era lì, da qualche parte. Lì c'era la risposta. «Dovresti insegnarmi a lanciare», disse.

Dean rise. «Cosa?»

«Dovresti insegnarmi a lanciare», ripeté.

«A che scopo?»

«Così saprei cosa si prova.»

«A che scopo?» ripeté lui.

Evvie alzò le spalle. «Così saprei cosa si prova a non lanciare.»

Lui annuì lentamente. «Però sai che io non riesco più a lanciare. Lo sai che il problema è quello.»

«Sì. Però puoi insegnare a me.»

«Quanto brava vuoi diventare?»

«Diciamo… abbastanza da non essere derisa su un campo di dilettanti.»

«Di quanti anni?»
Lei rifletté per un attimo. «Dodicenni.»
«A dodici anni sono già piuttosto bravi», la mise in guardia Dean. «Non fare il passo più lungo della gamba.»
«Voglio imparare.»
Lui sorrise appena un po'. «Okay. Vuoi cominciare subito? Immagino che tu sia destrorsa, quindi quella mano non dovrebbe essere un problema.»
«No, un altro giorno. Oggi ho da fare.»
Lui sollevò un sopracciglio. «Qualcosa di bello?»
Lei si appoggiò al lavello. «Pulire la cucina e andare a comprarmi dei piatti.»

Primavera

20

Un giovedì all'inizio di aprile, Evvie stava riponendo i maglioni invernali quando sentì il suono di un messaggio in arrivo sul telefono che aveva in tasca. Lo tirò fuori e vide la foto di Andy. *Ci saresti sabato a colazione? Mi spiace che non ci siamo più visti. Sono incasinato ma ci tengo.* Per il sollievo, le sue spalle si abbassarono all'istante di qualche centimetro.

Da quando avevano parlato della notte in cui Tim era morto, lo aveva sentito molto distante. Aveva una nuova ragazza, aveva le bambine, aveva da fare mille cose e lavorava. Ma Evvie non riusciva a convincersi che non fosse arrabbiato perché lei gli aveva permesso, per settimane, per mesi, di consolarla per una ferita che in realtà non c'era. Lo aveva visto qualche volta, e lui era stato cordiale in modo molto preoccupante. Un sacco di volte lei aveva preso il telefono per mandargli un messaggio, ma non lo aveva mai fatto.

Dopo pochi minuti, prese il telefono e scrisse. *Ehi! Sono felice di sentirti. Sì, certo, mi piacerebbe molto. Mi sei mancato tanto.*

Lui rispose subito. *Anche a me! OK se viene anche Monica?*

Lei gli assicurò che andava benissimo, e che non vedeva l'ora, anche se non era proprio la verità.

Poi prese di nuovo il telefono e mandò un messaggio a Dean. *La buona notizia è che sabato faccio colazione con Andy.*

Risposta: *E quella cattiva?*

E prima che avesse il tempo di rispondere, il telefono vibrò di nuovo. *Porta la ragazza?*

Lei gli rispose con la faccina tesa che mostra tutti i denti in un ghigno, quella che aveva sempre interpretato come Okaaaaaay.

Sono contento lo stesso che ci vai, le scrisse lui. *Andrà bene. Lei è una grande. Vedrai.*

Gli mandò un cuore giallo. Per Evvie ogni cuore era diverso, erano sfumati e obliqui e inviati in una lingua che parlava lei soltanto, e che quindi forse non era una lingua, ma semplicemente un diario nascosto in piena vista. Il cuore giallo indicava gratitudine.

Sabato Evvie arrivò per prima al locale, e dato che finalmente era iniziata la primavera, sedette al tavolino con il viso rivolto verso la grande finestra, a occhi chiusi, lasciandosi scaldare le guance dal sole. Si girò sentendo Andy ridere mentre faceva sedere Monica di fronte a lei. «Ciao, scusa il ritardo», disse.

«Nessun problema», rispose lei. «Sono felice di vedervi.»

«Anche noi», disse Monica con un sorriso. «Apprezzo molto che tu mi permetta di intrufolarmi nella vostra tradizione. So che è qualcosa di speciale.»

«Ehi, sono contenta che Andy ce l'abbia fatta, questa volta.» *No, no, non intendevo dire questo.* «Più siamo meglio è», aggiunse, e neanche questo suonava bene. Due a zero per loro. «Ti consiglio i pancake ai mirtilli, anche se Andy stravede per l'omelette prosciutto e formaggio.»

«Oh, credimi, lo so», replicò Monica.

In quel momento Marnie arrivò al loro tavolo. Posò una tazza con la bustina di tè e una teiera di acqua bollente davanti a Monica. «Che bello vedervi tutti insieme! Tra un attimo arriva la roba da mangiare», disse mentre riempiva di caffè la tazza di Andy.

«Scusa, dovevo immaginarlo che anche voi veniste qui, che scema», disse Evvie, sistemandosi il tovagliolo in grembo. Andy guardava il suo cellulare.

«Andy è un tipo abitudinario», spiegò Monica al posto suo. «A proposito, volevo dirti che l'altro giorno siamo passati davanti a casa tua e l'ho trovata davvero fantastica. La tua veranda è spettacolare.»

Eveleth rise. «Grazie, che gentile. Devi venire a sederti lì ogni tanto.» Strinse gli occhi. «Detto così sembra un po' strano.»

«No, per niente. Per favore, vieni a sederti anche nella mia, anche se è molto meno bella.» Andy si sporse a intrecciare le dita a quelle di Monica.

«Come stai, Ev?» chiese.

Lei si attaccò a quella fune. Di corsa. «Bene. Sto bene. Alla fine ho guardato qualche puntata di *The Americans*, fra l'altro.»

Lui sorrise. «Avevo ragione o no?»

«Sì, ce l'avevi, okay.» Evvie annuì lentamente.

«Non pensi che sia tutta propaganda?» domandò lui, guardando Monica.

«Oddio», rispose lei roteando gli occhi. «Mi spiace non apprezzare la tua serie. Parla con Evvie. A lei è piaciuta.» Allontanò scherzosamente la mano, ma Andy la baciò e poi l'afferrò e la tirò sotto il tavolo, stringendola. «È veramente un bambino quando si tratta di televisione.»

Eveleth sorrise. «Lo so. Come stanno le ragazze?»

«Benissimo. A proposito, la loro mamma sposa Fred.»

«Merda», mormorò Eveleth. «E così alla fine lo sposa?»

«Per fortuna in questo periodo alle bambine sta simpatico. Sarebbe peggio se non lo fosse. È uno dei motivi per cui ho aspettato un paio di mesi prima di fargli conoscere questa qui.» Indicò Monica con un cenno della testa.

«Ah, quindi alla fine vi siete incontrate», disse Evvie.

«Sì», rispose Monica. «Sono fantastiche. Ma lo sai meglio di me. E non sono per niente contente di non averti vista per tanto tempo.» Lanciò un'occhiata ad Andy, che la guardò anche lui, per un attimo.

Ancora un paio di silenzi, ancora un paio di rilanci nel nulla, e Marnie arrivò con gli ordini, i pancake di Eveleth, l'omelette di Andy, e per Monica qualcosa che sembrava un miscuglio di verdure. Era proprio il tipo da miscuglio di verdure, una scelta così saggia. Così sana. Non un'esibizione di fiocchi di formaggio scremati, ma semplicemente una persona adulta, più di altri a quella tavola che mangiavano, per esempio, pancake.

Mangiavano e chiacchieravano: Eveleth e Monica parlavano, e Monica e Andy parlavano. E quando ebbero quasi finito di mangiare, Monica si scusò. «Torno subito», disse dando un colpetto alla spalla di Andy perché si alzasse e la lasciasse uscire dal séparé. Quando si fu allontanata, Evvie raccolse un mirtillo sul bordo del suo piatto. «È una ragazza stupenda.» Appoggiò il mento alla mano e lo guardò: «State bene?»

Lui sorrise. «Stiamo bene, Ev. Cioè, è ancora presto. Ma sì, è stupenda, e sono felice. E mi spiace di non essermi fatto più vivo. Sto cercando di fare il bravo fidanzato. I weekend sono stati sempre pieni di cose da fare. Mi sento in colpa. Avevo paura che tu pensassi che ero arrabbiato per quello di cui abbiamo parlato quella sera a casa tua, sai, la valigia e tutto il resto.»

Evvie sentì che stava arrossendo. «Sì, un po' l'ho pensato.»

«Mi dispiace. Ammetto che la cosa mi ha scombussolato. Non so.»

«Non volevo, davvero», disse lei. Lui fece una risata nervosa, appena un suono strozzato, ed Evvie sentì così acutamente la distanza che si era creata fra loro che le vennero le lacrime agli occhi e un nodo alla gola e avrebbe voluto soltanto dire *no*. Invece tossì. «Dean mi insegnerà a lanciare.»

«Veramente?» Andy rise. «A quanto pare vi divertite insieme.»

Lei capì che era un appiglio, lo spunto giusto per parlare del segnale di via libera e dei piatti. Ma per il momento quelle cose erano il suo unico segreto rivolto verso il futuro e non verso il passato. Se lo avesse rivelato, si sarebbe infranto quel sottile velo di monelleria, come bere bourbon in una tazzina da caffè. In più, non le veniva in mente nulla a cui Andy avrebbe potuto risponderle – *e allora vai, stai attenta, raccontami tutto* – e lei a sua volta avrebbe saputo cosa replicare. Perciò disse: «Avevi ragione, è bello avere compagnia. Mi impedisce di stare tutto il tempo sola con me stessa».

«Basta che non cerchi di guarirlo. Lo so come sei tu.»

«Come sono?»

«Sei portata a prenderti cura delle persone. In senso letterale. Hai avuto cura di tuo padre, hai avuto cura di Tim, hai avuto cura di me quando Lori mi ha lasciato. Non vorrei che tu accogliessi randagi per il resto della tua vita. Sei il genere di persona che si ritrova con un cane a due zampe e lo porta in giro su un carretto.»

«Non è un genere di persona.»

«Lo è eccome. È quel genere di persona che alla fine apre una clinica per le bambole e usa gli stuzzicadenti per steccare le zampette rotte degli uccellini.»

«Prometto di non aprire una clinica per le bambole.»

«Cosa hai in mente di fare?»

Lei si mise una ciocca di capelli dietro l'orecchio. «Lavorare. O magari tornare a scuola. Non so. Ci sto pensando. Nona mi sta mandando dei messaggi. Ha un nuovo libro. Sai quanto mi piace lavorare con lei.»

«Sarebbe fantastico», disse Andy, tirandosi su ben dritto. «Credo che dovresti proprio fare qualcosa.» Evvie si accorse dell'istante preciso in cui lui si sentì mentre lo diceva. «Non voglio dire che adesso non fai niente. Ma qualcosa che per te sia piacevole, meraviglioso, diverso.» Si guardarono.

In quel momento arrivò Monica e spinse Andy, così lui si spostò per farle posto, sempre guardando Eveleth, e chiedendosi cosa esattamente fosse successo. «Mi sono persa qualcosa?» chiese Monica.

«No», disse Eveleth. Prese il conto che Marnie aveva posato sul tavolo e si alzò. «Questo è mio. È stato bello, rivederci.»

«Oh, Evvie, grazie», disse Monica, stringendole un gomito. «La prossima volta tocca a noi, okay?»

Evvie posò una mano su quella di Monica. «Ma certo. La prossima volta.» Fece scivolare la mancia sotto il bordo del piatto, poi andò alla cassa a pagare. Andy e Monica la salutarono con la mano, le dita intrecciate, e uscirono. Ferma accanto alla cassa, sentiva gli sguardi su di sé. Non erano abituati a vederla tutta in tiro il sabato mattina, non erano abituati a vederla andar via così presto, e non erano abituati a vederla restare da sola. Erano abituati a vedere uno scambio di pettegolezzi che continuava anche fuori dal locale e un abbraccio accanto alla macchina di Andy. Non oggi.

21

QUEL pomeriggio, Eveleth salì di nuovo nel furgone di Dean, e di nuovo lui disse: «Dai, facciamo questa cosa».

Stavolta, la portò al campo da calcio del liceo. «Dean, non sono appassionata di sport, ma lo so che questo non è un campo da baseball», disse lei mentre attraversavano il prato.

«Brava, hai messo a segno un punto nel tuo primo giorno ufficiale come lanciatrice. Ma sul campo da baseball c'è una partita in corso, e tu oggi devi soltanto tirare una palla. Non ti serve altro che un guanto e una palla.» E apparve la sua mano destra, in mezzo a loro, con dentro una palla. «Perciò prendi questa.»

«E ricevere una palla da te cos'è, una specie di cerimonia sacra? Devo promettere di rispettare le leggi del…»

«Prendi la palla», disse lui, con voce improvvisamente bassa e ruvida. Si girò e si fermò davanti a lei, tenendo la palla fra loro, così vicina che quasi le toccava le costole. Lei la prese, e lui tirò fuori dalla sacca che aveva in spalla un guanto da baseball nero, con i lacci rosa shocking.

«Stai scherzando», disse lei.

«Prendilo.»

«È rosa», rispose lei, senza toccare il guanto. Scostandosi indietro per non toccarlo.

«Non è rosa, ha soltanto un po' di rosa.»
«Non me lo metto. Protesto.»
«Perché?»
«Credo sia... patriarcato.»
«Evvie, io non sono granché in fatto di patriarcato. Sono stato scacciato da New York da gente che su Internet mi insultava scrivendo 'fallito' con una 'l' sola. Per favore ti vuoi mettere questo guanto rosa?»
«Non è rosa, ha soltanto un po' di rosa», borbottò lei infilandosi il guanto, e provando a farci rimbalzare dentro la palla. «E non credo che tu conosca il significato di patriarcato.»
Dean fece un gesto con il logoro guantone che teneva nella mano sinistra. «Probabilmente no. Okay, cammina all'indietro finché ti dico di fermarti. E non cadere.»
«Si dice durante gli allenamenti 'non cadere'?»
«Certamente. È una frase che dico molto consapevolmente. Basandomi sulla mia esperienza.» Alzò una mano per fermarla. «Stop. Adesso tiramela, così, senza stare troppo a pensarci.»
Lei girò verso di lui la spalla sinistra, ricordando con il corpo qualcosa che le aveva insegnato suo padre tempo prima. Lanciando verso Dean fece un passo in avanti. La palla volò un poco e lui si piegò a sinistra e la prese. «Buon inizio. Rifallo.» Gliela tirò e mentre lo faceva, le venne in mente il povero Mackey Sasser. Sollevò la mano con il guanto a palmo aperto per prenderla e la richiuse sulla palla. «Brava», disse Dean. «Hai talento.»
«Davvero?»
Pausa. «Potresti averne.»
Lei rise. Ripeterono il lancio un po' di volte, e lei tirò in modo piuttosto buono per una persona che non aveva mai lanciato niente tranne kleenex appallottolati nel cestino, e riuscì a prendere circa la metà delle volte quello che lui le rilanciava con garbo. «Okay, adesso ti faccio vedere una cosa.» Dean andò verso di lei e si fermò alle sue spalle così vicino che Evvie

sentiva lungo la schiena il calore emanare dal suo corpo. «Se ti tocco un pochino mentre ti faccio vedere questa cosa, va bene?»

Lei si girò a guardarlo negli occhi. «Sì, va bene.»

Lui forse le fece l'occhiolino. O forse no. Era un'angolatura strana da cui vederlo. Ma le mise le mani sulle braccia e la riposizionò in modo che avesse di nuovo la spalla sinistra verso il bersaglio. «Questo lo fai giusto. Ma poi quando tiri, spostati col gomito e, prima di lasciar andare la palla, voglio che tu faccia uno scatto col polso.» Le afferrò il polso della mano destra. «Fai questo piccolo scatto indietro col polso prima di tirare. Palmo in su. Come se tu dovessi sollevare il tetto.»

«Sollevare il tetto?»

Lui girò i palmi all'insù e fece su e giù con le braccia. «Così.»

«Oddio, dimentica che te l'ho chiesto.»

«Okay, Mister Muscolo, sei pronta a fare sul serio?» Lo sentì allontanarsi da lei di qualche centimetro e sorrise.

«Sono pronta, sono pronta.» E piegò il braccio.

Lui era di nuovo lì, contro la sua schiena. Allungò il piede sinistro a spingere un poco avanti il piede sinistro di Evvie. «Qui ti serve un po' più di spazio.» Accostò il braccio destro a quello di lei, fino al dorso della sua mano, a cui appoggiò il palmo. Passarono cinque secondi. Altri cinque. «Che stai facendo?» chiese lei alla fine.

«Niente», le disse Dean, all'orecchio.

Eveleth aveva sempre detestato la sensazione di arrossire. Era accompagnata da un atroce desiderio di smettere di esistere, del tutto, di trasformarsi in una nebbiolina che si potesse scacciare con la mano. Questa volta, però, arrossire era come sbocciare, come se abbassando lo sguardo si aspettasse di vedere petali di rosa che le svolazzavano dalle spalle. Inspirò un attimo e restarono così. Evvie temeva che lui le sentisse il batticuore nel polso, perché lei se lo sentiva nelle tempie e aveva paura che tutta quanta la sua gabbia toracica cominciasse a vibrare. Prima che anche solo provasse a scostarsi da lui, Dean le posò due dita sui lati del collo. «Sto controllando il tuo battito cardiaco. Sai, per essere certo che tu sia tranquilla e rilassata. Fa parte del mio metodo.» *Tump tump tump.* «Aspetta», disse. E le soffiò sul collo. Le soffiò proprio sul collo, il che le fece venire la pelle d'oca su tutto il braccio. Lui guardò la pelle e disse, con un misto di curiosità e soddisfazione. «Ah.»

Lei si girò a guardarlo. «Mi hai soffiato addosso.»

«Sì.»

«Perché?»

«C'era un insetto.»

«Oh, per favore. Rimettiti al lavoro, *coach*», disse Evvie con fermezza.

«Come vuoi. La prossima volta che ti vedo un insetto addosso, lo lascerò scendere dentro la tua maglietta.»

«Ottimo. La prossima volta che mi soffi addosso, ti do una gomitata nello stomaco.»

Lui rise, una risata che gli arrivava dal profondo del torace, e che lei si sentì spingere contro le spalle. «Allora, ti devi girare mentre tiri. Come ti ho detto, devi spingere prima col gomito.» Spostò la mano sul gomito di Evvie. «Questo deve partire per primo. Poi mentre lanci, devi sollevare questo piede», allungò una mano e le batté un dito sul fianco destro, «e roteare in avanti, okay? Così ti troverai con il corpo dritto.»

Lei lo guardò di nuovo strizzando gli occhi. «Sento che a dei ragazzini del liceo non insegneresti così a lanciare.»

«Infatti. Puzzano troppo.»

«Sai che tutto ciò è incredibilmente trasparente?»

«Ehi, sto applicando un metodo. Prendere o lasciare.»

«Vai avanti.»

«Allora, adesso alza questa mano», diede un colpetto al guanto di Evvie con il suo, «e solleva il gomito. Puntalo verso di me. Dopo fai scattare il polso, segui il movimento, gira con quella gamba, ed è fatta… hai fatto un lancio.»

«Adesso posso lanciare come te?»

«Di questi tempi sì, probabilmente lanci esattamente come me», rispose Dean.

Lei fece una smorfia. «Non intendevo in quel senso.»

«Lo so.» Si allontanò saltellando, poi rallentò e si girò. «Okay, colpiscimi», disse alzando il guanto.

Evvie si girò in modo che il suo corpo fosse perpendicolare rispetto a Dean. Allontanò un pochino i piedi fra loro. Tirò indietro il braccio che teneva la palla, e puntò il gomito sinistro verso di lui. *Peso in avanti, gomito in avanti, scatto, accompagna il gomito, ruota.* La palla colpì il terreno. «Oh.»

Dean corse a raccoglierla, ridendo. «No, no, è che devi ricordarti un sacco di roba.»

«Vorrei vedere un tuo lancio. Credo che mi sarebbe d'aiuto.»

Lui si fermò con la palla in mano, e fece un gesto come per soppesarla. «Mi hai appena visto lanciare.»

«Dico per davvero.»

«Eveleth, non credo che…»

«Non a me, scemo, mi ammazzeresti. Tirala contro lo steccato.» Lei lo indicò con il guanto che aveva soltanto un po' di rosa.

Lui osservò lo steccato che bordava un lato del campo da calcio. «Non saprei, Ev.»

Lei gli andò vicinissima e incrociò le braccia. «Mi aiuterebbe. Fammi vedere.»

«Va bene.» Lui si girò verso lo steccato, fece un passo, e lei osservò il suo corpo mettersi in azione. Aveva l'impressione di vedere ogni muscolo e osso e tendine che si tendeva al suo comando, e poi scattava come una fionda. Le spalle di Dean ruotarono, le anche si girarono, vide addirittura qualcosa che si muoveva nella nuca. La palla volò e colpì rumorosamente lo steccato. Dean si girò verso Eveleth, che annuì.

Lui aprì la sacca che aveva posato per terra e la girò, e ne rotolarono fuori una decina di palle. Le scagliò una dopo l'altra, *bang bang bang,* prima come uno che sa lanciare, ma dopo un po' come un lanciatore professionista. Sistemò la visiera del suo berretto della Calcasset High School. Si sfregò una mano contro la coscia. Quando tirò l'ultima, girandosi fece scattare in pieno la gamba, ed Eveleth vide che lanciava un'occhiata alla prima base che non c'era.

Alla fine era senza fiato, e alla base dello steccato si era accumulato un mucchietto di palle. Dean restò lì, con le mani sui fianchi. Evvie rimase per un attimo accanto a lui, imitando la sua posa e il suo sguardo perso in lontananza. Poi andò allo steccato e raccolse le palle tenendole in una piega della maglietta. Tornò indietro e le rovesciò a terra di fronte a Dean. Lui annuì. Ne prese una. *Bang.*

Colpivano quello che a lei parve sempre lo stesso punto. Dopo un po', si vedevano i segni dei colpi, ed erano vicinissimi, raggruppati come pesche in un cestino. Ma più che altro, Evvie guardava Dean. Aveva la fronte appena umida, con un ricciolo di capelli incollato sopra. C'era una storia chiusa lì dentro per lui, c'era qualcuno da battere, e una volta gli sentì sussurrare qualcosa che era, ne era certissima: «E vaffanculo, stronzo».

Dean lanciava nello stesso modo in cui i grossi felini balzano nei documentari sulla natura. Evvie capiva quando stava per farlo, vedeva che si preparava, e coglieva i fremiti nell'attesa, ma ogni volta il modo silenzioso in cui scattava era sempre una sorpresa. Lei raccoglieva le palle e gliele portava, ma questa volta lui si fermò con le mani sui fianchi e disse: «Quanti lanci hai bisogno di vedere?»

Evvie alzò le spalle. «Non saprei, tu quanti lanci hai bisogno di fare?»

Lui sorrise e scosse la testa. «Noo, io lo faccio per te, Minnesota.»

«Sicuro?»

Lui la guardò per un attimo, leggermente ansante. «Perché siamo venuti qui?»

Lei andò allo steccato tenendo le mani in tasca e osservò da vicino i segni delle palle. «Non mi sembra che tu lanci in giro a casaccio», gli gridò. «C'è qualcosa che mi sfugge?»

«Cazzo», disse lui guardando il cielo azzurrissimo. «Evvie, lanciare è una questione di centimetri. *Centimetri.* Il fatto che io non mandi le palle a finire in mezzo alla strada non significa che sia cambiato qualcosa. Perché ne stiamo di nuovo parlando?»

«Perché se io sapessi fare qualcosa bene come tu sai fare questo, vorrei continuare a farlo il più a lungo possibile. E credo che lo voglia anche tu. Ho visto come lanciavi quando andava male. Non così.» Indicò il nugolo di segni sullo steccato. «Perciò qualcosa di diverso c'è. Non sei neanche un po' curioso?»

«Mi sono ritirato. È finita.»

Lei andò verso di lui. «Se è finita, perché ti sei seduto su una barca che si chiama *Second Chance* e ti sei fatto fotografare?»

Lui spostò il peso sui piedi. «È stato il fotografo. Una sua idea. Si trattava di scegliere fra quella e *Sex Symbol.*»

Lei scosse la testa. «Non vale. Lo sai benissimo di cosa sto parlando. Sai quello che hai detto nell'intervista, sai che esci di casa nel cuore della notte...»

«Non ne voglio parlare», le disse lui, secco. «Se avessi voluto *parlarne*, te ne avrei *parlato*, come ti ho già detto l'ultima volta che me l'hai *chiesto*.»

«Non credo che tu sia pronto a smettere. Credo che sia per questo che sgattaioli fuori di notte.»

«Evvie... non molli mai, tu?»

Adesso lei era di nuovo di fronte a lui e gli appoggiò una mano sul braccio con cui lanciava. «Ogni anno c'è una partita, un'amichevole, tra i Claws e la squadra di Freeport. Giocano per raccogliere fondi che poi vengono divisi tra la loro associazione genitori e insegnanti, e la nostra. Più un bonus per chi vince. A volte ci sono degli ospiti che giocano in uno degli...»

«Mi prendi in giro? Cazzo», disse lui. «Vuoi trascinare qui un centinaio di giornalisti perché scrivano che tristezza sia vedermi giocare in una partita di beneficienza? Quella gente sta finalmente cominciando a stufarsi di me. Non voglio offrirgli nessun appiglio.»

«Non lo annunceremo», disse lei, muovendosi con scioltezza nel futuro semplice. «Lo diremo solo alla squadra. Per chiunque altro sarà una sorpresa. E tu puoi vedere che succede. Basta un inning.»

Lui aveva ancora una palla in mano, e continuava a passare le dita sulle cuciture. «Tu non mi ascolti», disse.

«Lo so.»

22

I Calcasset Claws e i Freeport Explorers ogni anno l'ultima domenica di maggio disputavano un incontro amichevole chiamato la Spring Dance. Alternavano i campi, organizzavano una fiera nel parcheggio, e ogni volta la squadra di casa cercava di surclassare l'evento precedente della rivale. Un anno a Freeport c'era il laser tag, e l'anno dopo a Calcasset c'era una stanza di realtà virtuale. Un anno c'era una mostra di cani a Calcasset, e l'anno dopo a Freeport c'era una corsa di tori.

Quell'anno si giocava a Calcasset, e gli organizzatori furono comprensibilmente entusiasti quando Dean Tenney sgattaiolò nel loro ufficio volante a Dacey Park un paio di settimane prima dell'evento per dire che se per loro andava bene, avrebbe voluto dimostrare la sua gratitudine per la loro accoglienza giocando un inning. Freeport l'anno precedente poteva anche aver avuto un tunnel a vento verticale, ma Calcasset avrebbe avuto qualcosa che sarebbe finito sui giornali. Doveva rimanere un segreto fino al momento del suo ingresso in campo: questa era l'unica condizione.

Dopo aver concluso l'accordo con Liza, che organizzava tutto, Dean uscì dall'ufficio e si ritrovò in un atrio di cemento. L'ingresso da cui era entrato, sulla destra, dava sullo spiazzo dove aveva parcheggiato il furgone, l'altro sul campo dove era sempre e solo venuto di notte. Andò a sinistra. Mentre camminava, prese il telefono e mandò un messaggio a Eveleth. *Hanno accettato*, scrisse. *E ora mi tocca farlo.*

Lei gli rispose con un cuore azzurro.

Dean aprì il cancello tirando un chiavistello arrugginito ed entrò nel campo. Il primo campo da baseball su cui avesse messo piede era a Lansing, nel Michigan, dove era nato.

Quando i suoi fratelli giocavano lui si sdraiava sotto le panchine e ascoltava la palla invece di guardare. Era il rumore della pallina che toccava il guantone a inchiodarlo. *Tump.* Per moltissimi altri ragazzi, lo sapeva, era il colpo della mazza. Quello avrebbero voluto fare, e crescevano con il desiderio prima del *clang* della mazza di alluminio della Little League e poi, se ce la facevano, lo sparo della mazza di legno delle leghe maggiori. Ma per lui, era stato sempre il rumore della palla che incontra il guantone. Era assolutamente convinto che i buoni lanci avessero un suono diverso da quelli cattivi, e quando iniziò a sbagliare, si struggeva per quel suono, quello giusto, il suono soddisfacente del lancio che arrivava esattamente dove lo voleva il ricevitore.

L'ultima volta che era uscito dal campo allo Yankees Stadium, il pubblico era stato felice di vedere che se ne andava e dispiaciuto di non potergli far cadere sulla testa un alveare pieno di api inferocite. Si era reso conto – lo *sapeva* – che forse non avrebbe lanciato mai più. Quelli sul campo di Calcasset sarebbero stati i suoi primi lanci da quando aveva consegnato la palla all'allenatore degli Yankees ed era andato in panchina accompagnato dal grido chiarissimo di uno spettatore: «Togliti dal cazzo, psicopatico di merda!»

Entrò in campo, e lo attraversò dalla panchina fino al campo interno e poi al monte di lancio dove Evvie l'aveva trovato quella notte, circondato da torce elettriche. Con le mani sui fianchi, guardò per un po' il piatto. Pensava a lei, e a quando avevano rotto i piatti nella sua cucina. Era stata così calma, così determinata, un piatto dopo l'altro, e Dean non era neanche sicuro che fosse sempre consapevole della sua presenza. L'aveva guardata e si era accorto che sanguinava, e per un secondo, aveva saputo esattamente cosa fare ed era stato in grado di farlo.

Diede un calcio al terreno e si allontanò, pensando a come aveva guardato la nuca di Evvie quando era dietro di lei al lavandino, e premeva forte contro il taglio della mano.

Le settimane successive furono un esercizio di cospirazione. Liza parlò con l'allenatore dei Claws, e lui parlò di Dean alla squadra. Un paio di giocatori espressero una certa sorpresa all'idea che lui volesse farlo, ma chi poteva resistere al fascino di un ritorno in campo di cui avrebbe parlato chiunque e che avveniva proprio nel loro impianto? Tutti i ragazzi che lo conoscevano personalmente avevano simpatia per Dean, lo trovavano spiritoso e sorprendentemente sveglio per uno di cui si diceva che fosse fuori di testa.

Gli prepararono una maglia con scritto TENNEY sulla schiena e gli chiesero se voleva il suo vecchio numero, ma lui disse di no. Invece scelse il 26, come portafortuna, perché l'indirizzo di Evvie era Bancroft Street 26. Quando tornò a casa e la mostrò a Evvie, lei disse: «Ehi, è il numero di casa mia. Magari ti porterà fortuna».

Lui la piegò e disse. «Magari.»

Il giorno della Spring Dance il tempo era splendido. C'era una brezzolina pigra, e praticamente nessuna nuvola. La gente metteva in macchina una coperta per fare il picnic sull'erba e qualche giacca per quando avesse rinfrescato, in serata. Il parcheggio profumava già di fritto, le ragazze si provavano gli orecchini che una donna di Camden faceva con la plastica riciclata, e stavano montando gli speaker accanto al palco su cui una band, ingaggiata a Boston, avrebbe suonato prima della partita.

Nella cucina di Bancroft Street 26, Evvie mise in una borsa di tela gli occhiali da sole, un cuscino e una maglia con le maniche lunghe che Dean le aveva prestato dopo aver notato che la lampo della sua felpa era rotta. La porta di comunicazione era chiusa e lei accostò l'orecchio e sentì che stava ascoltando uno dei podcast a cui cercava di affezionarlo. Così aprì un armadietto e prese una bottiglia di champagne. Mise una mano sull'etichetta e chiuse gli occhi, per scaramanzia, poi la spostò rapidamente nel frigorifero, nascondendola dietro a una caraffa di tè freddo.

Mentre si preparava qualcosa da mangiare prima di uscire, lui emerse dal suo appartamento in jeans e maglia verde, con la sacca sulla spalla. «Okay», disse. «Vado.»

«Tutto bene?» chiese Evvie.

«Benissimo.» Si gettò la sacca sulle spalle. «Un po' nervoso, magari.»

Lei annuì. «Andrai alla grande.»

«Spero che tu abbia ragione, altrimenti sarà una bella esibizione di merda.»

«È una partita amichevole per beneficienza. Non è molto diversa da un allenamento. Farai quello che sai fare.»

«Ormai tutti si erano più o meno scordati la mia brutta faccia. Non so se rammentargliela è una buona idea.»

«Ho scacciato comesichiama dalla mia veranda, no? Se necessario posso rifarlo.»

«Pronta a mostrare i muscoli, eh?»

«Anche.»

Dean le rivolse uno sguardo intenso. «Sei fantastica. Penso che… dovresti saperlo. E non so se lo sai.»

Lei si appoggiò all'indietro contro il lavello. «Anche tu lo sei. E anche se so benissimo che è una roba che ti spaventa, in realtà devi solo rifare quello che ti ho già visto fare.»

«Se combino un casino, sarà il peggior disastro che abbiate mai visto.»

Evvie agitò una mano. «Non è vero. Non potrai mai competere con una bambina di terza elementare che crolla a faccia in giù vestita da scatola dei Cheerios. È questo il bello di fallire qui da noi. Devi sempre vedertela con gli scolaretti che rovinano a terra per divertirci.»

Lui rise e si sfregò la mascella. «Ehi, posso chiederti un favore?»

«Certo.»

«Ti sembrerà... ecco, non so come ti sembrerà. Ma mi hanno detto che non ci sono posti numerati. Potresti cercare di sederti dietro il piatto?» Fece un gesto con le mani tese, come se stesse aiutando un aereo ad atterrare.

La prima cosa che Evvie pensò fu che Dean volesse che lei fosse in grado di vedere se i lanci erano buoni. Poi che avesse un bel posto. Solo al terzo tentativo comprese.

«Certo. Vuoi che ti faccia segno o roba del genere? Non so se riuscirai a vedermi.»

«Non potrò. Però saprò che ci sei. Chissà? Potrebbe essermi d'aiuto. Sono pronto a provare di tutto.»

«Che carino. Sono onorata.»

«Devo andare», disse lui, senza muoversi. Restò lì con le chiavi in mano, giocherellando a passarsi l'anello da un dito all'altro. «Sono dannatamente nervoso.»

Quando fece il primo passo Evvie intendeva procurarsi un abbraccio perfetto da far mancare le ginocchia, con lui che le annusava i capelli e lei il collo, e indugiavano sospesi in una strana stretta segreta. Ma appena lei si mosse, lui la guardò dritta in faccia e lasciò andare la sacca, che gli scivolò lungo il braccio e finì a terra con un tonfo. Cadendo spostò la camicia di Dean di lato e lei gli vide la clavicola. Ancora un passo, e lui lasciò andare le chiavi, che sbatterono sulle piastrelle. Quando lo raggiunse lui afferrò il berretto dei Claws che lei aveva in testa e lo scagliò via.

E quando finalmente, finalmente, lui la baciò, lei riuscì a pensare solo finalmente, finalmente. Incrociò i polsi dietro la sua testa e sentì le sue mani su di sé, le dita che le si conficcavano nelle ossa dei fianchi. Dean emise un lieve sospiro di sorpresa, o forse lo fecero entrambi.

Era tutto approssimativo e imperfetto, o forse perfetto, perché non l'avevano mai fatto prima. Dentifricio, nuca, respiro, la mano di Dean che si infilava sotto la camicia di Evvie, una giuntura della sua spalla che scoppiettò come un cracker quando lui sollevò un braccio per stringerla più forte. Questo fu quello che lei registrò. Questo e *finalmente, finalmente.*

Si lasciarono lentamente, e lei fece un passo indietro. Si mise le mani fra i capelli e si rese conto che lui le aveva scompigliato la coda di cavallo.

«Mi sono dimenticata di dare il segnale di via libera», disse, appoggiando le mani al tavolo.

Lui fece un gran sorriso e si passò una mano sulla guancia. «Non importa, l'ho capito.»

Lei si chinò a raccogliere il suo berretto, poi guardò Dean, con un lampo di preoccupazione nello sguardo. «Oddio, lo so che devi andare. So che è un giorno importante. Non era previsto. Non avevo intenzione di fare una cosa così... disorientante.»

Lui raccolse le chiavi e si rimise la sacca sulla spalla. «Evvie, è stato... non disorientante.» Andò verso la porta della cucina e prima di uscire si girò. «Tante cose, ma non disorientante.» E dopo un attimo, aggiunse: «Mi spiace di averti scompigliato i capelli». Le fece l'occhiolino e se ne andò.

23

Evvie aveva appuntamento con Andy, Monica e le bambine per andare insieme e sedersi vicini. Quando vide che Lilly aveva due perfette trecce francesi, Evvie si chinò a ispezionarle. «Santa polenta, vuoi dirmi che tuo papà ha finalmente imparato a pettinarti?»

«Papà non sa fare niente», rispose Lilly spassionatamente. «Me le ha fatte Monica. Sono le migliori del mondo.»

«Ah, certo, è stata lei», Evvie si tirò su e mostrò il pollice a Monica, stupefatta di come una bambina dell'asilo fosse in grado di colpirti in pieno al plesso solare senza neanche alzare gli occhi dal suo bastoncino di zucchero filato.

Di tutti i presenti sugli spalti, a parte mogli e fidanzate dei giocatori e un paio di persone dell'organizzazione, soltanto Evvie, Andy e Monica sapevano che Dean Tenney si sarebbe alzato da quella panchina e avrebbe giocato nel quarto inning. Era stato scelto il quarto perché la partita sarebbe stata ben avviata, ma lui non sarebbe stato responsabile, o almeno non più di tanto, del risultato finale.

I Claws erano in vantaggio 3 a 2 quando gli Explorers andarono alla battuta. Tra il terzo e il quarto inning, Gloria Rubia, la preside del liceo di Calcasset, si presentò a leggere un elenco dei «Dieci miglioramenti che vorremmo vedere nella mensa della scuola», scritto dagli allievi dell'ultimo anno. (Al sesto posto c'era il gioco Skee-Ball.)

Evvie si agitò sul sedile, e si sistemò il berretto. Andy la guardò. «Qualunque cosa succeda, tu starai bene?» Lei annuì, e lui sorrise. «Okay.»

Poi negli altoparlanti si sentì: «Signore e signori, è qui con noi la proprietaria dei Calcasset Claws, Ginger Buckley, per fare un annuncio molto speciale. Datele il benvenuto!»

Un boato. Ginger era una vedova eccentrica e tosta, erede dell'impero del whisky del suo defunto marito, con base nel Kentucky. A metà degli anni Novanta, quando lui era morto a poco più di cinquant'anni in un incidente su un aereo da turismo, lei se n'era andata dal sud perché era cresciuta a est e le mancava l'oceano. Adesso viveva in un faro abbandonato e ristrutturato in cima a un molo, con tre levrieri presi al canile e un flusso costante di nipoti scrocconi che adorava. Nel 2009 aveva comprato i Claws, in modo che, così aveva detto, «la mia città adottiva se li possa godere per sempre». Andava a tutte le partite, e se pioveva si metteva una coperta termica argentata sui capelli di un rosso vibrante, e di tanto in tanto scendeva in campo per dare qualche notizia di rilievo.

«Benvenuti, benvenuti alla Spring Dance!» disse in un microfono con delle bolle rosa attorno all'impugnatura, riservato esclusivamente a lei. Boato. «Allora, vi state divertendo?» Un altro boato. «Be', non avete ancora visto niente.» Un altro. «Ogni tanto ci fa piacere invitare qualche amico speciale a giocare con noi, violando magari qualche regola per renderlo possibile.» Guardò verso la panchina dei Claws. «Quest'anno è con grande piacere che abbiamo invitato un nuovo arrivato in città...» e qui qualcuno iniziò a trattenere il fiato, «a fare un turno di lancio con la squadra. Calcasset, dai il tuo più caloroso benvenuto al vice allenatore dei Calcasset High Hawks nonché nostro caro amico Dean Tenney.»

Eveleth lo vide alzarsi dalla panchina, e sentì un applauso

che durò tanto da trasformarsi in un ronzio nelle sue orecchie. Quando Dean arrivò al monte di lancio, strinse la mano a Ginger, e lei uscì dal terreno di gioco agitando il microfono rosa e scuotendo il pugno con l'altra mano. Il ricevitore, Marco Galvez, che lavorava alla concessionaria Honda di Thomaston, si sistemò dietro il piatto, e Dean guardò la palla che aveva in mano. «Sono solo lanci di riscaldamento, tutto a posto», borbottò lei fra sé. «Respira, quindi.» Sentiva solo le grida, ma nei suoi pensieri riviveva con entusiasmo il ricordo delle dita di Dean che trovavano la pelle della sua schiena.

Lui si raccolse. Roteò, e la palla lasciò la sua mano, e 2500 persone compresero che, qualunque cosa fosse successa, loro avrebbero potuto dire che c'erano.

La palla fece *tump* nel guantone di Marco, e partì l'applauso. Marco gliela ritirò. E quando Evvie alzò di nuovo la testa, vide un mare di telefoni, tenuti in alto, alcuni solo per il tempo di scattare una foto, per poi tornare in tasca quasi vergognandosi, altri che documentavano il momento con un video. E qualcuno, immaginò, ben presto avrebbe fatto una diretta, e qualcuna di queste dirette sarebbe stata vista e condivisa da una persona famosa, e le persone si sarebbero bloccate alla fermata dell'autobus, o si sarebbero sedute al ristorante, o avrebbero messo in pausa il gioco sul computer o tolto l'audio alla tele perché c'era un video in diretta streaming di Dean Tenney, che forse era sul punto di rendersi di nuovo ridicolo non riuscendo a mandare la palla oltre il piatto in una partita in cui l'inno nazionale era stato cantato dal coro di sette donne e due uomini provenienti da un centro per anziani.

Evvie guardò Andy seduto accanto a lei e trattenne il fiato. Lui allungò una mano a stringerle il braccio. Monica mimò con la bocca «Buona fortuna». Evvie guardò Dean eseguire con successo qualche altro lancio di riscaldamento, e poi fu quasi certa di vederlo guardare verso gli spalti. *Devo agitare le braccia? No, assolutamente no. Mi devo alzare? Avrei dovuto vestirmi di colori più vivaci?* Si sfregò le mani sulle cosce e si chinò in avanti come per sussurrargli all'orecchio. *Puoi farcela, puoi farcela, stai benissimo.*

Il battitore era Brian Staggs, un robusto esterno dei Freeport piuttosto tozzo, con una claque adrenalinica nel pubblico. Sul programma c'era scritto che aveva diciannove anni. Questo significava che quando era un liceale quindicenne forse aveva visto Dean lanciare per gli Yankees. Se era di quelle parti, probabilmente era un tifoso dei Red Sox. E allora batteva contro il mortale nemico della sua adolescenza. Era possibile che questo valesse per parecchi di loro.

Staggs agitò un poco la mazza. Dean si tenne la palla contro il petto. Evvie trattenne il respiro. E partirono la gamba, il corpo, il braccio, la palla. E Staggs roteò le *sue* spalle per colpire, e la mazza sferzò l'aria impotente, e la palla sbatté contro il guanto di Marco. Un suono grasso, profondo, punitivo che sarebbe stato una gran botta anche a sentirlo da sotto gli spalti. Andy ruggì, Rose e Lilly applaudirono, Evvie respirò.

Era un lancio soltanto. Solo uno. Anche nei suoi momenti peggiori, ogni tanto gli riusciva un lancio decente, glielo aveva detto. Aveva perfino disputato un paio di partite passabili. Ma le aveva detto che spesso, anche prima che iniziasse ad avere dei problemi, lui capiva immediatamente se era sul pezzo o no. La descriveva come una sensazione simile a quando sai che qualcuno ti sta osservando, o capisci che ti verrà il raffreddore al primo lieve formicolio in gola. Evvie si chiese se adesso, lui, lo sapesse.

La folla si era trasformata da allegri gitanti che partecipavano a un evento di beneficenza locale ad aspiranti testimoni di un frammento di storia. Avrebbe fatto anche più casino se la metà non fosse stata troppo impegnata a mandare messaggi o twittare o a usare un dito per scarabocchiare *Dean Tenney* in azzurro più una freccia su un video di otto secondi in cui Marco restituiva la palla a Dean.

E non fu un tiro soltanto. Un pubblico abituato ai bravi lanciatori dei campionati minori riesce a capire quando si trova davanti un bravissimo lanciatore professionista. Dean tirava forte. Ma proprio *forte.* La sua palla veloce era brutale, arrivava a tizi che potevano solo guardarla passare o battere quando era già passata. Staggs, Carlos Stanfield, e Mickey Cudahy uscirono tutti. Quattro lanci, tre lanci, e quattro lanci. Cudahy giocava da anni, e parecchio tempo prima aveva già affrontato Dean. Quando il quarto tiro di Dean fece strike, Evvie lo vide sorridere a Dean e salutarlo con la mazza.

Dean Tenney, che a New York era uscito dal campo al grido di «psicopatico del cazzo», uscì dal campo di Calcasset, nel Maine, simbolicamente portato a spalle da 2500 persone che applaudivano, e il cielo sa in quanti erano inchiodati ai cellulari. Marco corse verso di lui per un abbraccio che fu perfettamente catturato da Charlotte Penney, nove anni, seduta in prima fila dal lato della prima base. Charlotte twittò il video, che fu condiviso da sua cugina Brenda, poi da Steve, il ragazzo di Brenda, poi da Rick, il padre di Steve, poi dal compagno di camera al college di Rick, Michael McCasey, che scriveva di sport in un piccolo sito d'informazione, e poi da Walt Willette, che scriveva di sport in un grandissimo sito d'informazione. Il tutto in quattro minuti.

Mentre lasciavano il campo la squadra circondò Dean. Gli davano pacche sulla schiena, gli stringevano la mano, ed Evvie li vide parlare, ringraziare, esprimere stupore. Avevano avuto paura di ritrovarsi con quello che lui era diventato e che non era più Dean Tenney, e invece si erano ritrovati con Dean Tenney, almeno nel quarto inning. Brett Bradley, che aveva giocato in prima base, si chinò verso di lui mentre raggiungevano la panchina e disse qualcosa che fece ridere Dean, ridere di gusto. E proprio mentre stava uscendo dal campo, Dean si girò a guardare verso di lei, come se potesse vederla, anche se non sembrava possibile. Monica si sporse oltre Andy e posò una mano su quella di Evvie. «Non potevamo sperare di meglio. È stato davvero fantastico.»

«Sì, davvero», disse Evvie.

Il più condiviso fra i tweet con #Dean Tenney era quello del video con la frase: «Un bel momento per un simpatico ragazzo che ha passato un paio di anni molto brutti». Il secondo era quello con la foto della squadra attorno a Dean, a festeggiarlo. Diceva: «Congratulazioni coglione, hai vinto 4 World Series. Hai buttato fuori tre sfigati a una fiera in un buco di culo del Maine».

Dean passò il resto della partita in panchina con i Claws, ed Evvie non riusciva a vederlo. Tenne Lilly in braccio per un po', mangiò un pretzel, e parlò con quelli che venivano lì a chiederle increduli se lei sapeva quello che sarebbe successo. Lei rispose semplicemente: «Avevo la sensazione che potesse saltar fuori».

Controllò sul telefono e vide che il nome di Dean era il trend del momento praticamente dappertutto, che la sua apparizione a sorpresa era in cima a tutti gli elenchi sul sito di *Sports Illustrated*, e che il canale ESPN aveva deciso nella sua prima versione della storia, che Dean aveva vissuto come un «recluso», cosa che sarebbe suonata come una novità per gli atleti del liceo a cui dava pacche sulle spalle da sei o sette mesi.

Tutto sommato, Evvie era sicurissima che se in quel momento lui si fosse alzato dalla panchina, lei avrebbe lasciato una scia a nuvoletta come Bip Bip, mentre attraversava il campo da gioco per correre da lui e saltargli addosso.

Andy si chinò verso di lei. «Hai l'aria felice», disse.

Lei sorrise. «Lo sono.»

«Bene.» Ricominciò a spiegare la storia del faro di Ginger a Monica, che si divideva tra ascoltare lui e sbucciare noccioline per Lilly.

Evvie raccolse la maglia di Dean e ci infilò le braccia, stringendosela forte addosso e annusando di sfuggita il collo mentre faceva finta di guardare qualcosa per terra. Il sole stava scivolando via, lasciandosi dietro un ronzio arancione, e le luci del parco si accendevano, bianche. Un soffio di brezza le scostò i capelli dalle guance, e lei chiuse gli occhi e si leccò dalle labbra il sale del pretzel.

Oh, che bello, pensò. Mi ricordo dei giorni felici.

24

ALLA fine della partita, Evvie diede la buonanotte ad Andy, Monica e le bambine e andò ad aspettare Dean accanto al suo furgone, appoggiata alla portiera dalla parte del guidatore, cercando di sembrare molto occupata con il cellulare. A quel punto erano arrivati i giornalisti sportivi delle testate di Portland, e altri probabilmente ne stavano arrivando. Il giorno seguente tutti i motel della città sarebbero stati pieni, e sarebbe stato impossibile trovare una macchina in affitto senza andare almeno fino a Brunswick, e lei avrebbe dovuto ricominciare a scacciare i reporter dalla veranda. Solo che questa volta sarebbero venuti per ritrattare tutto. Forse Ellen Boyd si sarebbe presentata con il suo quadernetto di pelle per dire che si scusava, e che a quanto pareva Dean *non* beveva e forse loro *non* avevano avuto una storia e forse lei *non* sapeva un bel niente. Forse Ellen Boyd avrebbe ammesso che nessuno chiamava Tim Doc, e che Evvie non la aveva mai minacciata, e che Dean non aveva proprio niente che non andasse. Forse Ellen Boyd sarebbe caduta dai gradini della veranda e sarebbe finita a faccia in giù in un'aiuola.

«Signorina, lei si appoggia al mio furgone.»

Evvie alzò lo sguardo. Dean era la personificazione del «*Mamma mia che roba!*» con i jeans e la maglia e un giubbotto dei Calcasset Claws nuovo di zecca. Si ficcò il telefono in tasca e gli corse incontro. «Cazzo, cazzo, cazzo», disse, lanciandosi contro di lui. Dean la afferrò e lei sentì che i suoi piedi si staccavano dal selciato, poi la rimise a terra e le stampò un bacio sulla bocca. «È pazzesco quanto eri figo», disse Evvie. «Pazzesco. Eri stupendo. Come ti senti?»

Lui si massaggiò la nuca. «Non lo so.»

«Dovresti saperlo. Dovresti sentirti da dio. Quegli altri neanche le vedevano arrivare. Quasi quasi mi dispiaceva per loro, erano talmente *pietosi* e...»

«Ricordi che era una partita di beneficienza, sì?»

«Erano *pietosi* per beneficienza. Pietosamente benefici. Nessuno si è neanche mai avvicinato alle palle che lanciavi.»

«Ricordi che ho fatto solo undici lanci, sì?»

«Sì, lo so che hai fatto solo undici lanci. Ma sono stati undici lanci grandiosi. Eri in piena forma, pazzesco. Erano tutti talmente emozionati, e felici per te, e...»

«E abbiamo vinto.»

«Giusto! Abbiamo vinto! Mi ero dimenticata, abbiamo vinto! Sono felicissima anche per questo.» Saltellò sul posto. «Sono così orgogliosa di te. Sono *troppo* orgogliosa di te. Oh, e a casa ho qualcosa per te.»

Lui sollevò un sopracciglio. «Sì?»

Lei rise e alzò l'indice. «Non intendevo quello.»

Dean si chinò verso di lei. «Okay, però possiamo sbaciucchiarci ancora un po' in cucina? Ti ho a stento spettinata e poi sono dovuto venire a fare questa cosa.»

«Intendi dire... a lanciare come una superstar? Intendi dire... far fare la figura degli scemi a tutti quegli scemi? Intendi dire... mandare in crisi l'industria del giornalismo sportivo? Questo? Questa cosa, dovevi fare?»

Lui si chinò ad appoggiare la fronte a quella di Evvie. Fece un respiro profondo – profondissimo – e sospirò. «È stato bello.»

«Anche per me», sussurrò lei.

«È stato solo un inning.»

«Una cosa alla volta.»

Lui si raddrizzò. «Ci vediamo a casa?»

Lei annuì. Camminarono uno accanto all'altra, e mentre lui andava al furgone e lei alla macchina, entrambi si voltarono a guardare.

In auto, Evvie mise un cd degli Avett Brothers che non ascoltava da quasi due anni. In senso letterale, la canzone parlava della morte, ma sembrava piuttosto un canto di speranza: *Quando depongo le mie paure, le mie speranze e i miei dubbi; gli anelli che porto alle dita e le chiavi di casa; senza nessun rancore...*

Aveva ancora addosso la maglia di Dean, e anche se la notte era una lama di freddo, mentre usciva dal parcheggio lasciò il finestrino mezzo aperto. Così sentiva l'odore della nebbia salata della baia, e quando la musica si placava anche le sirene e le boe, i suoni dell'acqua dove qualcuno lavora. Lì suo padre era andato ogni giorno, per tanto tempo, e a volte partiva così presto, e rientrava così tardi, con gli stivali infangati e la schiena così distrutta che le chiedeva di camminarci sopra con le sue calzine rosa pelose, finché non era partita per il college. Era andata al porto tante di quelle volte che era in grado di riconoscere anche da lontanissimo ogni elemento della spiaggia: le case a pelo d'acqua, il ristorante, il molo da cui i ragazzi che conosceva pescavano dondolando le gambe, bevendo Coca e mangiando patatine.

Girò in Cherry Lane, poi su Bancroft, vide nello specchietto retrovisore il furgone di Dean, e sorrise. Ecco casa sua, con l'ampia veranda illuminata dalla luce che lasciava sempre accesa, e il vialetto, dove si fermò in attesa. Nel buio riusciva a malapena a intravedere Dean, che scese dal furgone e sussurrò: «Ehi».

«Ehi, a te, campione.» Evvie si appoggiò al cofano e lui la bloccò con le braccia.

«Che rumore», disse, chinandosi verso di lei.

«Sono i grilli.»

Lui le baciò un angolo della bocca. «Grilli e?»

«Grilli e… rane, credo.»

«Entriamo?»

Evvie annuì e lui salì i gradini dietro di lei. «Allora», cominciò Evvie, «come ti ho detto, ho una cosa per te.» Attraversò il soggiorno diretta in cucina. Aprì il frigorifero, spostò il tè, e tirò fuori la bottiglia di champagne. «In onore della tua vittoria.»

Lui sorrise. «Ehi, grazie.» Gliela tolse di mano, la guardò e gliela restituì. «Cosa avresti fatto se facevo fiasco?»

Lei fece una smorfia. «Impossibile.»

Lui iniziò a togliere la stagnola. «Allora eri molto più sicura di me, cazzo.» Appallottolò la stagnola e la tirò verso il bidone della spazzatura, mancandolo. «Ignora questo tiro. Non conta.»

«Ehi, mi vedevi? Mentre lanciavi? Dimmi la verità.»

«Ci ho provato, ma non ti ho vista», rispose Dean, togliendo il tappo. «Però sapevo che c'eri. Ho immaginato che fossi impegnatissima a prendere a pugni quelli che dicevano di aver saputo che sono fuori di testa.» Seguì un *pop* e un ricciolo spumoso uscì dalla bottiglia. Lui riempì due bicchieri.

«Allora, brindiamo a undici lanci e a molti altri come quelli.» Fecero *cin cin* e bevvero.

«Allora», disse lui.

«Allora.»

«Cosa ti ha fatto pensare che non avrei sbagliato?»

Evvie scosse appena la testa. «Boh. Lo sapevo e basta.»

«Sai che anche nei miei momenti peggiori, riuscivo comunque a infilare undici lanci decenti, vero?» Dean fissava il contenuto del suo bicchiere.

«Quanto spesso hai fatto undici lanci così? Dopo che le cose hanno cominciato ad andar male?»

«Quasi mai.» Bevve un altro sorso.

«Ecco, lo vedi. Non fraintendermi, io credo in tutte le cose che ti hanno fatto fare. Ma a volte il nocciolo della faccenda è qualcosa di intangibile.»

«Qualcosa di intangibile, eh?»

Si guardarono. Questa volta, fu lei a sollevare un sopracciglio. Lui si sfregò la nuca. «Oddio, rimpiangerò quello che sto per dire.»

Lei spalancò gli occhi. «Che succede?»

Dean ridacchiò. «Niente. Ma devo dirti la verità. Sono stanco. Ho bisogno di passare circa un mese sotto una doccia calda prima che le mie giunture riprendano a funzionare. Ed è una rottura di scatole, perché io vorrei tanto… mmm… stare un po' insieme.»

Lei annuì lentamente. «Capisco. Vorresti stare un po' insieme.»

«Ev, è solo che… per me è stata una gran botta oggi, lo sai, vero? Sento che potrebbe non essere una buona idea, mischiare le cose a cui tengo e che non voglio rovinare. Per quell'altra cosa, abbiamo tempo, no?» Si appoggiò al lavello. «Accidenti lo rimpiangerò.»

Quel mattino quando si era svegliata Evvie non aveva preso in considerazione niente di tutto ciò. Niente di questo era realtà, mentre adesso lo era. Era troppo, tutto insieme. «Se devo essere del tutto sincera, provo un certo sollievo.» Sentì che i muscoli della schiena si rilassavano. «È stato tutto talmente lento, e adesso è così veloce, e non sono sicura di voler dare tutti i segnali di via libera lo stesso giorno.» Bevve il resto dello champagne e posò il bicchiere sul tavolo. «Cioè, ho sposato il mio ragazzo del liceo.»

«Lo so.»

Eveleth si chinò in avanti. «Che è morto.»

Dean aveva l'aria perplessa. «Lo so. Ho detto qualcosa di sbagliato?»

«No.» Lei tamburellò sul bancone alle sue spalle.

«Ah», Dean comprese all'improvviso. «Cioè, soltanto lui.»

«Soltanto lui.»

Lui alzò le spalle. «Okay.»

Lei insistette. «Dicevo solo…»

«Dicevi solo cosa?»

Eveleth si guardò attorno – soffitto, pavimento, fornello, lavello, armadietto, altro armadietto, tavolo – e poi guardò lui. «Nessuna garanzia. Soddisfazione non garantita.»

Lui scoppiò a ridere. Le mise un braccio attorno alla vita e la tirò finché lei non fece un passo verso di lui. Evvie sentì il suo sguardo sfiorarle prima i capelli, poi l'orecchio, la guancia, la bocca, e infine lui la guardò negli occhi. «Non sono per niente preoccupato», sussurrò. E poi la baciò. Il primo era stato pazzesco, il secondo rapido, ma questo era quello che attendeva da quando si erano conosciuti. Baciare Dean era proprio come parlare con lui: era facile. Cioè, era facile e le faceva venir voglia di strapparsi i vestiti di dosso. Uguale, proprio.

«Forse dovrei chiederti di uscire con me», disse lui alla fine.

«Viviamo già insieme», disse lei, con uno sguardo obliquo. «Non credo che si possa chiedere di uscire a qualcuno con cui vivi.»

«Non viviamo insieme. Tu vai di là», indicò. «E io vado lì.» Indicò di nuovo. «Questo non è vivere insieme. Dai, esci con me.»

«Per andare dove?»

Lui ci pensò un attimo, tamburellando sui fianchi di Evvie. «A cena. Come le persone normali. Dove vuoi tu.»

«È una buona proposta. Ma forse dovremmo restare a casa. Non voglio che comincino a spettegolare. È una situazione strana. Sai che odio… che si parli. Possiamo ordinare qualcosa. Di solito stiamo sempre qui in cucina. Potremmo cenare in sala da pranzo.»

«Posso proporti qualcosa di meglio. E se andassimo fuori città? In un posto dove non interessiamo a nessuno?»

«Ormai tu fai notizia. Non so proprio che posto potrebbe essere.»

«Lo troverò. Un posto piccolo, dove andare in macchina.» Le tolse una ciocca di capelli dalla fronte. «Esci con me», ripeté.

Lei lo guardò, gli occhi verdi – pagliuzze dorate, ciglia folte, una stupidissima abbondanza di buoni geni – e la piccola cicatrice. «Mi piacerebbe. Quando?»

Lui sorrise. «Bene. Lunedì, martedì e mercoledì ho gli allenamenti dei ragazzi, che ne dici di giovedì? Giovedì sera. Partiamo verso le cinque, visto che andiamo lontano.» Lei annuì e lui le baciò la punta del naso. «Benissimo, Minnesota. Grazie ancora di tutto. Affanculo Freeport, e riprendiamo giovedì.»

Lei si accigliò mentre lui si avviava all'appartamento. «Riprendiamo?»

Lui gridò: «Sì, l'idea è quella», e chiuse la porta. Evidentemente era necessario mantenere un'aura di mistero.

25

Il giorno seguente Evvie telefonò a suo padre e gli chiese se poteva andare a cena da lui: avrebbe portato la zuppa di vongole di Sophie. Passò la mattinata leggendo stupefatta le notizie su come il famoso fallito Dean Tenney fosse spuntato in un posticino sperduto del Maine e avesse lanciato, almeno per un inning, come ai vecchi tempi. Ellen Boyd ci aveva dato dentro, definendo la ricomparsa di Dean «miracolosa, la discesa dalla Major League a una partita di beneficienza per raggranellare qualche soldo per le iniziative scolastiche». Eveleth detestava il termine «troia» e cercava di non usarlo mai, ma in certi momenti comprendeva perfettamente perché ad altri piacesse.

Suo padre fu naturalmente felicissimo della visita, e quando lei arrivò poco dopo le sei, lo vide dietro la zanzariera ancor prima di essere scesa dalla macchina. Con il sacchetto della zuppa in mano, percorse le pietre sconnesse del vialetto. «Ciao, papà.»

«Ciao, tesoro.»

Evvie si chinò a baciarlo. «Ho portato la zuppa», disse sollevando il sacchetto.

«E io ho l'appetito pronto.»

Mangiava ancora al tavolo della cucina nella stessa casa in cui lei era cresciuta. Suo padre non era granché come arredatore, perciò la casa era una collezione di cose vecchie, cose nuove che avevano sostituito quelle vecchie man mano che cedevano, e cose nuove che ogni tanto accettava da Evvie senza protestare. La cosa che le aveva ripetuto più spesso da quando Tim era diventato medico era: «Non buttare i soldi».

«Ti sei divertito, ieri?» Aveva visto la partita con gli amici, su una fila di sedie messe lungo il lato sinistro del campo.

«Vuoi scherzare? La miglior Spring Dance che ricordi. Il tempo è stato perfetto.»

«Sì, davvero.»

«E abbiamo vinto.» Attese che lei annuisse. «Non mi aspettavo proprio che arrivasse Dean a lanciare.»

Lei gli sorrise, seduta di fronte a lui. «No, è stata una sorpresa. Mi spiace non avertelo potuto dire. È una situazione un po' delicata, sai, tutti gli stanno addosso, i giornalisti eccetera. Voleva provare a fare qualche tiro e vedere come andava.»

«È contento?»

«Certo, sì.» Evvie cercava di non sorridere troppo. E non in modo troppo trasparente, niente che suo padre potesse notare.

«Be', è fortunato ad avere te che fai il tifo per lui. E io sono molto contento che tu abbia compagnia in quella grande casa. Non mi piace che tu passi troppo tempo da sola.»

Evvie soffiò su una cucchiaiata di densa zuppa saporita e se la ficcò in bocca. *Sophie* aveva aperto solo da qualche anno, ma figurava già negli articoli sulle attrattive turistiche della regione. «Be', neanche a me piace che tu passi troppo tempo da solo.»

«Io sono un vecchio», disse lui, aprendo un pacchetto di crostini e gettandoli nella ciotola. «Tu sei una splendida ragazza. Non vorrei che restassi per sempre a ciondolare lì. E, se posso dirlo, neanche Tim lo avrebbe voluto.»

Lei si bloccò con il cucchiaio in mano e guardò le mani del padre, tutte istoriate di piccole cicatrici. Alle sue spalle, sul bancone, c'era un vassoietto con le pillole per il mal di schiena, per la pressione, per il colesterolo. La sua mano, invece, era morbida e pallida. «Papà, hai mai pensato a risposarti? Dopo?»

«Sposarmi? No. Ho frequentato qualcuno, ovviamente.»

Lei non ricordava nessuno. «Veramente?»

Lui la guardò sollevando le sopracciglia. «Quando tua madre se n'è andata avevo trentatré anni. Cosa credi, che abbia parlato con le aragoste per venticinque anni?»

«Ma nessuna persona speciale?»

«Non ho detto che non ce ne sia stata qualcuna speciale. Ho detto nessuna che abbia pensato di sposare. Ricordati, tesoro, che lavoravo tutto il giorno in mare. Non avevamo molto, e non mi restava tanto tempo per uscire con le ragazze.»

Eveleth sorrise, ma poi nella mente le passò l'immagine di una fotografia di lei e suo padre, scattata quando aveva circa nove anni. Lei aveva i codini e teneva in mano un pesce, e lui stava accovacciato tenendole un braccio attorno alla vita. «E poi avevi una figlia.»

«Eh già», disse lui. Poi notò la sua espressione. «Ascoltami bene, questo non c'entrava niente, però. Tu eri il meglio di me. E lo sei ancora. Non farti certe idee.»

«Però doveva essere comunque un po' pesante da accettare, per chiunque.»

«Che idiozia. Che razza di pazza avrebbe voluto vivere con me ma non con te? Casomai è colpa mia che tu non abbia avuto una matrigna.» Inghiottì un boccone. «Sono stato felice. Fortunato e felice per tutta la vita. Ed è quello che desidero per te.»

«Lo so, papà. Ci sto provando.» Posò il cucchiaio. «Posso farti una domanda? È un po' personale.»

«Certo.»

«Come hai capito quello che dovevi fare quando lei se n'è andata?»

Lui tacque per un attimo. Poi, si strinse le mani e la guardò. «Ho continuato ad alzarmi la mattina. All'inizio, mi sentivo un po' come ti senti tu. Lo so che è diverso, perché Tim se ne è *veramente* andato. Ma mi alzavo e andavo a pescare, e tu andavi a scuola. Non me ne stavo lì seduto a pensarci. Probabilmente è stata una buona cosa che avessi tanto da lavorare. Poi tornavo a casa, e mangiavamo. Non potevamo fermarci, e così andavamo avanti.»

«Sapevi perché se n'era andata? Ti era di qualche aiuto?»

«Tua madre non è mai stata felice qui. Credo che volesse vivere in un posto più grande. Con più gente. Ma non mi aveva mai detto che aveva in mente di andarsene un martedì mattina prima che noi ci svegliassimo, se è questo che vuoi sapere. L'unica cosa che so con certezza è che tu non c'entri. Ti voleva molto bene.»

E quella, Eveleth ne era sicurissima, era l'antica regola che si era dato. Aveva letto da qualche parte che era molto importante rassicurarla e convincerla che non era stata colpa sua, e lui non aveva, né avrebbe mai, smesso di farlo. *Tu non c'entri, tu non c'entri, tu non c'entri*. Ma lei aveva sempre temuto che questa cosa non fosse vera. Sua madre aveva deciso che Calcasset con sua figlia non valeva quanto la Florida senza sua figlia. *Qualcosa* avrà pur voluto dire.

Eileen se n'era andata un martedì, e quel mattino quando si era alzata lei aveva trovato suo padre che preparava le uova per la colazione, invece di sua madre, mentre avrebbe dovuto essere uscito da un pezzo. La sera prima era molto su di giri, perché si era finalmente comprato la barca che aveva sempre desiderato. Una barca sua, per mettersi in proprio. Era l'inizio di qualcosa. Ma quel mattino era grigio e spento.

Lei gli aveva chiesto dov'era la mamma, e lui aveva risposto: «È andata a fare una passeggiata». Erano passati anni prima che le raccontasse che quel mattino, quando si era svegliato, sul comodino aveva trovato una lettera, che iniziava con la frase *Caro Frank, mi spiace ma*, e che ci aveva messo ore per decidersi a leggere il resto.

Quella sera «È andata a fare una passeggiata», era diventato «Starà via per un po'», e dopo una settimana, Frank aveva informato sua figlia che Eileen aveva deciso di andare a vivere in Florida mentre loro due sarebbero rimasti a casa. Per Evvie la Florida era semplicemente il posto dove c'era Disney World. Perciò per lei tutto questo significava che sua madre sarebbe stata sempre a Disney World. E come biasimarla?

Da principio chiedeva spesso quando sarebbero andati a trovare la mamma in Florida, o quando la mamma sarebbe venuta a trovare loro. Pensava a loro come a una famiglia con due case, come se Pompano Beach fosse il pied-à-terre dei suoi. Ci vollero due mesi senza vedere sua madre perché lei assorbisse completamente l'idea che adesso viveva con suo padre proprio come Heidi, nel libro che Frank le leggeva la sera, viveva con il nonno sulle Alpi.

La prima volta che si sentì dire che non era stata colpa sua se la mamma se n'era andata fu il giorno del suo decimo compleanno. Dopo aver spento le candeline su una torta a forma di gatto della pasticceria *Specialty Sweets* e aver aperto il pacco di carta rossa con il fiocco bianco che conteneva un cappotto nuovo, regalo di suo padre, aveva preso il biglietto mandato da Eileen. Non riceveva quasi mai posta, perciò le piaceva vedere il suo nome scritto sopra il loro indirizzo, e conosceva la calligrafia per aver letto e riletto una lunga lettera che le aveva scritto sua madre tempo prima, in cui parlava delle ambizioni a cui aveva rinunciato, una lettera di cui Evvie aveva capito ben poco. Diceva cose tipo: «Ero una ballerina di grande talento! Ma ci sono molte cose che possono ostacolare il talento, ed ero diventata triste. Sapevo che se fossi stata infelice, non avrei potuto essere una brava mamma!»

Mia madre mi ha dato il nome della sua infelicità.

Sul biglietto era raffigurato un cagnolino, e quando Evvie lo aprì, dentro c'era stampato: «Spero che il tuo compleanno spacchi». Eileen aveva aggiunto, «Baci, mamma». Solo «Baci, mamma». Il biglietto era nella valigia blu la notte dell'incidente di Tim, quando Kell l'aveva vista sul sedile posteriore della macchina di Evvie.

Evvie aveva fatto vedere il biglietto al papà e aveva detto: «Non ha neanche scritto Buon Compleanno».

Frank aveva preso il biglietto e lo aveva esaminato. «No», aveva detto seccamente. «Non l'ha scritto.» Poi però aveva indicato la frase stampata. «Qui dice compleanno. Forse non voleva ripeterlo.» Aveva stretto la spalla di Evvie.

«Credo che sia arrabbiata con me», aveva detto Evvie, mettendo il biglietto sul cappotto.

«Non è arrabbiata con te», aveva risposto con calma Frank. «Te lo assicuro, mi credi? Non è arrabbiata con te.»

Evvie stava per piangere e si era conficcata le dita nel palmo della mano. «E allora perché non torna a casa?»

Lui l'aveva portata in soggiorno e si erano seduti vicini sul vecchio divano verde. «La tua mamma», aveva detto, «è laggiù perché deve pensare a tante cose. Ma ti vuole bene, Eveleth. Non se n'è andata per colpa tua.» Le aveva accarezzato una guancia. «Ricordatelo. È importante.»

Eveleth aveva abbassato lo sguardo e aveva detto con voce soffocata. «Io non me ne sarei mai andata.»

«Neanche io», aveva risposto Frank. Poi le aveva sollevato il mento perché lo guardasse negli occhi. «Ehi. Neanche io.»

Il suo era un destino di alti e bassi: vedova con una casa enorme, senza un vero lavoro, il miglior amico in via di distacco e fra tre giorni quello che pareva un appuntamento per fare sesso con uno dei migliori giocatori di baseball degli ultimi vent'anni. Ma era abbastanza intelligente da sapere che probabilmente il suo colpo di fortuna più determinante era stato proprio quello, uno dei primi, e cioè che quando suo padre le aveva detto «Neanche io», parlava sul serio. E adesso, mentre lo guardava mangiare una scodella di ottima zuppa, ignorando il mal di schiena che, lei sapeva, lo tormentava costantemente, poteva solo sperare di essere altrettanto buona con lui. «Ti voglio bene, papà.»

Lui le strinse una mano. «Anche io, tesoro.»

26

GIOVEDÌ mattina, Evvie preparò il caffè per Dean e lui la salutò con un bacio sulla fronte. Poi, mentre usciva, le disse: «Alle cinque, okay?»

Lei annuì. «Alle cinque.»

«Vedi di essere pronta.»

«Sarò pronta. Spero che tu abbia trovato un posto carino.»

«Ma certo. Portati una borsa casomai decidessimo di fermarci per la notte. E avrei anche una proposta da farti.»

Evvie sbuffò. «Ci scommetto.»

«Pensi subito male», disse lui a bassa voce. «Intendevo proporti di tornare alle vecchie regole, durante la cena. Niente marito, niente baseball.»

«Benissimo, ci sto.»

«Perciò se hai qualcosa che ti preme dire, dilla adesso.»

«Okay. Aspetta… mio marito era uno stronzo.»

«E io ogni tanto guardo su YouTube i video in cui elimino la gente.»

«Benissimo, può bastare. E adesso, a scuola. I ragazzini aspettano che tu vada a formare il loro carattere.»

Appena uscito, lei andò di sopra e aprì l'armadio, dove aveva chiuso un sacchetto bianco con una scritta in eleganti lettere nere, CATHERINE'S. Era una boutique di lingerie che le aveva raccomandato Monica con un messaggio, dopo che le aveva fatto giurare di mantenere il segreto.

Una strana domanda: hai un posto preferito per l'intimo tutto pizzi? Vorrei fare un salto di qualità e sono secoli che non mi compro niente.

SÌ. Vai da Catherine's a Bangor. Vale il viaggio. Cose stupende non volgari, buone per tutti i giorni e per le occasioni speciali. Seguita dalla faccina che strizza l'occhio. Non poteva biasimare Monica per la faccina. Se la meritava.

Grazie. PER FAVORE non dire ad Andy che te l'ho chiesto.

Monica aveva risposto con la faccina con lo zip sulla bocca.

Be', questa era di sicuro un'occasione speciale, se come occasione speciale valeva essersi trascurata così a lungo da questo punto di vista, da aver addirittura dimenticato come si faceva, non che lei fosse mai stata particolarmente portata. Aveva scelto un completino rosa, uno rosso e uno nero, il giorno prima li aveva lavati, poi li aveva stesi e rimessi nel sacchetto, come per tenerli in quarantena, isolati dal resto dell'armadio, per timore che le sue T-shirt si scandalizzassero. Prese il completino nero e lo stese sul letto.

Nel pomeriggio restò a lungo nella vasca da bagno, per rasare e rifinire diverse aree, con una precisione che aveva precedentemente associato alla costruzione di navi in bottiglia, poi aveva inondato tutto di lozione. Rimpiangendo di non aver fatto una pedicure, strofinò i talloni con la pietra pomice e si spruzzò sui piedi uno spray alla menta.

Uscita dalla vasca, scalza e avvolta in un accappatoio, scese a mangiare un sandwich al burro di arachidi e a cercare di rilassarsi. A settembre sarebbero stati due anni dalla morte di Tim, il che significava che non faceva sesso da molto più tempo, e non lo aveva mai fatto con nessuno tranne lui. Non ci aveva mai pensato granché, fino a ora: faceva parte dell'essere vedova, parte della condizione di non essere più una moglie, ed era nello stesso pacchetto con le altre domande su cosa avrebbe dovuto fare adesso che tutto quello che aveva programmato in origine, e anche tutto quello che aveva programmato per la sua fuga, era svanito.

Ricordava che durante quel primo dicembre si era chiesta se questo significasse che non avrebbe mai più fatto sesso. E se nessuno avesse mai più manifestato interesse? E se lei non ne avesse mai più avuta voglia? E se c'era una regola di cui non era a conoscenza, che stabiliva che lei avrebbe dovuto astenersi finché i genitori di Tim non fossero morti? E se la città avesse approvato una risoluzione per metterla sotto vetro e porla di fronte all'ufficio postale come installazione in memoria del suo defunto marito?

Un po' dopo aver mangiato il sandwich al burro di arachidi che decise di fare una stupidaggine. Aprì il computer e digitò «Dean Tenney ragazze». Poi cliccò su «Immagini».

«Oh caaaaazzzooo!» sussurrò. Sapeva di Melanie Kopps, l'attrice con cui stava subito prima della fine della sua carriera. Era una rossa, pelle pallidissima e sopracciglia che doveva aver vinto a poker giocando con il fantasma di Audrey Hepburn. In una foto, stava attaccata al braccio di Dean con un vestito verde aperto quasi fino in vita, cioè fino a quel poco di vita che c'era. Ma c'era anche una foto di Dean con una surfista, bionda, spalle larghe, una spruzzata di lentiggini. E Dean con Bev Bo, una cantante, famosa per il suo mix di voce dolcissima e violoncello elettrico. Anche lei era *davvero* stupenda, con pelle scura e meravigliosi capelli neri.

Evvie chiuse di colpo il computer e andò davanti allo specchio del bagno. Aveva due cicatrici dell'acne sulla fronte. Su una guancia c'era un segno scuro di origine imprecisata che secondo il suo dermatologo non era assolutamente lì in attesa di ucciderla. Il naso era leggermente storto, e lo stesso i suoi denti davanti. Tastò attraverso l'accappatoio la morbida pancetta. Si mise le mani sui lati del punto vita e inspirò. Aveva le gambe grosse, secondo una sua compagna di classe di terza media, e anche se era stata sempre piuttosto soddisfatta delle sue tette, già non erano più come quando aveva vent'anni.

Si avvicinò allo specchio. Prese le pinzette da un vassoietto d'argento e aguzzò la vista. Come sempre, sistemare il sopracciglio sinistro la faceva starnutire, ma ripulì lo spazio fra uno e l'altro, tolse i piccoli peli randagi che vagavano disorganizzati verso le tempie, e alcuni che sembravano essere al posto sbagliato, come vitelli separati dalla mandria. Si sfregò il viso con un latte per la pulizia, sperando che non fosse di quelli con i microgranuli dannosi per i delfini o le tartarughe o quello che erano, e a seguire mise una crema idratante che prometteva di essere «rivitalizzante». Non era ancora arrivata all'«anti-età», ma immaginava che «rivitalizzante» fosse la cosa giusta per chi aveva più di trent'anni e meno di quaranta, «anti-età» servisse dai quaranta ai settanta, e dai settanta in poi potevi tranquillamente mandare tutti affanculo. Mise tre gocce di un siero apposito sotto ciascun occhio, perché a quanto pareva la pelle sotto gli occhi non è pelle normale, e si passò sulle labbra un balsamo che sospettava arrivasse segretamente dalla stessa fabbrica del burro cacao, ma alla fine del procedimento invece di metterlo nei tubetti lo mettevano in una scatolina rotonda, aggiungevano una goccia di vaniglia, e lo vendevano per sedici dollari.

Aveva i ricci naturali, contro cui durante il liceo aveva combattuto battaglie intermittenti, dopo aver sentito sua nonna paterna dire al suo esausto papà che doveva fare qualcosa per «quel nido di topi». *Oh, nonna, riposa in pace, preferibilmente nella sala d'aspetto dell'aula del giudizio per l'eternità.* Ogni tanto Evvie si stirava i capelli quando si metteva in ghingheri – cioè, quando ancora si metteva in ghingheri – ma se lo avesse fatto oggi, avrebbe dato l'impressione di aver sparato tutte le cartucce, no? L'idea era di sembrare una che *del tutto casualmente* era la dea del sesso, non di aver dedicato *tutto il giorno* a questo scopo. Perciò puntò su una lozione per disciplinare i ricci e incrociò le dita.

E adesso, l'armadio. Frugò in un cassetto pieno di jeans finché non trovò i più belli e più scuri, quelli dritti che secondo lei le stavano meglio. Li stese sul letto e cominciò a frugare tra le cose appese. Aveva un top nero morbido con una fascia a coste in vita e un top nero avvolgente che si legava su un fianco, e un golfino leggero a maniche corte. Non sapendo dove sarebbero andati, era difficilissimo scegliere. Il suo progetto era di ottenere un risultato possibile solo con uno sforzo notevole, ma senza che nulla tradisse questo sforzo. Non poteva avere l'aspetto di una che non si fosse impegnata. Non poteva avere l'aspetto di una che si fosse impegnata.

Tirò fuori il golfino e lo posò sul letto. E provare con un approccio completamente diverso? E se si fosse messa la maglia del concerto dei Decemberists? Quello sarebbe stato casual. E senza sforzo. Lui sarebbe arrivato e l'avrebbe trovata che trafficava in cucina con i… no, aspetta, in quel caso avrebbe avuto dei jeans diversi, non certo belli abbastanza per uscire a cena, e *per amor del cielo, scegli qualcosa.* Perciò si tolse l'accappatoio e indossò le mutandine e il reggiseno neri, poi si infilò i jeans e il golf e scrollò i capelli. Era quasi pronta. Quasi.

Tornò in bagno e prese la sua piccola borsa dei trucchi. Il fondotinta era troppo, sarebbe sembrata truccata. Non ricordava che Dean la avesse mai vista truccata; e se l'avesse trovata strana? Era certa che era un appuntamento finalizzato al sesso; e se qualcosa fosse finito sul cuscino? E poi a quando risaliva questa confezione? No no, solo un pochino di terra e di blush e di mascara. Oddio, quanti anni aveva questo mascara? Probabilmente non avrebbe dovuto usarlo, perché di sicuro non si era più comprata un mascara dopo la morte di suo marito (un sistema comodo anche se sinistro per datare i suoi beni deperibili), ma se ne mise un po' comunque e si fece la silenziosa promessa di comprare dei nuovi trucchi per gli occhi prima della prossima volta in cui avrebbe fatto sesso.

«Sono una donna adulta», si disse guardandosi allo specchio. «Tutto ciò è stupido.»

Scese in soggiorno, si sedette sul divano e prese *Sports Illustrated* da una pila di riviste accanto a lei. Notò che, nell'angolo superiore della copertina, c'era una piccola foto di Dean e Marco che si abbracciavano e un titolo che diceva: «Aspettate un attimo: c'è vita nello Psicopatico del Baseball?»

Dentro c'era un breve articolo, con una foto di Dean seduto in panchina anni prima. Aveva il gomito appoggiato a un ginocchio, il berretto in mano, e qualche goccia di sudore sulla fronte. Evvie si chinò per guardargli bene gli occhi. L'articolo lo descriveva come «angosciato» e «un tempo brillante» e «dinamico.» Osservandolo bene in viso, ora che lo conosceva da mesi, Evvie riusciva a pensare soltanto a quanto era *sexy*.

Accidenti, se era sexy. Era... era intelligente, acuto, spiritoso, ed era stato così gentile con lei, ed era un bravo inquilino, e giocava bene a pallone, ed era tanto caro con le figlie di Andy e con la mamma di Andy e con il papà di Eveleth. Si impegnava per la loro cittadina, e aveva aiutato i vicini di Eveleth a spalare la neve dal loro vialetto, una volta in gennaio, quando ne era caduta cinquanta centimetri in una notte. Faceva degli ottimi french toast (la sua nuova specialità) e un valido formaggio grigliato, ed era... be', stava migliorando al flipper. Ma Signore benedetto, quanto era sexy. Quando l'altro giorno l'aveva baciata, aveva sentito tutto quello che stava tra torace e ginocchia fare quel rumorino che aveva fatto quando le aveva fatto vedere il tatuaggio: quel rumore lì, *buuuuuuuh.*

Andò in cucina e tirò fuori una bottiglia di vino che aveva comprato il giorno prima tornando da *Catherine's* (che nelle ultime ventiquattro ore nei suoi pensieri si chiamava *Da Catherine: la Boutique del Reggiseno Presentabile).* Tolse la stagnola e prese il cavatappi. Ci volle qualche contorsione, ma riuscì ad aprirla e ne versò un po' in un bicchiere. Era appoggiata al lavello e aveva il bicchiere alle labbra, quando sentì girare la chiave nella porta dell'appartamento. Si spalancò e apparve lui con una sacca in spalla.

«Ehi», disse ridendo. «Che carina. Si va?»

Il viaggio durò un'ora e mezza, poi si fermarono di fronte allo *Stafford Hotel*, infilato in una di quelle piccole baie di lusso sfrenato che si annidavano tra i paesi di pescatori e le cittadine industriali. Dentro, il ristorante dell'albergo era tranquillo e poco illuminato, ma non pomposo, e si sistemarono in un séparé rivestito di pelle scura. «Mi piace», disse Evvie. «Chi te l'ha segnalato?»

«Sai che odio Internet, no?»

Evvie annuì. «Lo so benissimo.»

«Ma per i ristoranti non è niente male.»

La cameriera portò i menu. «Ho una domanda», disse Evvie, «è una coincidenza che sia il ristorante di un hotel?»

Dean la guardò per un istante socchiudendo gli occhi. «Non capisco cosa vorresti dire.»

Sul tavolo c'era il pane, e nella confortevole sala che si stava svuotando aleggiava un sottofondo di musica acustica. E mentre lei intingeva un cantuccio di pane nell'olio di oliva, lui le versò nel bicchiere il vino rosso che aveva scelto. «La scuola sta per finire», disse lei. «Ti dispiace?»

«Molto. Te l'ho detto che Krista Cassidy andrà a Purdue con una borsa di studio di atletica? L'altro giorno l'ho incontrata e le ho chiesto come stava e mi ha dato la notizia. Quando ero un liceale, i liceali non mi piacevano per niente, ma questi mi mancheranno.»

«Be', potranno dire a tutti che ti conoscono e ho la sensazione che si rivelerà un bel vantaggio.»

Dean alzò il bicchiere. «Okay. A... tutte le grandi cose che faremo.»

Lei batté il bicchiere contro il suo e bevvero. «E al fatto

che, se la tecnologia moderna ti aiuta a trovare la cena, non può essere poi così cattiva. Forse inventerai una app che aiuti a trovare ristoranti per quelli che non vogliono incontrare nessuno che conoscono.»

«Dio, ti prego, dammi un pugno se mai dovessi dirti che voglio creare una app. Dammi un pugno se ti dirò mai che voglio dare a qualcuno dei soldi per creare una app. O per una qualsiasi start-up. Mio padre mi ha fatto promettere che non avrei mai più dato soldi a gente con la felpa.»

«Come mai?»

«Sono stato una specie di manna per quelli che vogliono fare del mondo un posto migliore. Bastoncini di pollo vegani senza impatto ecologico, impermeabili fatti con la plastica riciclata, trovami un tizio che abbia una qualunque idea del cazzo accompagnata da un logo verde o il cui progetto imprenditoriale preveda di trasformare la merda in non merda, e probabilmente gli ho dato dei soldi.»

«Perché?»

«Era meglio che comprare macchine. Immagino i tempi fossero diversi.»

«Ah, a proposito, devo dirti una cosa. Ho cercato le tue ragazze su Google.»

«Ah», disse lui. «Hai delle domande.»

«Erano tutte molto carine.»

«Questa non è una domanda.»

«No, è un'affermazione.»

«Quindi», disse Dean, «hai visto Melanie Kopps, è la rossa. L'attrice. Mia mamma l'ha menzionata. Era una ragazza deliziosa.»

«Donna.»

«Esatto. Una donna deliziosa. La mia ultima storia seria. Sono stato con lei per circa due anni, e abbiamo rotto proprio alla fine della mia carriera. Purtroppo ci siamo lasciati male.»

Evvie si rabbuiò. «Per la faccenda della carriera?»

Dean scosse la testa. «Non direttamente. Non era un gran periodo per passare tanto tempo con me. Facevo le cure, un sacco, ed ero sempre di cattivo umore. In più davano la colpa a lei, e io non potevo farci niente. Mi piaceva molto. Altre di cui vuoi sapere?»

«Sei uscito con una surfista.»

«Lindsay. È stato un sacco di tempo fa. Era un'atleta, perciò capiva qualcosa di certi miei aspetti strani che a volte le donne non capiscono. Anche lei mi piaceva molto. Quella storia è finita in un modo tranquillo, quando sono andato a giocare negli Yankees. Lindsay era molto religiosa, per lei era una cosa importantissima. E io appartengo, come sai, a una famiglia di presbiteriani poco praticanti, di quelli che vanno in chiesa solo a Natale e a Pasqua, non siamo riusciti a conciliare i nostri mondi. Se avessimo continuato, le cose potevano solo peggiorare.»

«Così ti sei messo con Bev Bo.»

«È durata circa un anno, un anno e mezzo, e a corrente alternata. È stato prima di Melanie. Bev cominciava a farsi conoscere. Faceva un sacco di tour, ma non di alto livello, più del genere si dorme nel furgone. Ci incontravamo per dei weekend molto hot, ma poi abbiamo preso direzioni differenti. È una storia che mi ha aiutato a passare il primo anno a New York. Forse è la donna più intelligente che io abbia mai frequentato. È laureata in musicologia.»

«Hai imparato qualcosa anche tu?»

«Di teoria musicale no. Ma a pensarci bene, ho imparato che i messaggi sconci per me sono troppo imbarazzanti. So che adesso lo fanno tutti, ma giuro, anche le cose più banali che si fanno durante il sesso se le scrivi sembrano assolutamente perverse. L'hai fatta per tutta la tua vita da adulto e quando la scrivi l'impressione è: 'Chi potrebbe mai fare una cosa del genere?' Ricordo di aver tentato di scriverle che mi sarebbe tanto piaciuto baciarle una spalla, cioè, cazzo, una spalla! E mi sentivo come un contadino che racconta che si scopa un cavallo.

Però può darsi che fossi solo io che ero incapace. A descrivere, non a baciare.» Tacque. «Sei arrossita?»

«No», rispose Evvie. «Sto solo attenta.»

«Bravissima, molto saggia. Hai mai trascritto dialoghi spinti?»

«Non so che cosa consideri 'spinto'», disse lei. «Ho trascritto un'intervista con un tipo che stava studiando l'orgasmo femminile, ma ne parlava dando l'impressione che si trattasse di una cosa tipo... vino rosso.»

«Mmm... continua.»

«Non sono sicura che fosse proprio uno studioso. Aveva un sacco di parole per descrivere... ecco... l'orgasmo. A seconda del caso poteva essere 'vigoroso', o 'vibrante', o 'leggero', o 'superficiale'.»

«Con note di sottobosco?»

«Vero? Era tutto stranissimo per me. Ma ho trascritto scrupolosamente. I tipi strani fanno cose strane. Fa parte del lavoro.»

«Scommetto che da bambina leggevi un sacco», disse Dean, inclinando appena la testa e, ne era certa, immaginandosela come una piccola e buffa nerd, come, in effetti, era.

«Sì», gli rispose, «ma per essere sincera l'altra mia grande passione era la radio. Mio padre era a pescare sei giorni alla settimana per la maggior parte dell'anno. Stava fuori tipo dalle cinque del mattino all'ora di cena, anche d'estate quando non andavo a scuola. E dopo che mia madre se n'è andata, significava restare un bel po' di tempo da sola. Non avevamo la TV via cavo, e la ricezione non era granché, perciò guardavo poca televisione. Ma la radio mi piaceva tanto. E non è che ascoltassi le cose migliori. Mi piaceva un programma di consigli medici, la gente chiamava per fare domande su argomenti di cui non sapevo assolutamente niente, tipo l'alluce valgo o il gozzo. Ricordo che quando avevo circa dieci anni ho chiesto a mio padre cos'era il gomito del tennista, e lui non lo sapeva. Ascoltavo, anche senza capire. E questo è il motivo per cui, in prima media, ho scritto la storia di una ragazza che si chiamava Clamidia. Non capivo molto, ma ogni volta che alla radio arrivava una persona nuova a parlare, c'era l'emozione di chiedersi cosa avrebbe detto. Poteva succedere di tutto. C'era uno psicologo che parlava del lutto o del divorzio, cosa che trovavo interessantissima. E sentivo sempre i notiziari. Questioni pubbliche di interesse locale. Insomma, mi piaceva ascoltare le persone parlare.»

«E ti piace ancora.»

«Non ci ho mai pensato, ma sì, è vero. S'imparano tante cose. Quando… ecco, quando vivevo in California, ho trascritto le lezioni registrate da questo ragazzo che studiava l'invecchiamento della pelle. Per i cinque anni seguenti ho fatto letteralmente il bagno nelle creme protettive.»

«Be', la tua pelle mi pare a posto.»

Lei strizzò gli occhi, e poi si accigliò. «Sono normale, io. Spero che tu non ti aspetti che sotto ci sia un'attrice o una surfista.»

«Evvie?»

«Sì?»

«So chi sei. Di certo ho pensato un po' a cosa c'è lì sotto, ma non vorrei che tu fossi un'attrice o una surfista.»

«Sei mai stato con una ragazza normale?»

«In vita mia, dici? Certo. Ovvio. Sono uscito con tantissime di quelle che tu definiresti ragazze normali. Solo che magari non le trovi su Google. Ma è vero che negli ultimi anni ho frequentato donne piuttosto conosciute.»

«Esiste una regola per cui quando diventi famoso puoi uscire solo con gente famosa?»

«No…» Dean parlò lentamente, riflettendo. «È più che altro che… quando sono diventato un personaggio pubblico, era più difficile incontrare persone che non lo fossero anche loro. Lo so che mi fa sembrare uno stronzo, e non è perché io fossi strafigo o una star o roba del genere. Ma solo perché era una sensazione strana essere l'unico che tutti conoscevano. Quando arrivi al punto che entrando in una stanza sai già che tutti sanno chi sei e cosa fai, è più facile se anche gli altri sono nella stessa condizione. Non mi piaceva trovarmi in un posto dove chiedendo a più persone cosa facevano la loro risposta era: 'Be', cosa fai tu lo *so*'. Funzionava così, anche se avrei di gran lunga preferito, non so, uscire con i miei amici e guardare la tele, anziché finire a una festa per il lancio di una vodka. E a una festa per il lancio di una vodka si incontrano un certo tipo di persone.»

Evvie si sporse in avanti. «Una festa per cosa?»

«Lo sai. Viene messa sul mercato, per esempio, una vodka al burro di arachidi, e organizzano una festa in un cazzo di locale a luci basse e rumore altissimo, dove tutti strillano nelle orecchie degli altri, e per farsi dare da bere al bar ci vogliono dieci minuti e ti trovi in coda dietro a una palla di unto ambulante che sta cercando di vendere una sceneggiatura, ma la buona notizia è che i drink sono gratis purché tu beva la nostra nuova vodka, che probabilmente ha il sapore della schiena sudata di Mister Nocciolina.»

«Esiste davvero una vodka al burro di arachidi?»

«Se non c'è, non è certo perché la considerano troppo stupida per lanciarla con una festa.»

«A me le feste sembrano una bella cosa. Ma non è così per te, direi.»

«Nel 2014, mi pare, per il Giorno di San Patrizio, sono andato a una festa in un magazzino talmente affollato che una donna mi ha versato la birra che stava bevendo sulla schiena. Scommetto che qualunque cosa tu stessi facendo quel giorno era più divertente.»

Evvie guardò il soffitto, cercando di ricordare. «Nel marzo del 2014, stavamo trattando il conto dell'operazione alla schiena di mio padre, in modo che potesse conservare la casa.»

C'era silenzio. Dean posò il bicchiere. Si portò una mano al petto. «Sono un idiota. Scusa.»

«Ma no», disse lei, posandogli una mano sul polso. «Non è

vero.» Si appoggiò all'indietro. «Abbiamo avuto vite diverse, tutto lì. Cioè, io non sono particolarmente affascinante, Dean. Questo è…» Abbassò lo sguardo su di sé. «Questo è più o meno il mio meglio.»

«Stai cercando di convincermi a lasciarti perdere?» chiese Dean fissandola. «Perché non funzionerà. Tu mi interessi *molto* in questo momento. Molto.»

Buuuuuuuuh. «Bene», riuscì a dire lei.

«A proposito», tirò fuori di tasca una chiave attaccata a un anello e a una targhetta di ottone. La posò sul tavolo. «È della stanza 208, di sopra.»

Evvie si chinò a guardare la chiave ma non la toccò. «Uau, una vera chiave. Pensavo che ormai usassero tutti le card di plastica. Che eleganza.» Non sapeva se avrebbe dovuto dire qualcos'altro. «Scommetto che è una bella camera.»

«Be', non è per te», disse Dean. «La 208 è la mia.» Si mise di nuovo la mano in tasca. E tirò fuori un'altra chiave. «La tua è la 204. Di fronte.»

Evvie sollevò le sopracciglia. «Hai preso camere separate. Sul serio. Hai veramente preso camere separate.»

Lui si guardò attorno giocherellando con le chiavi. «Lo… lo so che non abbiamo diciannove anni o roba del genere», disse. «Ma ho pensato di andare su, e aspettare. E tu, ecco. Tu considerati invitata da me.»

Lei guardò una ciocca di capelli che gli si arricciava sopra l'orecchio. «Hai preso camere separate», ripeté.

«Quando ci ho pensato mi sembrava una cosa figa», borbottò rivolto al tavolo, poi la guardò. «Adesso non sono più tanto sicuro. Ho paura sia stata una mossa perdente. È una mossa perdente? È una mossa perdente vero?»

Evvie prese la sua chiave e se la rigirò in mano. «No, direi che è vincente.»

Si guardarono negli occhi, ed Evvie si chiese per un attimo se prendere entrambe le chiavi, infilare le dita nei passanti della cintura di Dean, e trascinarlo di sopra così in fretta che lui avrebbe avuto ancora il bicchiere in mano mentre lei gli strappava la camicia. Ma proprio in quell'istante ricomparve la cameriera, e si rese conto che nessuno dei due aveva minimamente pensato a quello che avrebbero mangiato.

27

ALLA fine ordinarono, e mangiarono, e la sala iniziò a riempirsi. Per gentilezza, Evvie evitò tutto quello che aveva troppo aglio. Dean pagò il conto, poi restarono lì a guardare le chiavi posate sul tavolo. Lui tirò la 208 verso di sé, e lei fece lo stesso con la 204. «Tu sali», disse lui, «io vado a prendere la tua borsa in macchina, okay?»

«Affare fatto», rispose Evvie. Un'ampia scalinata portava al primo piano, e la sua stanza era all'inizio del corridoio. La chiave aprì senza problemi e lei spalancò la porta. Un letto king size, un cassettone, la televisione a parete, e una scrivania con un vaso di rose. Andò a sdraiarsi sul letto, senza neanche togliersi le ballerine nere. Si aspettava di provare un minimo di incertezza, ma si sentiva soltanto tesa, agitata, impaziente di sentirlo bussare.

E lui bussò. «Ciao», disse Evvie mentre Dean le porgeva la borsa. «Grazie mille. Servizio eccellente.»

Lui si guardò attorno. «Bella stanza.»

«Grazie per i fiori.»

«So che sono un cliché.»

«Per una buona ragione.» Guardandolo lì fermo sulla porta, ancora una volta fu colpita da quanto era alto. «Non era necessario tutto questo.»

«Lo so», disse lui. «Ma sarà super eccitante per me quando fra pochi minuti busserai alla mia porta.»

«Sei molto sicuro, eh?»

Dean si avvicinò a lei a pochissimi centimetri di distanza. Ha gli occhi verdi come le foglie in primavera, pensò fuggevolmente Evvie, un pensiero melenso, ma assolutamente vero, mentre lui guardava pigramente la sua bocca. «Sono… ottimista.»

Lei si mise in punta di piedi per baciarlo e poi guardò in corridoio, a destra e a sinistra. «Non ho intenzione di farlo con te in corridoio», disse, «perché ci guarderebbero tutti. Vai in camera tua. E non addormentarti.»

«Credimi, Ev. Non mi addormenterò.» Si staccò da lei e scomparve nella camera di fronte, e lei chiuse la porta.

In bagno, si spazzolò i capelli. Chinandosi verso lo specchio per togliersi qualcosa da una guancia, vide lo scintillio degli anelli. La semplice fede d'oro e il solitario si erano spostati molto raramente dal giorno del matrimonio. Quando li tirò, passarono facilmente oltre la nocca lasciando un segno rosso sul dito. Per un minuto si guardò la mano, la sua mano nuda e cruda, uguale a quando aveva diciotto anni, a parte quei quindici anni di sole. Posò gli anelli sul cassettone e si tolse le scarpe. Aprì la porta e attraversò scalza il corridoio deserto. Bussò due volte alla 208.

«Chi è?»

«Lo sai, chi è.»

«Parola d'ordine?»

«Sentito il parere e con il consenso.»

Pausa. Poi, con una risata nella voce, Dean disse: «È aperto».

Entrò nella stanza e si chiuse la porta alle spalle, poi ci si appoggiò contro. Dean era seduto, addossato alla testiera del letto, con la T-shirt bianca e i jeans, a piedi nudi.

«Ciao», disse Evvie.

«Oh, ciao, lieto di vederti», rispose Dean.

Lei rise e salì rapidamente sul letto accanto a lui, lo abbracciò, e lo baciò in un modo che la fece sentire avida e fantastica.

Quante volte, quante, era riuscita a toccargli la spalla, la schiena, il gomito, il fianco, sempre in modo teoricamente innocente, ma sempre perché voleva questo, soltanto questo. Gli fece scivolare una mano sotto la T-shirt e lui se la tolse subito, dimostrando una destrezza che la rese all'istante grata al mondo dello sport professionistico, per il resto così noioso. Lui le infilò le dita sotto la maglia, ma si bloccò. Si allontanò appena da lei, con il respiro un po' ansante e la guardò negli occhi. «Che c'è?» chiese lei. Passò un istante, e un altro. Lui continuava a guardarla. All'improvviso, lei gli diede una pacca sulla spalla nuda così forte da renderlo quasi uno schiaffo. «Oh! Via libera. Sì. Via libera, senz'altro. Via assolutamente libera.»

Lui sorrise, quasi timidamente, e lei lo aiutò a sbottonarle il golf e a spingerlo indietro sulle spalle finché cadde. Quindi Dean le prese la mano e guardò il segno rosso sulle dita, che baciò. Poi la lasciò andare ed Evvie la posò sulla spalla destra di Dean, nel punto dove si massaggiava sempre quando gli faceva male. La lasciò un attimo lì, poi la fece scivolare lungo il braccio finché le loro dita non si intrecciarono.

Quando ci ripensò in seguito – e lo fece – fu come se qualcuno avesse giuntato insieme frammenti di qualche secondo presi da un film, fotogrammi perfetti ma non collegati e forse non nell'ordine giusto. A un certo punto lui le aveva baciato il palmo della mano, cosa che la aveva stupita. Lei aveva finito di spogliarsi abbastanza goffamente, distesa sulla schiena, restando impigliata nei jeans con un piede, e strattonandoli mentre lui la prendeva in giro: «Rimettili. Se vuoi puoi tenerli. Riesco lo stesso».

«Ci metto di più se mi fai ridere.»

Evvie si era aspettata di provare un certo imbarazzo, sentendo sulla pelle il respiro e il fiato di Dean, e sapendo che la esplorava per la prima volta, ma non fu così. Riuscì a tenere la mente dentro il corpo. E forse addirittura sottomessa al corpo, per un attimo.

Ricordava di aver trattenuto il fiato, e di avergli asciugato il sudore sulla fronte. Ricordava di aver visto i suoi capelli che gli scivolavano su una spalla. L'impazienza provocò la goffaggine: lei gli diede un colpo nella coscia con il ginocchio, lui una gomitata nello stomaco, al che lei rise e lui la baciò sulla fronte.

«È il tuo stomaco che gorgoglia?» «Ti sei rotto la nocca?» «Hai abbastanza spazio?» «Stai bene?» «Benissimo.»

Era diverso, poco ma sicuro.

Non toccò neanche le lenzuola della 204. Si addormentarono, e quando scoprirono di essere entrambi svegli alle tre del mattino, restarono tesi con i visi vicinissimi, e sussurrando parlarono di un sogno che aveva fatto lei su *Halls of Power*. Poi lei disse che aveva freddo e lui recuperò la propria T-shirt bianca e gliela diede. Le carezzò i capelli, e scivolarono nel sonno.

Evvie si svegliò di nuovo un po' dopo le cinque e mezza, e girandosi osservò Dean steso sulla schiena, profondamente addormentato, visibile grazie alle strisce di luce che filtravano attraverso le persiane. Io non sono una di quelle donne che guardano qualcuno che dorme, pensò. È malsano. Perciò chiuse gli occhi e invece lo ascoltò respirare, lo scambio di aria effettuato senza sforzo. Sincronizzò il suo respiro, e si riaddormentò.

La volta successiva in cui aprì gli occhi, fuori era chiaro e lui era sveglio e fissava il soffitto. Lei si mosse, e lui si girò a guardarla. «Ciao.»

«Ciao», disse lei, e si tirò su a sedere per allungarsi e sgranchirsi la schiena. Lui la grattò leggermente fra le scapole.

«Hai dormito bene?»

«Sì.» Le passò un braccio dietro le spalle, e lei si rannicchiò in quella stretta, posando un braccio su quegli assurdi pettorali. Non era un pessimo posto su cui stendersi, tutto sommato.

«Allora», disse alla fine.

«Allora.» Lui le sollevò la mano che era posata sul tatuaggio e giocherellò pigro con le sue dita.

«Mi sono fatta male a un fianco.»

«Veramente?» Si bloccò. « Stai bene?»

«No, no», rise Evvie. «Sto benissimo, tranquillo. È solo che… ti sei mai allenato con un trainer nuovo?»

Dean la guardò: «Non so come considerare il fatto che proprio in questo momento hai dimenticato che ero un atleta professionista».

«Giusto. Comunque, qualcosa del genere.»

«Non è assolutamente niente del genere. Che palestra frequenti?»

«Ho fatto più che altro degli esercizi per conto mio, se capisci cosa intendo.»

«Be'», Dean la abbracciò. «Apprezzo l'impegno. Spero che ne sia valsa la pena.»

«Sì, tantissimo.» Lo guardò tutta seria negli occhi. «Vigoroso, con note di quercia.» Risero con la voce rauca di chi è appena sveglio, e lei lo baciò su una spalla. «Che ora è?»

Lui guardò il telefonino. «Sono le 8:27.»

«E adesso?»

«Il checkout è alle undici. Vorrei farmi una doccia. Possiamo fare colazione sotto, penso.»

Evvie si girò a guardarlo. «Non intendevo questo.»

«Ah.»

«Cioè, non voglio aprire il discorso sul nostro status. Niente conversazioni sullo status finché non sono tutti vestiti e hanno preso il caffè: secondo me è un'ottima regola. Solo che non so bene dove vorrai dormire domani e cose del genere, tutto qui.»

Lui tacque. Poteva anche essere la pausa di silenzio più lunga del mondo, pensò lei. Era come se le maree si fossero alzate e abbassate, gli aeroplani avessero decollato e fossero atterrati, i palazzi fossero stati costruiti, prima che lui parlasse. «Tu mi piaci tantissimo», disse.

«Bene, è una buona cosa perché anche tu mi piaci tantissimo.»

«E tu vivi qui e io a New York.»

«Giusto.»

«Devo ammettere che non sono andato molto oltre questo.»

«Certo», disse lei. *Come si fa a dare l'impressione di una calma padronanza quando si è senza mutande?* Si tirò su e si appoggiò al cuscino. «Credo che sarebbe meglio se lo tenessimo per noi.»

«Non vuoi dirlo ad Andy.»

«Non voglio dirlo a nessuno. Tu non resterai. E mio padre e Kell e Andy e chiunque altro, se lo sapessero, penserebbero che tu ti fermerai, o che io me ne andrò. Credo che… sia meglio far finta di niente. Inoltre al momento non c'è niente da dire tranne, ecco, tranne questa cosa qui. Non è che sei il fidanzatino con cui vado al ballo della scuola.»

«La prossima volta potrei portarti un mazzo di fiori.»

«Ehi, non farmi promesse che non manterrai.» Allungò le braccia in aria. «Ho delle strane dita. Lo vedi, sono storte?»

Lui si avvicinò a lei sul cuscino. «A me sembrano solo dita.»

Lei ripiegò le braccia premendosele sul corpo. «Tu non sai cosa significa essere un semplice mortale.»

«Ehi, dovresti vedere l'interno del mio gomito. Assomiglia all'inizio di *WALL•E*.»

«Il cartone?»

«Sì, quando il mondo intero è una discarica di immondizia, ferri vecchi e merde varie. L'interno del gomito di un lanciatore è così. Una volta ho fatto una risonanza magnetica e il dottore mi ha detto: 'Ho una buona e una cattiva notizia, e la buona è che le tue ossa sono ancora tutte attaccate nei posti dove devono essere attaccate. La cattiva notizia è tutto il resto'.»

Lei ci pensò su un attimo. «E cosa fanno se le tue ossa non sono più attaccate?»

«Intervento chirurgico. Ti prendono un tendine da una gamba e legano insieme le ossa del braccio.»

«Balle.»

«Non sono balle. Se non funziona così, utilizzano parti di un cadavere.»

«Non è vero.»

«È verissimo. Lo fanno sugli adolescenti.»

«Aspetta un po', come si fa a legare un osso a qualcosa?»

«Ci fanno un foro e ci passano dentro il tendine.»

«O mio Dio.»

«Disgustoso, eh?» Si sfregò un gomito al solo pensiero. «Ti sei mai rotta un osso?»

«Quando avevo otto anni sono saltata da un tavolo da picnic e mi sono rotta un braccio.»

«Perché sei saltata da un tavolo da picnic?»

Lei si girò verso di lui. «Perché John Cody ha detto che avevo paura di saltare dal tavolo da picnic.»

«Eri nella fase sono tosta?»

«Esatto.»

«A quindici anni mi sono fratturato una clavicola sciando», disse Dean, indicandola. «Mio padre si è incazzato da matti. 'Andrai all'università con la borsa di studio per il baseball, e tu perdi il tuo tempo a gironzolare e mangiare hot dog con quegli imbecilli.' Non gli avevo detto dove saremmo andati. Io non avevo il permesso di andarci. Ma l'ho fatto.»

«E lui cosa ha fatto?»

Dean rise «Niente. Non voleva che quegli idioti dei miei amici mi gettassero giù dalla montagna con un deltaplano. Se tornavo a casa in pezzi non poteva mandarmi al college. E ci teneva che io ci andassi.»

«Che facevi al college a parte giocare a baseball?»

«Mi sono laureato in chimica.»

Lei si girò a guardarlo. «Stai scherzando.»

«Ah, ho capito. Pensavi che frequentassi solo corsi di cazzate? Tipo 'Tecnica della maratona' o 'Come fare il bendaggio alla caviglia'?»

«No, figurati. Solo, non lo sapevo.» Fissò il soffitto. «Come mai ti piaceva la chimica?»

«Perché si fanno le cose. Si mischia questo con quello, e se sei capace, puoi farlo diventare blu o scaldarlo o farlo esplodere. Era un casino, ma un casino che si poteva prevedere. Poteva capitare che qualcosa mandasse fumo verde o si trasformasse in schiuma, ma succedeva sempre nello stesso modo. E poi impari, e *bum*, ogni volta porti a casa il risultato. Con il baseball è uguale. Sembra una cosa folle, ma è un processo preciso, fisico. Sembra che non ci sia logica, invece c'è. Cioè, a parte quando non c'è, ovvio.»

Lei si girò di fianco e si appoggiò a un gomito. Gli passò un dito lungo l'arcata sopraccigliare. «E questa cicatrice?»

«Una palla in faccia durante il mio primo anno alla Cornell. Un sacco di sangue. A fiotti. Sai le tipe normali con cui ti ho detto che sono uscito? Allora avevo una ragazza, Tracy, che era alla partita, ed è svenuta. *Bum*, andata giù. Mi ero sentito malissimo. Mi hanno raccontato che mi aveva guardato un attimo e poi era scivolata giù dalla sedia come in un cartone di Daffy Duck. La sua amica l'aveva fatta riprendere sbattendole in faccia un bicchierone di Diet Coke e ghiaccio.»

«Che brutto modo di riprendersi.»

«Poi mi hanno portato all'ospedale e mi hanno incollato la faccia.»

«Non ti hanno dato dei punti?»

«No, colla. Quando ho chiamato mia madre e le ho detto che mi avevano portato al Pronto Soccorso e incollato, lei ha attaccato e ha chiamato l'ospedale. Papà mi ha raccontato che li ha investiti dicendo loro: 'Avete incollato il mio bambino' e 'Non è mica un lavoretto manuale delle medie' e cose del genere. Allora le hanno spiegato che non era colla, era pelle artificiale. E lei ha risposto: 'Ah, okay'. E poi papà ha mimato lei che riattaccava.»

«Davvero si chiama pelle artificiale?»

«Non ne ho idea. Comunque lei si è tranquillizzata. Ti hanno mai dato dei punti?»

«Una volta a un ginocchio e poi un paio di anni fa ho calpestato un bicchiere rotto in soggiorno.»

«Ahia.»

«Ho sanguinato per tutta la casa. Orribile.»

«Ci credo.»

Quasi senza rendersene conto, Evvie usò l'alluce per tastare l'altro piede, dove i medici l'avevano ricucita. Era il bicchiere di Tim che si era rotto. Lui era arrabbiato. Ma all'infermiera aveva detto di aver rotto il bicchiere in cucina. «Mi è caduto di mano», aveva detto.

Fece scivolare il dito dalla tempia di Dean alla mascella e saltò a un segno rosso sopra la clavicola. «Accidenti, devo averti fatto qualcosa qui. Hai un livido.»

Lui si tirò su in modo da vedersi allo specchio del cassettone, e inclinò la testa. «Non è un livido», disse, tastandolo con le dita. Si girò verso di lei e abbassò il mento fino a guardarla attraverso quelle sue ciglia pazzesche. «Mi hai fatto un succhiotto.» Lo ripeté. «Mi hai fatto un *succhiotto*.»

Lei gli diede una rapida occhiata. «Aspetta, e quando l'avrei fatto?» Poi si ricordò. «Oooh, sì, l'ho fatto. Scusa.»

«E di che? È ottimo per Instagram. Mi basterà scrivere: «Ci si diverte qui nel Maine». Poi metto la foto e... *bum*!» Prese il telefono. «Mi faccio un selfie.»

«No.» Ridendo cercò di prenderglielo, ma non aveva la minima chance data l'apertura delle braccia di Dean, quindi gli finì addosso, a pochi centimetri dalla faccia, mentre lui teneva il telefono molto al di fuori della sua portata. «Non ti fa male, vero?»

«No», sussurrò lui. «Non fa male.»

28

Più tardi, mentre il furgone sobbalzava lungo la Route 1, passarono accanto a un cartellone del *Compass Café* che era lì da secoli, o almeno da quando Evvie era adolescente. «Chissà se il *Compass* fallirà adesso che voi non ci passate più sei ore ogni weekend», disse Dean.

«Non erano sei ore.» Evvie continuò a guardare fuori dal finestrino. «Al massimo due.»

«Hai intenzione di dirmi cosa è successo, prima o poi?»

Evvie lo guardò, e guardò quell'ex braccio disobbediente appoggiato al volante. Ciò che si rompeva si poteva aggiustare, e lei fece un gran respiro. «La notte in cui è morto mio marito...» s'interruppe e fece un altro profondo respiro, «lo stavo lasciando. Cioè, non è che stessi pensando di lasciarlo. Lo stavo proprio facendo.»

Dean restò immobile. «A che punto eri?»

Lei aveva ricominciato a guardare fuori dal finestrino. «Quando mi hanno chiamata dall'ospedale ero già uscita di casa. Avevo fatto la valigia, preso un po' di soldi e il mio certificato di nascita.»

«Ma a Tim non l'avevi detto?»

«Si sarebbe opposto. E non me ne sarei andata. E il giorno seguente si sarebbe scusato con me.»

«Ovviamente.»

«Comunque, la mamma di Andy ha visto la valigia nella mia macchina parcheggiata. L'ha casualmente detto ad Andy e lui ha capito. E ci è rimasto male.»

Dean si accigliò. «Ma non per il fatto che avevi deciso di andartene.»

«No. Credo che sia rimasto male perché sparivo senza avergli detto niente. Senza dire niente a nessuno. Non è rimasto soltanto male. Ferito, piuttosto.»

«Perché non l'hai detto a nessuno?»

«Perché altrimenti non avrei mai fatto questo passo.»

«Sai come tenere le carte coperte, eh?»

«Avevo promesso a Tim di non discutere con Andy del nostro matrimonio. Mi sembrava una pretesa ragionevole.»

«Quando hai deciso di lasciare Tim?»

«Oh. Ecco, una sera ha detto che avrebbe portato lui la pizza per cena, ma quando è arrivato non l'aveva. Dico: 'E la pizza che dovevi portare per cena?' E lui: 'Non l'ho mai detto'. Era talmente… assurda l'idea che mi fossi immaginata quella conversazione in cui lui mi diceva che avrebbe preso la pizza tornando a casa. Mi ricordavo che aveva specificato che avrebbe preso quella con peperoni e funghi, e siccome i peperoni non mi piacciono, avevo pensato che li avrei tolti. Gli ho detto: 'Perché cerchi di farmi passare per pazza invece di ammettere che te ne sei dimenticato? Che importanza ha'?»

«E lui?»

«'Ho passato dieci ore a curare persone malate mentre tu stavi a casa a fare niente. Non sono il tuo servizio di consegna a domicilio', mi ha risposto. Mi sono rintanata in quello che ora è il tuo appartamento. Prima che tu lo prendessi, era il mio rifugio quando volevo allontanarmi da Tim. Così mi sono sdraiata lì per terra, e naturalmente morivo di fame, perché lo avevo aspettato, e lì non c'era niente. E ho pensato che potevo uscire e andare a mangiare qualcosa. E poi ho pensato che potevo anche andare a fare un giro in macchina. E poi che potevo fermarmi a dormire a Rockport. In albergo, solo per una notte, guardare la tele, essere me stessa, provare la spa, o magari mentirgli e dire che dovevo stare da mio padre perché gli faceva male l'anca o qualcosa del genere.»

«E lo hai fatto?»

«No. Sono uscita a prendere la pizza e l'ho portata a casa alle dieci e mezza. Coi funghi e tutto. Fine del litigio. Ma da quel momento, praticamente ogni giorno andavo a sdraiarmi per terra nell'appartamento e aggiungevo qualcosa alla storia che mi stavo scrivendo nella testa. Non lo avrei fatto. Era soltanto un'idea. E se avessi voluto stare via per un weekend, dove potevo andare? Avevo abbastanza soldi per stare una settimana a Boston? Di cosa avrei avuto bisogno? Cosa mi sarei portata? Quanto potevo restare via? E anche se non mi ricordo che cosa mi avesse detto, c'è stata una sera in cui ero sdraiata lì ad ascoltare le pale del ventilatore e ho pensato: 'E se me ne andassi e non tornassi più?' E ho cominciato a fantasticare su dove avrei potuto andare, e ho pensato di andare a vivere in montagna. In una casetta, con un cane, e mi sarei trovata un lavoro. Fantasticavo di diventare un'altra persona a cui non era mai successo niente.»

«Tipo il programma 'Ho sposato uno stronzo' della Protezione Testimoni.»

«Sì! L'idea era quella. E ogni volta che pensavo a quello che avrebbe fatto mio padre se me ne fossi andata, o Andy, scacciavo quei pensieri dalla mente. E invece pensavo a come sarebbe stato preparare la cena o andare dal parrucchiere o dipingere una parete senza che nessuno mi dicesse che non sapevo fare niente.»

«E poi?»

«Sono andata avanti così per dei mesi. Poi una sera quando lui non c'era, ho preso un mazzo di carte da gioco, perché ogni tanto mi piace fare dei veri solitari, con le carte vere, e l'ho messo in uno zaino. È stato quello. È stato l'inizio dei miei bagagli. Era una cosa reale, la stavo facendo.»

«E non ne hai parlato a nessuno.»

«La sentivo ancora come una specie di prova generale, per vedere se volevo farlo veramente. Avevo ancora la sensazione che alla fine avrei mollato. Che non ce l'avrei fatta ad andare fino in fondo.»

«Ma poi l'hai fatto.»

«Sì», Evvie ridacchiò. «O almeno, ho cominciato a portare la roba in macchina.» Si coprì per un attimo gli occhi con una mano. «Avevo fissato una specie di data. E poi pochi giorni prima che Tim morisse eravamo andati a Bangor, per una cena con un paio di dottori che conosceva. E quando loro hanno chiesto che cosa facevo io, lui aveva risposto: 'Mi rende felice'. Gli ho detto: 'Volevano sapere cosa faccio. Avresti dovuto dirgli che lavoro. Avresti dovuto dirgli che lavoro per i giornalisti, che ho un mestiere mio'. E lui: 'Cercavo di risparmiare i tuoi sentimenti. Non sapevo cosa avresti provato se avessi detto a un gruppetto di medici che batti a macchina un libro sugli alberi di non so chi'.»

Dean restò a bocca aperta.

«Venne il giorno, e caricai la macchina. Forse sarei partita. Forse non ne avrei avuto il coraggio. Non lo so.»

«Saresti andata.»

«Lo spero», disse Evvie, e anche se sapeva che era solo la sua immaginazione, le parve che il suono di quelle parole rimbalzasse nel furgone. «Io faccio sempre un sacco di progetti. Pensavo che avrei sposato questo tipo e sarei stata felice e a venticinque anni avrei chiuso con le cose brutte. E poi che avrei fatto i bagagli e sarei partita in macchina e avrei divorziato. Avrei ripreso il mio nome da ragazza e avrei trovato lavoro e avrei vissuto in una casetta in montagna, e… ecco, niente di tutto questo è successo.»

«Be', questa sensazione la conosco bene.»

«Adesso sono Evvie Drake, ricomincio da capo.»

«Pensi che tornerai al tuo nome di ragazza?»

«Non posso.»

«Certo che puoi.»

Lei sollevò le sopracciglia. «Smettere il cognome di mio marito che fregerà un'ala dell'ospedale intitolata a lui, se solo sua madre riuscirà a spuntarla? Dire ai suoi che quel nome non lo voglio più? Non credo che la prenderebbero bene.»

«E quindi ti trascinerai addosso il suo nome per i prossimi cinquant'anni in modo che nessuno ci resti male?»

«Eh. Forse. Non so.» Evvie sfiorò la tasca con le dita, arrivando fino al gonfiore causato dagli anelli. «Oggi è solo il primo giorno.»

«Di cosa?» chiese lui.

«Boh. Di qualcosa.»

Estate
Fino al primo giorno del campionato

29

All'inizio di giugno, Evvie rimandava il momento di preparare la cena e stava invece leggendo il diario di uno sciopero dei tessili del Massachusetts nel 1912 quando sentì il furgone di Dean che si fermava nel vialetto. Tenne il libro aperto e continuò a guardarlo, ma in realtà aspettava di sentire la chiave girare nella serratura. Sapeva quanto ci avrebbe messo, così come sappiamo quanto ci metterà a emergere una persona che va sott'acqua, e quando non sentì niente, andò a vedere alla finestra. Dean era seduto nel furgone, con le mani sul volante. Lo osservò restare immobile finché non le sembrò più imbarazzante continuare a guardarlo che fare intrusione nella sua fantasticheria, e alla fine uscì in quella giornata di inizio estate, calda e secca.

Mentre si avvicinava, cercò di non pensare a cosa potesse essere successo di male. *È morto qualcuno. Ha telefonato qualcuno. Ha conosciuto un'altra. Se ne va. Qualunque cosa avessimo, l'ho distrutta.* Quando arrivò all'altezza del finestrino, lui la vide e le fece segno di salire. Seduta accanto a lui, Evvie si accorse che il viso di Dean non era paralizzato da un qualche trauma. Esprimeva piuttosto pura e semplice incredulità. «Che succede?» chiese lei, chiudendo la portiera dalla sua parte.

«Ricordi che ti ho parlato del mio amico Dante, geloso perché io ho il flipper?»

«Quello con due fidanzate?»

«Lui.»

«Certo.»

«Oggi ho ricevuto un suo messaggio.»

A Evvie pareva proprio che adesso Dante giocasse per i Phillies. O i Nationals. Le divise erano molto simili. «Che diceva?»

Dean parlò in tono neutro. «Ecco, il loro coach dei lanciatori è Alex Laramie, che una volta allenava gli Yankees. E Dante mi ha detto che Alex ha visto il video della Spring Dance e voleva che lo chiamassi.» E finalmente Dean la guardò.

«E?...»

Lui tornò a guardare fisso davanti a sé. Non aveva ancora tolto le mani dal volante. «E così l'ho chiamato. Alex vorrebbe che lo raggiungessi a un impianto che hanno nel Connecticut. Hanno avuto un paio di infortuni, sono un po' disperati, e sta cercando di capire se fosse possibile cavare qualcosa. Da me.»

«Cioè vorrebbe capire se puoi lanciare di nuovo. Vuole darti una chance. Nella Major League. In una squadra della Major League.»

«Evvie, è solo una prova. Vuole vedermi, farmi incontrare gli altri coach, capire un po' a che punto sono, com'è la situazione.»

«Lo so io com'è la situazione», Evvie gli diede un colpetto al fianco. «La situazione è che ricomincerai a lanciare. Cosa che, vorrei sottolineare, io ho sempre saputo che avresti fatto.»

«Ah sì, eh?» Si decise a togliere le mani dal volante, e se le mise dietro la testa. «Interessante, visto che per me invece è un totale choc.»

«Dovresti crederci di più. Come faccio io.»

Lui le mise una mano sulla nuca, sotto i capelli. La baciò, poi si staccò e disse: «Aspetta. Non voglio farlo in macchina. Non ho sedici anni. Possiamo andare in casa».

«Giusto. Verissimo.» Ma anche in macchina, riuscì a mettersi una mano sul fianco in un gesto provocante. «Vuoi vedere la mia stanza? Ho un sacco di poster fighi e collezioni e tutto.»

«Certo.»

Scesero dal furgone e si riunirono davanti alla portiera dalla parte di Dean, più vicina alla casa, dove si baciarono di nuovo. Ecco le lastre di pietra grigia irregolari che aveva scelto Tim quando progettavano il giardino, sostenendo che i mattoni di terracotta erano «ordinari». Ecco i gradini che aveva costruito lui stesso con un amico, nel corso di una estate caldissima, mentre attraversava un periodo «fai da te», che durò finché non si rese conto che era troppo abituato a essere bravo in tutto per accettare di misurarsi in un campo in cui era un novellino incapace di fare un perfetto angolo retto.

Ecco la porta d'ingresso che lei aveva aperto ridendo, mentre lui la portava in braccio attraverso la soglia, il giorno dell'inaugurazione. E il pavimento di legno che una volta aveva graffiato con le ruote della valigia, ricevendo di conseguenza l'accusa di essere «dannatamente sbadata». Ecco l'ampio arco che dava sulla cucina, dove una volta Tim l'aveva baciata con particolare frenesia, infilandole le mani sotto la camicetta mentre lei tentava di graffiargli la spalla quel tanto da dimostrargli che anche lei ci stava provando. Ecco il tavolo della cucina, dove erano seduti quando avevano deciso di comune accordo che avrebbero avuto un bambino se il bambino fosse arrivato, e che non lo avrebbero né cercato né ostacolato, il che era una terribile bugia dato che un medico doveva pur sapere cosa intendeva lei quando di tanto in tanto diceva: «Oggi meglio di no». Ecco il lavello con il tritarifiuti in cui una volta aveva messo una rosa che lui le aveva dato troppo tardi per un compleanno di cui si era dimenticato, cosa a cui aveva cercato di rimediare il giorno dopo facendole consegnare sei dozzine di rose.

Ecco le scale su cui era scivolata due settimane prima che Tim morisse, procurandosi un grosso livido su un fianco. Era caduta, non era stata spinta. Non l'aveva colpita, non le aveva dato un pugno. Ma lei stava scendendo le scale di corsa con soltanto le calze ai piedi per andare nel suo rifugio solo perché era troppo stanca di sentirlo urlare, perciò, si era detta, *era lo stesso.*

E, in camera da letto, ecco il cassettone che era stato portato dentro con tanta attenzione. Aveva giocato un ruolo da protagonista in quello che, lei era certa, sarebbe stato il peggiore dei loro litigi, fino a quando il prossimo non le avesse dimostrato che si sbagliava.

Perché sono arrabbiata? Sono arrabbiata perché mi hai spinta mandandomi a sbattere contro il cassettone, Tim.

Non ho fatto nulla del genere.

Mi hai dato una spallata, così, e mi hai mandata a sbattere contro il cassettone. Mi verrà un livido. Se vuoi domani te lo faccio vedere.

Stavo uscendo dalla stanza in modo che tu potessi calmarti. Perché ti sei messa davanti a me?

Non mi sono messa davanti a te.

Evvie, non c'è bisogno di farla tanto lunga, okay? Dobbiamo andare adesso. I miei si chiederanno come mai siamo in ritardo.

Era successo sei mesi dopo essersi trasferiti in quella casa. Il giorno seguente lei aveva davvero un livido sulla schiena, nel punto in cui era caduta – caduta? – contro lo spigolo del cassettone. Non lo aveva detto a nessuno, e quando Tim lo aveva notato, un paio di giorni dopo mentre lei si stava spogliando, aveva chiesto: «Ehi, come te lo sei fatto?» Evvie non era sicura che non se lo ricordasse veramente, ma aveva risposto: «Giocando a *Ce l'hai*», e anche se secondo lei era una risposta sufficientemente sarcastica da non lasciare dubbi, lui annuì e ricominciò a trafficare con il cellulare.

Ed ecco il letto dove facevano l'amore, ma non molto spesso, e non molto bene, e non molto a lungo. Non rimpiangeva quasi mai che la sua migliore amica fosse un uomo, ma una parte di lei soffriva di non essersi mai sentita abbastanza a suo agio con Andy da rivelargli di aver calcolato con esattezza assoluta la durata del sesso con suo marito: nove minuti. Se cominciavano alle 21:51, finiva in tempo per vedere *Halls of Power*, e non si era mai persa l'inizio.

E adesso, ecco Dean, alto e possente, che si sdraiava senza fretta accanto a lei coi jeans e a piedi nudi. Aveva sempre un odore di erba appena falciata, e lei non sapeva se dipendesse da qualcosa che aveva addosso o con cui si lavava i capelli, o dal fatto che passava tutto quel tempo nel campo da baseball, o se era lei a immaginarselo, così come si aspettava sempre che un pescatore profumasse di mare, che fosse vero o no. Ma non le bastava mai quell'odore, e quando notava un punto sotto la mascella o una traccia lungo un fianco, dove le sembrava particolarmente intenso, si soffermava a memorizzarlo per quando fosse inevitabilmente scomparso.

C'era qualcosa, nello scherzare con i vestiti addosso che era... no, non meglio del sesso, ma quella frustrazione volontaria la eccitava. Era come se stessero aggirandosi furtivamente nella loro stessa casa, e poi cadevano sul letto e si strattonavano, permettendo a fibbie e lacci di ostacolarli. Ma alla fine, Evvie si decise: si tirò su a sedere e si tolse la maglietta, e le dita di Dean crearono delle ombre sulla sua pelle, grazie al sole che entrava dalla finestra.

Più tardi, mentre sonnecchiavano pur ammettendo che avrebbero dovuto scendere a mangiare qualcosa, in un momento in cui erano entrambi svegli lei disse: «Sono molto emozionata. Vuoi che venga nel Connecticut con te?»

«No, non si può. È una cosa professionale. Mi faranno fare dei test, delle prove, mi metteranno in determinate situazioni per vedere che succede.»

«Ti darò una ciocca dei miei capelli come portafortuna», disse lei, tirandosi i capelli con le dita.

«Mi basta sapere che sarai qui al mio ritorno», rispose lui prendendola fra le braccia e rannicchiandosi accanto a lei.

30

Una sera in cui avevano bevuto un po' troppo bourbon, Dean ed Evvie decisero che prima che lui partisse per il Connecticut avrebbero invitato a cena Andy e Monica – che dopo sei mesi facevano decisamente sul serio. Dopo il Gran Consulto Lingerie, Evvie e Monica si erano scambiate ancora qualche messaggio: una conversazione su cosa regalare a Rose per il suo compleanno; il racconto di Monica su come Kell l'avesse chiamata Eveleth e poi, mentre si scusava, l'avesse chiamata Lori; e la loro scoperta che qualcuno aveva scritto un'elaborata *fanfiction* in cui Dean si innamorava di Jennifer Lopez (concordarono che non era niente male).

E così Dean mandò un messaggio ad Andy invitandoli per sabato, e lui rispose che erano «gasati» all'idea di venire, una parola, notò Evvie, che Andy doveva aver mutuato da Monica, visto che lei non gliela aveva mai sentita usare. La giornata prescelta si rivelò calda e secca, perciò Dean ripulì con una spazzola di ferro il barbecue a gas in giardino, a riposo da due anni, e comprò una bombola di propano. Evvie spese più del solito in bistecche e salsiccia dal macellaio, e al mercato riempì un cesto di lattuga croccante che le sarebbe servita per le insalate. Cedette alla tentazione di comprare le cozze dai pescatori locali – adesso se ne trovano molte meno di una volta – e ne prese una bella borsata. Nel pomeriggio, preparò e infornò i brownie, e li mise a raffreddare mentre Dean andava a far provvista di birra e vino. Per le bistecche ci voleva rosso, per l'estate bianco, perciò gli disse di prenderne un po' e un po', più qualche birra, e aggiunse anche una bottiglia di vodka perché non si sa mai.

Dean era appena tornato, e stava accendendo la griglia, quando il telefono di Evvie le vibrò in tasca, e quando lei lo prese vide che la chiamata arrivava da un Numero Sconosciuto. Probabilmente qualcuno che aveva sbagliato, o che voleva venderle qualcosa, o forse erano quelli del Rilevamento dei Terreni Pubblici nel Maine, a cui aveva già risposto due o tre volte. Scelse ignora. Ma quando un minuto dopo vibrò di nuovo, vide che chiunque fosse aveva lasciato un messaggio. Lo ascoltò.

«Ciao, Eveleth!» *Oddio.* «Sono la mamma. In settembre verrò a Portland, e speravo proprio di stare un po' insieme. Sono secoli che non ci vediamo, e spero che tu stia bene. A proposito, il mio amico Foster ha visto il tuo nome sul giornale, in un articolo che parlava di un tuo amico, un giocatore di baseball. Che emozione! Non vedo l'ora che mi racconti tutto. Ciao tesoro, richiamami.»

Evvie si rimise il telefono in tasca. Perfetto. Le scattò quasi immediatamente il mal di testa. Eileen Ashton veniva a Portland. Eileen, che negli ultimi vent'anni aveva visto Evvie cinque o sei volte al massimo, voleva un incontro. Il più recente risaliva alla seconda volta che sua madre aveva incontrato Tim. La prima era stata quando uscivano da ragazzi e Eileen si era inaspettatamente presentata alla festa scolastica per la consegna dei diplomi. La seconda era stata dopo il matrimonio, quando Tim aveva insistito per andare a trovarla durante una vacanza in Florida. Per lei era stato un incontro ricco di ansia e tensione, per sua madre lieto e per Tim doveroso. Dato che Eileen non era venuta al matrimonio, era sembrato più che giusto che mancasse anche al funerale di Tim, ma se non altro aveva scritto un biglietto in entrambe le occasioni. Evvie decise di pensarci più tardi. Per il momento aveva una cassa bluetooth in cucina, perciò mise un mix che le piaceva e spalancò le finestre dato che fuori l'aria cominciava a rinfrescarsi.

La zanzariera si aprì. «La griglia funziona, non ho bruciato la casa e non sono saltato in aria, perciò mi sento veramente grande. Mi sono sporcato un po' le mani, ma mi do un bel voto.» Si avvicinò a Evvie, che stava lavando l'insalata e si chinò a baciarle una spalla, al confine con l'aderente vestito azzurro senza maniche.

«Vedo che ti stai portando avanti con l'alcol», disse, notando il bicchiere di vino bianco mezzo vuoto che era già appannato.

«Eh, visto che devo lavorare, tanto vale essere di buonumore», rispose lei, gettando nell'insalatiera pomodori e cetrioli. In quel momento sentì il campanello, e Dean si asciugò le mani e disse: «Vado io, tu continua qui». Quando lui uscì, Evvie prese il bicchiere e finì il vino in un paio di avide sorsate.

Quando Dean rientrò in cucina con gli ospiti, il bicchiere era di nuovo pieno. «Ehi, benvenuti, che bello vedervi», disse, mentre Andy veniva ad abbracciarla. «Dean cuocerà della roba sulla griglia, sarà fantastico. Posso offrirvi qualcosa da bere?»

«Sì. Guida Monica, e le bambine sono da Lori per il weekend, perciò prenderò una birra.»

«Oh», disse Evvie. «Non sapevo che sarebbero andate da Lori questo weekend.»

Andy sospirò. «Neanche io. Poi ti dico. Passami un po' di quella carne.» Dean e Andy uscirono con bistecche e salsiccia, ed Evvie mise a bollire l'acqua per aprire le cozze, e versò un bicchiere di vino per Monica. Si sedettero al tavolo, e parlarono delle bambine e della Boutique del Reggiseno Presentabile, e a un certo punto ridevano così forte che Dean fece capolino per assicurarsi che non stessero litigando, anche se non lo disse. Invece chiese: «Avete mica qualche problema, voi due?»

Il risultato fu un pasto che si poteva definire soltanto «copioso». Monica aveva portato una forma rotonda di pane con la crosta spessa spaccata al centro, e con i bordi quasi bruciacchiati. Quando la porse a Evvie lei la sentì ancora tiepida e sbarrò gli occhi. «L'hai fatto tu?»

Monica sollevò una mano e contò sulle dita. «Farina, acqua, sale e lievito... tutto lì.»

Accanto alla forma di pane c'era una ciotola di morbido burro all'aglio e una grande zuppiera di cozze, aperte e già condite con sale e limone. Sulle salsicce scintillavano perline di grasso, e le bistecche erano ridicolmente virili, perfettamente rosolate e così grosse che sporgevano dai bordi del piatto. Prima che si sedessero a tavola Evvie aveva condito l'insalata con una vinaigrette pungente alla senape, e anche i piattini parevano sopraffatti dal carico di lavoro. Mangiarono, mangiarono. E mangiarono.

«Agli amici», disse Dean, sollevando la sua bottiglia di birra. Bottiglie e bicchieri si toccarono. Evvie aveva già la fronte lucida per il vino bevuto, e stava scendendo il buio, perciò chiusero le finestre e azionarono il condizionatore.

«Allora, raccontami di questo viaggio nel Connecticut», disse Andy. «Che ci vai a fare?»

«Non lo so bene neanche io», rispose Dean. «Così, senza un cazzo di motivo, vogliono vedermi. Ormai mi hanno già fatto di tutto tranne ficcarmi un chip nel cervello, perciò Dio solo sa che cosa hanno in mente. Probabilmente piazzarmi di fronte a un po' di battitori e vedere che succede. Mi metteranno sotto pressione, cosa che alla Spring Dance non è successa. E immagino che vorranno farmi lanciare mentre un po' di scatole di cereali corrono alle basi tanto per essere sicuri di aver ricreato le condizioni ideali.»

«E questo ti rende nervoso?» intervenne Monica, guadagnandosi una fugace occhiataccia di Evvie. A che serviva *chiedergli* se era nervoso. Solo a... renderlo nervoso.

«Ovvio», rispose Dean, cercando di staccare l'etichetta dalla bottiglia di birra più vicina. «Ho passato due anni a cercare di considerare chiusa tutta questa storia di merda. Gioco un buon inning di fronte a dei ragazzi che, senza offesa, non sono niente di che, e improvvisamente le porte si spalancano di nuovo. Sto cercando di capire se dovrò rimpiangere di aver giocato quella partita.»

«Non lo rimpiangerai», disse Evvie, guardando il proprio bicchiere. «Andrà alla grande.»

«Uau, questa è una promessa temeraria», disse Andy.

«Io sono una ragazza temeraria.»

«Ah, be', allora», borbottò Andy.

«Basta, voi due», disse Dean, tagliandosi un altro pezzo di salsiccia. «Monica, tu cosa ci racconti?»

Monica parlò dei suoi alunni e del casino avvenuto nel suo gruppo di lettura, in cui si era infiltrato qualcuno che protestava perché nessuno leggeva mai i libri. Il più recente era stato *Infinite Jest,* e Monica si passò le mani fra i capelli per sottolineare l'affermazione che naturalmente nessuno aveva letto *Infinite Jest,* e che lo scopo del gruppo di lettura era socializzare, e se avevi qualcosa da dire sul libro, benissimo, ma non potevi arrivare lì e imporre le tue regole agli altri. «Sono convinta che manderanno tutto all'aria e invece di un gruppo di lettura in cui nessuno legge i libri organizzeranno il club del lavoro a maglia.»

Dean annuì. «A cui partecipano persone che non sanno lavorare a maglia.»

«Esatto», convenne Monica.

«Magari potreste farci entrare Evvie», disse Andy. «Almeno avrebbe qualcosa da fare.»

Evvie lo guardò. «Come sarebbe a dire?»

«Hai detto che volevi un progetto», disse Andy, spalmando il burro su un'altra fetta di pane. «Che fine ha fatto questo proposito? Non ci tieni più?» Gettò nel lavello il terzo tappo di birra, che tintinnò e si fermò.

«Non ho detto questo.»

«Parlavi di riprendere a studiare. Ci pensi ancora?»

«Non so. Sono cose per cui ci vuole tempo. A quanto pare bastano sei mesi per diventare un guru della vita sociale, ma...»

«Non ho mai detto di essere il guru di niente. Ho detto che continui a parlare di cose che poi non fai. Diresti lo stesso di me se passassi tutto il mio tempo in casa a non fare niente.»

Evvie non si era mai considerata una con la risposta pronta. Tim l'aveva costantemente presa alla sprovvista, dicendo cose che la scioccavano e a cui reagiva con un ostinato silenzio, ammesso che si potesse definire ostinato. Da ragazzina, non sapeva mai cosa ribattere ai compagni che la prendevano in giro perché casa sua era piccola o i suoi jeans troppo corti. Ma in questa occasione, con la pancia piena e la lingua sciolta grazie al pinot grigio, guardò Andy e trovò l'esatta combinazione di gelo e tensione e acidità e dolcezza, quando disse: «Oh, non ti preoccupare, mi sto tenendo molto occupata proprio qui a casa».

Naturalmente era lei quella che aveva detto di non volerglielo dire. E naturalmente glielo aveva detto.

Lo sguardo di Andy saettò da Dean a Monica, la cui espressione era ridicolmente trasparente: *Be', cosa vuoi da me? Te l'avevo detto*. «Bene, mi fa piacere saperlo», disse Andy, e ricominciò a mangiare la sua bistecca.

«Evvie, casa tua è veramente stupenda», disse Monica, afferrando il volante della conversazione e sterzando più che poteva per allontanarsi dal precipizio, con grande stridore di gomme. «Ho sempre pensato che la tua veranda sia la più bella della città, ma il resto della casa è altrettanto strepitoso.»

«Grazie. Non posso prendermi nessun merito, però; il mio defunto marito l'ha comprata senza neanche dirmelo, e quindi...» Adesso Evvie si sentiva oscillare, nel senso che sapeva che, se avesse provato ad alzarsi, ci avrebbe messo un minuto. «Ma è andata bene così», aggiunse in fretta.

Andy svuotò i gusci di cozze nella grande zuppiera in mezzo

al tavolo e poi fissò perplesso il suo piatto. «Ehi, che è successo ai piatti a fiori? Questi mi pare di non averli mai visti.»

«Li ho messi via», rispose subito Evvie, versando dell'altro vino. «Nel seminterrato.» Aveva la certezza che Dean le stesse rivolgendo uno sguardo di disapprovazione, ma lo ignorò.

«Ti sei stancata di vederli?»

«Sì. Volevo cambiare. Questi mi piacciono di più, sono semplici.»

«Caspita, qua si butta il vecchio e via col nuovo, eh?» disse Andy.

«Cosa vorresti dire?»

Dean intervenne a precipizio. «Okay, basta così, Tipsy McGee, Buzz Lightbeer. Che ne dite di andare fuori, ora che fa meno caldo? Porto i brownie, visto che avrei intenzione di farne fuori almeno dieci.»

Evvie afferrò la bottiglia di vino che aveva appena aperto, e in effetti quando si alzò, dovette appoggiarsi al tavolo perché barcollava. «Tutto bene?» chiese Dean. Lei annuì e gli fece l'occhiolino.

Uscirono nel giardino buio, e accesero una candela sedendosi attorno al tavolo di metallo della veranda. Monica si tolse le scarpe e appoggiò i piedi sulle gambe di Andy ed Evvie osservò il guizzo della candela che si rifletteva nel vino quando le avvicinò il bicchiere. «Che figata», disse, e già le sue parole erano un po' impastate.

«Non so se è una buona idea stare così vicina alla fiamma», le disse Dean, spostando la candela. «E non ci respirare sopra. Sarebbe un po' tipo lanciafiamme.»

«Te lo ricordi quel ragazzo del liceo», disse Andy, «quello che dava fuoco alla vodka con l'accendino? Qualcuno mi ha raccontato che l'ha fatto a casa sua e ha bruciato completamente il capanno degli attrezzi.» Bevve ancora. «Un pazzo.»

«Vodka ne ho», disse Evvie. «Potrei dargli fuoco.»

«No, grazie», ragliò Andy. «Non sei il tipo di ragazza che dà fuoco alla roba.» Gesticolò con il bicchiere. «Anche se magari lo sei diventata, chissà, non so più niente. I piatti, e tutto il resto.»

«Già, è buffo quante informazioni ti sei perso smettendo di parlarmi.»

«Non ho smesso di parlarti. Abbiamo smesso di fare colazione insieme tutte le settimane perché io avevo da fare e tu avevi da fare.»

«Avevi da fare?» Eveleth a momenti rovesciava il bicchiere, nella foga di rispondere. «Non avevi da fare, mi hai tagliata fuori.»

Andy aggrottò la fronte. «Sei stata tu la prima a tagliarmi fuori, anche se al momento non me ne sono accorto.»

Evvie modellava ciascuna parola con cura, come se la sua bocca non reagisse nel modo previsto. «Oddio, che problemi hai? Scusami se non ti ho detto che ho cambiato piatti. Perché cazzo sei così ossessionato da ogni minimo particolare della mia vita?»

Andy si sporse in avanti, sbattendo la birra sul tavolo. «Che cazzo dici?»

«Mi punzecchi su tutto quello che faccio. Ti sei infuriato perché non ti ho parlato del mio matrimonio, ti preoccupi di che piatti uso, mi scocci con la scuola come se fossi mio padre, mi dici di non aiutare Dean. Non capisco. Non capisco che problema hai.»

«Dici cose senza senso. Bevi ancora un po', già che ci sei.»

«Non vuoi che frequenti nessuno, Andy? È per questo che sei così furioso se faccio qualunque cosa senza dirtelo? O sei furioso perché non sei tu, quello con cui sto?»

Dean, che finora aveva assistito sperando che fossero scintille inoffensive come quelle delle candeline di compleanno, come succedeva quando i suoi compagni di squadra litigavano da ubriachi, adesso si chinò verso di lei. «Ehi.»

«No», disse Evvie. «Parlo sul serio. È sempre incazzato con me, e appena tu sei venuto a vivere qui ha deciso che era il momento di uscire con qualcuno. Che ti prende, Andrew? Per caso vuoi spiegarmi come mai ti comporti come un boyfriend geloso? O magari vuoi spiegarlo a lei?» Indicò con un cenno della testa Monica, che aveva ancora i piedi in grembo a lui.

Andy, nonostante la zaffata di birra che ormai accompagnava ogni sua parola, restò in silenzio. Quando finalmente parlò, disse soltanto: «Cosa?»

Dean si avvicinò all'orecchio di Evvie. «Senti, hai bevuto tantissimo. Ti fidi di me, vero? Credimi. Ti sto dicendo che hai bevuto un sacco. Queste cose non le pensi e non volevi dirle. Sei turbata e sei molto ubriaca, e domattina la situazione sarà già abbastanza brutta, perciò dammi retta lascia che ti aiuti a rientrare così te ne vai a dormire. Andiamo a letto.»

Lei non gli rispose. Guardava Andy, a cui Monica stava sussurrando all'orecchio probabilmente lo stesso consiglio.

«Noi andiamo», annunciò Monica. «È tardi. Domani ho diverse cose da fare.» Era difficile stabilire chi fosse il bersaglio di tanta educazione, date le circostanze, e chi invece proteggesse, ma Monica prese Andy per il gomito. «Dai, vieni. Andiamo.»

Andy si alzò, si girò verso Eveleth, e le puntò contro un dito. «Tu sei pazza.»

Dean guardò il suo amico dalla prima elementare. «Accidenti, siete tutti e due ubriachi. Basta. Vai a casa, cazzo, e ne parliamo domani.»

Però Monica che lo tirava per il gomito e Dean di fronte a lui non bastarono a smuovere Andy. Restò dov'era e guardò Eveleth, che si rifiutava di incrociare lo sguardo degli altri, e disse: «Mi fa piacere che tu abbia trovato un progetto. Se decidi di rompere anche con lui e scappare nel bel mezzo della notte, questa volta fammelo sapere. Verrò a bagnarti le piante».

«Vaffanculo», disse Evvie, guardandolo finalmente in faccia.

«Tu sei pazza, cazzo», ripeté Andy, poi spinse indietro la sedia e seguì Monica fino alla macchina.

Evvie era seduta con la testa sulle braccia, e Dean soffiò

sulla candela e le disse: «Vado a salutare Monica, okay?» Lei borbottò un assenso.

Dean la trovò che stava sistemando Andy sul sedile, arrivando al punto di allacciargli la cintura. «Ehi», le disse. «Stai bene?»

Lei chiuse la portiera dalla parte di Andy e fece il giro della macchina per mettersi al volante. «Non è stata la serata più divertente della mia vita.»

«Lo sai che non pensa quello che ha detto. Era soltanto la cosa peggiore che le è venuta in mente.»

«Sì, lo so», disse Monica. Aprì la portiera. «Assicurati che si addormenti su un fianco e falle bere un po' d'acqua, okay?» Alzò le spalle. «All'università ero una tutor.»

Dean annuì. Andy dichiarò che voleva andare a casa, così Dean mise una mano sulla spalla di Monica, lei sorrise, e Dean tornò indietro e trovò Evvie con la testa appoggiata al tavolo. Mentre lei dormiva, o piangeva, o faceva chissà cos'altro, lui portò dentro bicchieri e bottiglie. Poi la tirò su con cautela, facendo stridere sulla pietra la sedia di metallo. «Dai, Vieni. Ti reggo io. Vieni.» Fecero qualche passo prima che lui decidesse che non valeva la pena di sforzarsi di farla camminare, perciò la prese in braccio e attraversò la cucina, salì le scale e la depose in camera sua. Le portò un bicchier d'acqua. «Ehi. Bevi questa, okay? Evvie? Bevi e poi potrai dormire.»

Le tolse le scarpe, la aiutò a liberarsi del vestito e le fece infilare una T-shirt. Le mise accanto al letto il cestino dell'immondizia di plastica del bagno. «Evvi, se ti viene da vomitare qui c'è questo, okay?»

Lei gli rispose con un mormorio neutro, ma immaginando di non poter far altro, la mise sotto le coperte, si assicurò che fosse su un fianco e la coprì bene.

Dean si spogliò, appoggiò i vestiti sulla sedia accanto all'armadio, e in mutande scivolò accanto a lei.

Al mattino, la cucina li avrebbe accolti con un casino bestiale. Cibo andato a male, vino inacidito, piatti incrostati, una gran puzza di aglio e di alcol, e nulla di tutto questo sarebbe stato un bene per Evvie, se si fosse svegliata nello stato che lui prevedeva.

Proprio mentre spegneva la luce del comodino e sistemava il cuscino, sentì la sua voce, ancora impastata ma comprensibile. Fece una specie di pigra, lenta risatina, e poi disse: «Lo sapevo che non avrei mai dovuto provare a essere felice».

Quando si svegliò il mattino seguente, Evvie sentì Dean che riordinava in cucina. Ci mise un minuto a ricostruire la serata. Una grande cena, le chiacchiere fra amici, poi erano usciti in veranda e, e, e… magari non avesse ricordato nulla. Ma qualcosa qua e là affiorava. Ricordava Andy con quell'espressione scioccata, come se lei gli avesse dato un pugno in un occhio. Sapeva di avergli detto «Vaffanculo», e quando fu sveglia da cinque minuti, la bocca secca e amara e la testa che ondeggiava al minimo movimento, rivide Andy che le puntava un dito contro dicendo: «Tu sei pazza».

Non sapeva come avessero cominciato. Era però sicura di avergli comunicato che era segretamente innamorato di lei. Di fronte alla sua ragazza. E per quanto cercasse nella sua memoria il video completo, trovava soltanto una piccola sfilza di foto e dei frammenti sonori.

Si tirò su a sedere piano piano, e ci volle un minuto perché le cose smettessero di roteare, e il suo stomaco avesse la prima di tante contrazioni destabilizzanti. Comprese che Dean non poteva essersi reso conto che le aveva fatto mettere una vecchia T-shirt di Tim (la conclusione perfetta di quella serata, pensò) andò in bagno, se la tolse ed entrò nella doccia con lo spazzolino in mano. Sotto l'acqua si lavò i denti e poi restò a farsi martellare dal getto d'acqua. Non che fosse piacevole, ma lei voleva solo provare una sensazione differente.

Quando cominciò a piangere, il lato buono era il solito:

piangere sotto la doccia elimina la logistica. Quando si piange, ci sono le conseguenze: si fa casino, la faccia si gonfia, si crea un cumulo di fazzolettini che raccontano tutta quanta la storia. Ma piangere nella doccia è un atto da super spia, aveva sempre pensato Evvie. Resta fra te e le piastrelle, e tutto quello che fa male si trasforma in acqua e scorre via.

31

Quattro giorni dopo, Dean mise la sacca nel furgone e tornò in soggiorno, dove trovò Evvie rannicchiata sul divano, a sfogliare il *New York Times* sul tablet. «Allora vado», disse.

Lei andò ad abbracciarlo. «Quando arrivi mi mandi un messaggio?»

«Certo. Come ti ho detto, dovrei tornare lunedì sera. Probabilmente mi terranno molto occupato, perciò non preoccuparti se per un paio di giorni non mi sentirai spesso.»

«Preoccupati di fargli vedere cosa sai fare, non preoccuparti per me.»

Lui la guardò, e dopo un attimo di esitazione disse: «Continuo a pensare che dovresti chiamarlo».

Lei lasciò cadere le braccia lungo i fianchi ma restò dov'era e gemette: «Lo so».

«Uno dei due deve alzare il telefono.»

«Potrebbe farlo lui.»

«Potresti farlo tu.»

Lei sospirò: «Te l'ho detto, chiamalo tu, se vuoi. Andate a pranzo, giocate a *Madden*, fate quello che vi pare. Ti assicuro, non mi importa. Ma non sono pronta ad affrontare questa cosa».

«Okay. Come vuoi. Comunque, adesso devo andare, ci sentiamo presto.» La baciò e sussurrò: «Però chiamalo».

Lei gli sorrise e roteò gli occhi. «Ciao», disse, mentre lui si girava per andarsene.

Evvie finì di leggere acciambellata sul divano, sorseggiando tè freddo e ascoltando due uccellini che litigavano animatamente davanti alla finestra del soggiorno. Uno dei due, fantasticò, aveva preso un prezioso batuffolo di cotone che l'altro voleva a *tutti i costi* per il suo nido. Rise da sola mentre simulava il loro dialogo nella casa vuota: «Vuoi tutto tu, Florence! Hai già il bastoncino, e hai preso quel filo di lana...» «Vaffanculo, Maurice, te l'ho già detto che la lana l'ha presa Horace!»

Andò nell'appartamento di Dean, dove da quasi un mese dormiva più o meno metà delle notti, e si stese sul letto. Dean lo rifaceva tutti i giorni, era un'abitudine che sua madre aveva dato ai figli e che lui non aveva mai abbandonato. Le aveva raccontato che anche quando viaggiava con la squadra, e scendevano in hotel di lusso dove a occuparsi di lui c'era personale molto zelante, comunque si faceva sempre il letto prima che arrivassero le cameriere.

Qui Evvie dormiva sul lato opposto a quando era in camera sua. Teneva un bicchiere d'acqua accanto al letto, e il suo caricabatteria di riserva era infilato nella presa con il filo che penzolava dal comodino. Su quello di Dean c'era il libro su Lyndon Johnson che stava leggendo, con uno scontrino del bar come segnalibro. Aveva scoperto che lui ci metteva un bel po' ad addormentarsi, ma una volta partito, per svegliarlo ci volevano le cannonate. E aveva scoperto che al mattino avevano tutti e due un alito mortale, perciò certe volte, ma non sempre, la prima cosa che facevano appena svegli era prendere un paio di mentine da una scatoletta. Lui dormiva con dei pantaloni del pigiama di morbida flanella, tranne quando faceva caldo, che dormiva in mutande. A lei di notte piaceva stare un pochino più al fresco che a lui, perciò ogni tanto tirava fuori i piedi dalle coperte, mentre lui a volte preferiva una maglia con le maniche lunghe.

Sdraiata sul letto, notò che Dean aveva messo sul cassettone il trofeo che aveva portato a casa quando la squadra di football delle scuole superiori di Calcasset era arrivata seconda nel torneo regionale. Si alzò e andò a guardarlo. Era un oggetto da poco, di plastica, con la targa incollata sopra un po' storta e il giocatore attaccato in modo pericolosamente precario, e la scritta incisa sulla targa diceva ALLENATORE, CALCASSET HIGH, SECONDO POSTO. E lì accanto c'era il suo anello delle World Series. Cioè, il suo primo anello delle World Series. In questo momento, si stava avvicinando a quello che, le diceva un uccellino, sarebbe stato il prossimo.

Si sdraiò per terra, a guardare il soffitto. Poteva chiamare Andy. Ma lui non la aveva chiamata. E se lo faceva, cosa gli avrebbe detto? Non poteva semplicemente chiedergli scusa, come quella volta che gli aveva chiuso le dita nella portiera della macchina. Perché per quanto le dispiacesse di aver detto quelle cose, non poteva scordare quel *Tu sei pazza*, e meno ancora, adesso lo ricordava, il fatto di averle rinfacciato di aver cercato di andarsene. Ogni volta che pensava di chiamarlo, o magari mandargli un messaggio, o passare da casa sua, si ricordava quel *Tu sei pazza* e si bloccava.

Due giorni dopo la cena Monica le aveva mandato un messaggio: *Tutto bene?* Lei aveva risposto. *Sì. Tutto bene. Grazie del pensiero.* E aveva aggiunto una faccina sorridente, cosa ridicola quasi quanto la finzione di Monica che trascinava via Andy dicendo che aveva parecchio da fare il giorno seguente. Evvie neanche sapeva per chi fosse quel sorriso, o chi avrebbe potuto convincere. Le sembrava la cosa giusta da fare. O almeno una cosa da fare.

Detestava ammetterlo, ma per lei l'importante era ancora riuscire a chiudere gli occhi e vedere l'attimo in cui il primo lancio di Dean finiva nel guantone di Marco. Aveva sentito la sorpresa, il sollievo del pubblico intorno a lei. Significava speranza, per loro come per lei. Era possibile che le cose andassero meglio quando sembrava che invece fosse impossibile. Era possibile che cose destinate al peggio invece si riprendessero. Questo era il motivo per cui la gente aveva continuato a tifare per i Red Sox e i Cubs finché non avevano finalmente vinto. Ecco perché anche quelli a cui non interessava il pattinaggio di velocità conoscevano Dan Jansen, che durante le Olimpiadi di Calgary era caduto dopo aver saputo che sua sorella era morta. La gente aveva tifato per lui finché non aveva vinto la medaglia d'oro sei anni dopo, semplicemente perché volevano credere che ci fosse speranza.

Vedeva Dean con la mente, in quel momento, e riusciva a immaginare come sarebbe stato fra un po', durante l'incontro con i coach. Sapeva come avrebbe camminato avanti e indietro nella stanza del suo albergo, massaggiandosi la spalla. Avrebbe pensato a lei? Forse. In caso lo stesse facendo, lei chiuse gli occhi e si concentrò il più possibile sulle parole *Ce la puoi fare, ce la puoi fare.* Non credeva affatto nella trasmissione del pensiero, come avrebbe ammesso se proprio glielo avessero chiesto. Ma era magnifica, la sensazione che poteva compattare i suoi sentimenti e farne un uso pratico, che poteva impacchettarli, e no, *naturalmente* non credeva nella telepatia, ma scrivere «tanti auguri» su un biglietto per il compleanno in fondo non significava credere che i pensieri positivi potessero servire?

Respirava lenta, nel silenzio, ignorando il borbottio dello stomaco. La stanza era così diversa, adesso che qualcuno ci viveva: il suo libro accanto al letto, le scarpe vicine alla porta, la sua particolarissima collezione di integratori alimentari che a volte elaborava in quelli che Evvie definiva gli Smoothies Hulk («Ti rendono forte e sono di un verde assurdo», gli aveva spiegato), cioè i mix di frutta e verdura, allineati sul piano dell'angolo cottura accanto al frullatore. Aveva più spazio lei sul bancone della cucina, pensò, che lui qui. Poteva spostare di là tutta quanta l'operazione mix, finché restava. E nel suo soggiorno c'era più posto per la sua Xbox. Magari poteva trasformare la sua camera da letto al piano di sopra in una stanza per gli ospiti. Magari potevano trasformare parte dell'appartamento in una grande cabina armadio. Magari potevano portare il flipper in soggiorno se spostavano il divano qui. Se lui avesse deciso di non andarsene.

Naturalmente, pensò, se ricomincia a giocare, viaggerà molto. Sarà sempre via. In giro per tutto il Paese, da una città all'altra, per gran parte dell'anno. Potrebbe magari avere qui la sua base? Se volesse? C'erano altri che viaggiavano con la squadra? Le mogli? Le... quello che era lei adesso, qualunque cosa fosse? E se fosse saltato fuori che lanciava meglio se lei era presente, come era successo alla Spring Dance, quando avevano fatto in modo che lui sapesse in che punto stava lei. Magari dipendeva da che squadra sarebbe stata. Se per un po' avesse giocato nelle serie minori, potevano finire ovunque. Non sapeva. Ma ne avrebbero parlato. Avrebbero trovato il modo. Se lui decideva di non andarsene.

Evvie non sentì granché Dean, in quei giorni, ma lui l'aveva avvertita. Gli mandò un messaggio con *Buona fortuna!* e un cuore rosso il primo giorno di lontananza, e lui rispose *Grazie, Minnesota. Tieni tutto al caldo finché torno.* Evvie aveva riso ed era arrossita, ma aveva preso la richiesta sul serio, e aveva sempre dormito nel letto di Dean.

Dopo quel messaggio, non ebbe più notizie fino a lunedì mattina, quando ricevette il messaggio, *Dovrei essere a casa per le sei. Ho un sacco di cose da dirti. A presto.*

Era una giornata calda, lenta e pigra, che Evvie passò all'alimentari e in panetteria e in un negozietto dove si comprò una collanina con un ciondolo a forma di pallina da baseball, di smalto rosso e bianco. Continuava a guardare il telefono per vedere che ora era, e se lui avesse mandato dei messaggi. Era via solo da tre giorni, ma lei era troppo viziata dalla sensazione di privilegio che le dava sapere di poter allungare una mano ogni volta che ne aveva voglia e posarla sulla schiena di Dean, o abbracciarlo, o poteva baciarlo e trascinarlo nell'appartamento e ritrovarselo mezzo nudo in sette secondi.

Passate le sei, cominciò a camminare in cucina, si sedette, si alzò, andò a sedersi in soggiorno, si alzò, tornò in cucina, si versò un bicchier d'acqua, andò in bagno a spazzolarsi i capelli, e tornò al tavolo della cucina. Verso le sei e venti, sentì il furgone arrivare e frenare. Si chiese se precipitarsi fuori, o aprire la porta, o alzarsi, ma restò seduta lì finché sentì la porta aprirsi e lui era lì, con la sacca sulla spalla e le chiavi in mano. «Ciao», disse. Lasciò cadere le chiavi sul tavolo.

«Ciao.» Evvie si alzò, lo raggiunse e lo abbracciò. «Che bello, sei qui.» Si sollevò a baciarlo.

«Anche io sono felice di essere tornato.» La baciò di nuovo, sulla fronte. «Che è successo in questi giorni?»

«Niente di speciale, direi. Sono stata quasi sempre a casa. Ha fatto caldo. Un giorno sono andata a pranzo con Kell.» *Perché, stiamo parlando di queste cose? Perché non mi dice niente?* «Com'è andata?» gli chiese.

Si allontanarono, lui si tolse la giacca e la appese al gancio accanto alla porta. Poi si girò e incrociò le braccia. Scosse la testa. «Ho tirato in tribuna, Ev.»

Lei sentì il colpo in pieno petto. «Come sarebbe?» Alzò una mano. «Siediti e raccontami. Ti prendo da bere.» Andò al frigo e prese una bottiglia di birra.

«Ho lanciato in tribuna. Ho lanciato mezzo metro troppo largo, o troppo alto, ho lanciato quella palla del cazzo ovunque. Questo è successo venerdì, così sabato abbiamo riprovato, e ho colpito il povero ragazzo che avevano messo a battere. Gli ho beccato il gomito in pieno, cazzo. Hanno chiamato uno specialista – un *altro* – e ieri abbiamo parlato un sacco. E nel pomeriggio ci siamo trovati tutti d'accordo che c'era stata la possibilità di ricominciare, ma non era andata.» Bevve dalla bottiglia e alzò le spalle. «Mi spiace.»

«Perché ti scusi?» disse lei.

Lui sospirò come se stesse provando a spegnere una candela. «Non lo so. Non so perché ho pensato che questa volta potesse essere diverso. Era tipo il peggior allenamento a cui chiunque di noi avesse mai partecipato. Ho fatto un paio di tiri che non sono finiti dove volevo io, e lui mi diceva: «Sei in forma, stai bene, rilassati». Ma io lo sapevo. Lo capivo.

«Cosa è successo, secondo te?»

Lui guardò il tavolo. «La stessa cosa che è successa per due anni prima che io venissi qui, cioè non ho un cazzo di idea di cosa sia successo.» Non lo disse neanche da arrabbiato. Lo disse come se stesse raccontando una cosa qualsiasi, come se stesse dicendo, *Be', bisognava stringere la flangia e stavano usando la rondella sbagliata.* «Lo specialista mi ha fatto un sacco di domande, e mi ha sottoposto a una serie di esercizi. Ho superato tutti i test. Mi hanno fatto un paio di risonanze magnetiche, e a parte il fatto che la mia spalla e il gomito hanno praticamente un immondezzaio all'interno, non c'è nulla che non va.»

«Non hai quella roba che ti cade il braccio?»

Dean sorrise. «Non cade. Si spacca a metà.»

«Non è molto meglio, *così*.»

«Be', comunque non ce l'ho. Non ho niente. Continua a essere un problema psicologico del cazzo, non è cambiato niente. A quanto pare un anno è il tempo che ci vuole per dimenticarmi di aver già provato di tutto, la maggior parte delle cose anche per cinque o sei volte, ed è proprio ora di chiudere con le figure di merda.»

«Cioè, fammi capire, smetti?»

Lui alzò lentamente la testa a guardarla. «Sì. È definitivamente, completamente finita.»

«Ma un mese fa ti ho visto lanciare.»

«E ieri un bel gruppetto di persone mi hanno visto mandarla in tribuna.»

Il tonfo della palla nel guantone. «Non puoi smettere.»

«Sì. Posso. Posso smettere. Non giocherò più.»

Lei scosse la testa. «Mi dispiace tanto. Sarei dovuta venire con te.»

Lui scosse la testa e le spalle, a esprimere sconcerto, perplessità. «Per fare cosa?»

«Non lo so. Per essere lì con te, direi.»

«Non ti saresti affatto divertita.»

«Non per divertirmi. Però, ti ricordi quando mi hai chiesto di mettermi dietro il piatto, alla Spring Dance? Ricordi che hai detto che ti avrebbe aiutato sapermi lì, anche se non riuscivi a vedermi? Ho la sensazione che sia successo proprio questo, che non abbiamo rispettato le regole che lo avevano fatto funzionare, non abbiamo fatto le cose nello stesso modo. Può ancora funzionare, ma dobbiamo farlo nello stesso modo…»

«Per favore, basta», disse lui, scuotendo la testa. «Ti prego, smettila, okay, Ev?»

«Sto cercando di aiutarti.»

«Lo so, ma devi ascoltarmi. Devi ascoltarmi. Sono stanco morto, ho passato un weekend infernale, e anche se lo so che stai cercando di aiutarmi, ti sto dicendo che è così e basta.» Notò che era leggermente abbronzato. Sembrava più vecchio.

«È solo che… sono sorpresa.»

«Evvie, quando ero a New York su questa storia mi ci sono intestardito tanto da diventare più pazzo di quello che già ero. Ho fatto ogni singola dannata cosa che mi hanno proposto, tutte. Non capisco cosa ti aspettavi che succedesse.» Si appoggiò al bancone. «Cioè, credevi che adesso sarei riuscito a lanciare perché andiamo a letto insieme?»

Sentire questa domanda era come mordere con un dente cariato, e sentirlo fino al nervo. «No di certo.» *Oh, sì, sì invece, eccome.*

«È finita», disse lui. «Ti sto dicendo che è finita. Tutto questo è finito.» Bevve un sorso e scosse la testa. «Cazzo, come vorrei che tu non mi avessi costretto.»

Evvie fremette. «Cercavo di aiutarti. Credevo che tu volessi provarci.»

«Be', no. E comunque non posso. Avremmo dovuto lasciar perdere. È decisamente ora che io vada avanti con la mia dannatissima vita.»

Lei si guardò attorno. «Mi dispiace se ho frainteso.»

«Non importa. Sono io che avrei dovuto farmi furbo.» Si passò una mano fra i capelli. «Muoio di fame», disse. Aprì il frigo e imprecò a bassa voce, e mentre Evvie capiva cosa stava per succedere, posò davanti a lei la bottiglia di champagne che aveva messo in fresco, con tanta violenza da far traballare il tavolo. «Piantala con questa roba per favore.»

Quando lui sparì nell'appartamento, Evvie strappò l'etichetta dello champagne in tante striscioline, poi lasciò la bottiglia sul tavolo e andò di sopra a sdraiarsi. *Tutto questo,* aveva detto Dean, è finito.

Quella sera, quando arrivò il buio, Evvie si infilò dei pantaloncini di morbida maglina di cotone e una T-shirt grigia e spense la luce della sua camera. Scese, e si fermò in cucina a nascondere lo champagne in fondo a un armadietto, poi andò nell'appartamento, passando per la porta che era rimasta socchiusa. Fece capolino e vide che Dean era a letto, con gli auricolari e gli occhi fissi sull'iPad. C'era soltanto una lucina accesa, quella sul comodino. Restò immobile finché lui alzò lo sguardo, le sorrise, si tolse un auricolare, e glielo porse. Evvie attraversò la stanza, sentendo il tappeto e la quiete sotto i piedi nudi. Dean sollevò le lenzuola e la copertina di cotone e lei sgattaiolò accanto a lui.

Stava guardando *I predatori dell'Arca Perduta*, e lei si mise l'auricolare nel momento in cui Indy arrivava al bar di Marion. Dean risistemò i cuscini in modo che lei potesse rannicchiarsi contro di lui. «Scusami, Ev», le disse all'orecchio. «Scusami, scusami tanto.»

Lei si voltò appena per guardare la curva della mascella e la cicatrice sopra l'occhio, poi disse: «Scusami anche tu».

«Sono stati giorni difficili. Non volevo prendermela con te.»

Lei scosse la testa. «No, ti ho spinto, hai ragione. Neanche io sono al mio meglio, in questo momento.»

«Scommetto che non hai chiamato Andy mentre ero via.»

Lei giocherellò con il ciondolo che portava al collo. «No. Non l'ho chiamato.»

«E neanche lui ha chiamato te?»

Lei tirò la catenina. «Cerco di dare a questa cosa il tempo di sgonfiarsi.»

«Posso farti una domanda?»

«Certo», rispose lei, appoggiandogli una mano su un fianco.

«La sera in cui avete litigato, hai detto: 'Non avrei mai dovuto provare a essere felice'. Che cosa significa?»

La cosa che Eveleth odiava di più dell'essere ubriaca, e che in particolare odiava di più dell'essere stata ubriaca quella sera, erano tutte le cose che lei a stento ricordava, ma sapeva che erano vere. Aveva detto quella cosa; ne era certa. Non aveva idea del perché. Perciò si passò le mani fra i capelli e disse: «Non… credo sia stata una di quelle cose che si dicono da ubriachi… così».

«È passata una settimana. Più di una settimana. Non diventerà più facile.»

Lei annuì. «Mi mancheranno molto questi consigli deprimenti.»

Lui si girò a guardarla con la fronte aggrottata. «Me ne vado?»

«No? Ma è quasi un anno ormai. L'hai detto tu. È ora di riprendere il filo. La tua vita vera. E anche per me, è ora.»

«Sei sicura?»

«Sicura di cosa? Che dopo l'estate verrà l'autunno e allora sarà un anno? Sì. Sì, sono sicura.» Appoggiò una mano piatta sul torace di Dean, gli diede un colpetto, e tornò ad appoggiarsi alla sua spalla. Lei non era magica, non poteva aiutarlo, e lo aveva detto lui, quando era arrivato: la sua vita era a New York. Tanto valeva andare a riprenderla, e non rendere tutto più difficile. Lo sarebbe stato già abbastanza.

32

Circa una settimana dopo il viaggio nel Connecticut, Evvie vide uno scatolone con dentro dei libri sul tavolo dell'appartamento. Fu il primo segnale che era vero. Per tutto luglio, le cose continuarono abbastanza come al solito: dormivano nell'uno o nell'altro letto, aprivano la finestra nelle ore più fresche, leggevano le notizie sui cellulari e si facevano scorpacciate di *30 Rock* e *Archer,* mangiando spaghetti take away o hamburger o qualcosa che lei improvvisava con gli avanzi. Lui di notte dormiva profondamente, non si alzava per andare a lanciare e non applicava di nascosto il ghiaccio alla spalla quando gli faceva male. Poco alla volta, smise del tutto di fargli male.

Evvie leggeva e lavorava, e cominciò a cercarsi i clienti di cui avrebbe avuto bisogno per pagare le bollette quando lui non ci fosse più stato. Quando Dean tornava a casa dopo aver visto Andy lei non gli faceva domande, e lui non le raccontava niente. Più andavano avanti così, meno lei immaginava di potersi mai più riappacificare con Andy. Anche solo in parte.

Ma gli scatoloni si moltiplicavano, e quando il primo agosto lui le porse un assegno, lei lo guardò. «Fino alla fine di questo mese?» disse lui. Lei alzò gli occhi e annuì.

Man mano che la fine del mese si avvicinava, Dean iniziò ad andarsene sul serio. Mandò qualcuno ad aprire e pulire il suo appartamento a New York. Cominciò a vendere le cose che aveva comprato e non gli servivano: il fornetto e il frullatore, e l'appendiabiti, dopo aver messo i suoi vestiti nei bidoni. Disse a Evvie che lasciava sul muro la grande televisione, in caso lei desiderasse uno schermo enorme su cui vedere come si deve *Halls of Power*.

Lei pensava di dare una festa per lui prima della partenza – o meglio, voleva essere il tipo di persona che avrebbe dato una festa per lui prima della partenza – ma lui non volle. Un pomeriggio andò alla partita con il padre di Evvie, e i ragazzini che aveva allenato organizzarono una grigliata per lui e gli regalarono una maglietta con scritto COACH TENNEY. I Claws lo portarono a bere, e le figlie di Andy tirarono fuori colori e pennelli e prepararono dei biglietti per lui, e Andy e Monica lo invitarono al ristorante, mentre Evvie restava a casa a finire un lavoro che era leggermente meno urgente di quanto avesse dichiarato. Passò una giornata da Kell, ad aiutarla con il giardino.

Impacchettò tutte le polverine e le pozioni che teneva sul bancone. Impacchettò l'Xbox. Impacchettò il trofeo stortino e le borracce che erano nello scolapiatti. Una settimana prima di partire, vendette il letto e il tavolo, e le ultime notti dormirono nel letto di Evvie, e a volte si svegliavano nel cuore della notte per fare l'amore o mangiare un po' di cereali o guardare *Match Game '76*, che andava tutta la notte nella TV via cavo. L'ultima sera, Dean smontò il flipper e avvolse le varie parti nelle coperte che gli aveva dato Kell, e lo mise nel furgone.

L'ultimo giorno Evvie si svegliò, andò in bagno, e vide che Dean aveva preso lo spazzolino da denti dal bicchiere di plastica sulla mensola. Il giorno prima, lo aveva preso in giro, dicendo che i loro spazzolini sbattevano uno contro l'altro e si passavano i germi, e lui aveva detto: «Credo che ormai le mie malattie le hai già tutte». Quando Evvie vide il suo spazzolino blu appoggiato al bicchiere tutto solo, le mancò il respiro. Si chinò ad aprire il rubinetto, e si spruzzò acqua fredda negli occhi e sulle guance.

Scese le scale scalza, e Dean era lì che preparava la colazione. «Ehi», disse lei, e andò a dargli un bacio sulla guancia.

«Ehi. Ho fatto le uova e messo su il caffè. E non ti dimenticare che in quel sacchetto ci sono ancora dei mini donut.» Un paio di giorni prima erano passati a farne scorta in panetteria in modo che la mattina dopo avrebbero potuto restare a letto fino a mezzogiorno a mangiare ciambelle e a litigare su quale fosse la versione migliore di *Law & Order.*

«Hai preso tutto?» Si versò una tazza di caffè.

«Credo di sì. Ho svuotato l'appartamento, il bagno, ho tolto la mia roba dall'asciugatrice, ho recuperato il caricabatteria che avevo di sopra. Ho preso il tuo caricabatteria dal furgone e te l'ho posato lì sul bancone. Direi che è tutto.»

Le mise davanti la sua colazione e si sedette. «Se parto abbastanza presto, spero di arrivare stasera un po' prima dell'ora di punta, che sarebbe una bella cosa.»

Lei mangiò un boccone. «Sai, sei migliorato tantissimo con le uova, da quando sei arrivato.»

Lui rise: «Allora non è stata una perdita di tempo totale». Si appoggiò a un gomito. «Sarei un idiota a chiederti se ti capita mai di passare da New York, eh?»

«Non molto spesso», rispose mordicchiando un pezzo di pane tostato. «Ma se capitasse ti chiamo. E ti chiamerò in ogni caso. Cioè, non sto per morire. E tu neanche.»

«Lo spero», disse lui.

Dopo colazione, lavarono i piatti, pulirono il bancone, divisero il conto della luce, e controllarono il traffico sulla strada che avrebbe fatto lui. E si ritrovarono appoggiati ai lati opposti della soglia che divideva la cucina dal soggiorno. «Non ho più niente per trattenerti», disse lei alla fine. «Devi partire, se vuoi evitare l'ora di punta.»

«Okay», disse Dean. Si avvicinò e spalancò le braccia, come

se fosse una ex compagna di scuola incontrata a una cena di classe. Lei si avvicino e si lasciò abbracciare, e restarono così per un lungo minuto. «Grazie davvero, Ev», disse lui. «Non so come avrei fatto.»

«Neanche io», mormorò lei contro la sua spalla. «Cioè… insomma, lo sai.»

Lui fece un passo indietro. «Mi mancherai tantissimo.»

«Anche tu mi mancherai tantissimo. Mi dispiace che le cose non siano andate come speravi.»

Lui si guardò attorno, e poi tornò a guardare lei. «Non lo so, se non sono andate come speravo.» Le strinse una spalla. «Mi accompagni?»

Lei annuì. Quando furono vicini al furgone, lui la baciò, e lei si sentì di nuovo mancare le ginocchia e mozzare il respiro, ma quando si staccò da lui si fece forza e restò salda. «Vai piano. Quando arrivi me lo dici?»

Lui annuì e salì al posto di guida. Mise in moto, percorse il vialetto, e se ne andò. Lei restò in cortile per un minuto, a fissare lo steccato, la casa, la sua macchina che aveva bisogno di essere lavata, e poi salì i gradini, tenendosi forte alla ringhiera, e tornò in cucina.

Proprio mentre stava per lasciarsi andare sul divano del soggiorno, le arrivò un messaggio. Era di Dean, che proprio in quel momento doveva essere fermo al semaforo.

Guarda sotto il lavandino del bagno nell'appartamento. Abbi cura di te. Chiama Andy.

Evvie andò nell'appartamento che adesso era di nuovo vuoto, ed entrò nel minuscolo bagno. Aprì l'armadietto, e tirò fuori un guanto da baseball nero con i lacci rosa. Nel palmo era attaccato un post-it.

Vai alla grande, superstar.

33

Era settembre. Tra un paio di settimane le foglie avrebbero iniziato a cambiare colore. Le serate sarebbero diventate più fresche, ma, per il momento, Evvie sudava ancora, e quasi sempre gettava via le coperte e si svegliava attorcigliata al lenzuolo.

Dean le aveva mandato un messaggio quando era arrivato a New York, e un altro un paio di giorni dopo per dirle che stava cercando lavoro come allenatore in città. Entrambe le volte gli rispose che era contenta, ed entrambe le volte gli mandò un cuore azzurro. Il significato del cuore azzurro era *Ho centinaia di cose da dirti*. Ma, naturalmente, lo conosceva soltanto lei. Lui viveva là, e lei viveva qua. Fine. Bastava. Andava bene così, e dire le altre cose sarebbe servito solo a rendere tutto più difficile.

Invece, si disse che doveva fare una cosa per volta. Appiccicò proprio un post-it allo specchio con scritto fai una cosa. Perciò nella caldissima serata del mercoledì successivo alla partenza di Dean, decise di sostituire la lampadina fulminata nella plafoniera sopra il tavolo della cucina. Portò su dal seminterrato la scaletta, ma quando ci salì e tolse le ragnatele, si rese conto che per arrivare alla lampadina doveva svitare la plafoniera. «Che stupida», borbottò.

Si guardò attorno e si ricordò che il cacciavite era infilato in un barattolo del caffè pieno di viti e chiodi. Il barattolo stava sul bordo di una mensola sopra il fornello, e se si metteva sulle punte poteva arrivarci. Si sporse verso la mensola, ma mentre allungava la mano per arrivare al barattolo, lo fece cadere. Il barattolo colpì uno spigolo del fornello, e viti e chiodi si sparsero per tutto il pavimento della cucina. Contemporaneamente, un grosso libro di ricette che era appoggiato al barattolo dei chiodi, ma lei non se ne era accorta, cadde a sua volta, e colpì sia una caraffa di plastica piena di salsa di mele, sia un grosso vaso pieno di riso. La salsa di mele si rovesciò a terra e si sparse tra la base del fornello, il pavimento e le gambe del tavolo e delle sedie. Il vaso del riso perse il coperchio e il riso uscì fuori formando un mucchio davanti al fornello e mischiandosi, naturalmente, con la salsa di mele, mentre il barattolo rotolò, schizzando riso per tutta la cucina e fino in anticamera.

Quando il rumore terminò, e tutto smise di muoversi, Evvie si guardò intorno. C'era riso sotto il fornello e al suo interno. Le sedie erano imbrattate di salsa di mele. Il pavimento era cosparso di chiodi e viti. In stato di confusione andò in bagno per vedere fin dove era arrivato il riso, e anche lì ne trovò dei granelli. Guardò bene la sua cucina, e abbassò la testa.

Cominciò a piangere, ma non riusciva quasi a respirare. Cercò di ignorare la cosa, afferrò il rotolo di carta da cucina e andò verso il fornello, scivolando sul riso che aveva sotto i piedi. Si inginocchiò sul pavimento e cominciò a raccogliere mucchi di riso e porcheria varia, ma doveva prima recuperare il bidone dell'immondizia, e poi non sapeva se provare a recuperare chiodi e viti o gettare via tutto, e oddio, c'era del riso anche nel cassetto alla base del fornello, che era rimasto leggermente aperto, quindi avrebbe dovuto tirar fuori tutte le pentole e i coperchi, che sarebbero stati pieni di riso, e il fornello era troppo pesante, non sarebbe riuscita a spostarlo.

In ginocchio per terra nella casa che non aveva mai desiderato, si sentiva mancare il respiro. Le sembrava di fluttuare a mezz'aria e di osservare questa donna che singhiozzava per terra, e gemeva, e poi la donna per terra cominciò a urlare. Una parte di Evvie pensava che succede, ho un attacco di panico, sono pazza, sto per morire? E una parte inspirava boccate d'aria e le trasformava in questo suono, che si ripeteva, ancora, di più, un suono che non si era mai sentita produrre. In quel suono c'era più rabbia che nel pianto ed era molto più grande di un urlo e più che a un grido assomigliava a una convulsione, ecco che cos'era, e anche mentre lo stava facendo, pensava: grazie a Dio nessun altro mi vedrà mai così. Grazie a Dio, grazie a Dio.

Non aveva idea di quanto durò. Ma comprese che stava andando avanti abbastanza da farle venire il terrore che arrivasse un vicino; era pronta a sentir bussare alla porta qualcuno che credeva che la stessero ammazzando. Se lei avesse udito quel suono provenire dalla casa di qualcun altro, avrebbe chiamato la polizia. Sentì le parole pronunciate da una voce che a stento riconobbe come sua: *Non ce la faccio* e *Che cosa ho fatto* e *Distruggo tutto.* Quest'ultima più e più volte. *Tutto. Tutto. Distruggo tutto.* Emetteva questo suono, queste parole quasi le urlava, si rendeva conto, ma non poteva fermarlo. Per molti lunghi minuti non riuscì neanche a immaginare che potesse smettere se non quando si fosse svuotata completamente o rivoltata o ridotta a un pupazzetto che sostituiva la persona esistita un tempo.

Ma finì, per lo stesso motivo per cui finiscono le gare a braccio di ferro o le partite ai supplementari: non ce n'è più. E finalmente, finalmente, sentì che il fenomeno tornava indietro. Quel suono terrificante si trasformò in violenti singhiozzi, e poi in un pianto normale, e poi Evvie fece un respiro, e poi un altro e un altro ancora. Lentamente si alzò e si tolse il riso che le si era conficcato nelle ginocchia nude, che adesso erano coperte di dolorosi segnetti rossi. Andò in bagno e accese la luce. Aveva gli occhi gonfi come non li aveva mai visti. Aveva la gola scorticata e le fischiavano le orecchie. Bagnò con acqua fredda un asciugamano e se lo mise sulla faccia, respirando quel fresco, sentendosi l'acqua sulle labbra e inspirando il profumo del detersivo.

Si sentiva stranamente sciolta, come se avesse corso per due chilometri o si fosse fatta fare un massaggio. Era come se si fosse talmente prosciugata che all'interno del suo corpo si fosse slegato tutto. Quel che restava fluttuava come i pelucchi dei soffioni.

Ci mise quasi un'ora a pulire. Raccolse il più possibile con la carta da cucina e lo gettò nell'immondizia; scopò e scopò e scopò; alle fine riuscì anche a spostare il fornello. Tirò fuori i cassetti. Pulì con una spugnetta umida gli sportelli degli armadietti e le gambe delle sedie.

Quando ebbe finito, si sedette per terra in cucina e prese il telefono. *Puoi venire?*

Stai bene?

Sì, ma ho bisogno di aiuto.

Dammi un quarto d'ora.

La porta della cucina è aperta.

Dopo poco più di dieci minuti sentì la porta che si apriva e Andy, tutto sudato con i pantaloncini da basket e una maglia dei Red Sox, entrò in casa sua per la prima volta da due mesi. La vide seduta per terra, appoggiata all'armadietto sotto il lavello. «Gesù, Ev, stai bene? Che succede?»

«Siedi qui con me», disse lei.

Lui si lasciò cadere accanto a lei, e allungò le gambe. Attese, poi si sporse verso di lei. «Come mai stiamo per terra?»

Si rese conto che non lo vedeva da talmente tanto tempo che gli erano cresciuti i capelli, e avvertì una stretta al cuore. «Volevo cambiare la lampadina», disse, indicando con lo sguardo la luce sopra il tavolo. Era un inizio.

Lui seguì il suo sguardo. «Da qui? Non è facile, eh?»

Lei sorrise. «Volevo prendere il cacciavite.»

Lui si girò a guardare la mensola. «Lo tenevi nel Grande Barattolo dei Chiodi? Te *l'avevo detto* che era pericoloso, quello.»

«Era nel Grande Barattolo, sì. Ho rovesciato il barattolo, ho rovesciato la salsa di mele, ho rovesciato il riso.»

Lui fremette. «Quel vaso enorme? Quello con abbastanza riso per *Survivor?*»

Lei annuì. «Quello.»

«Ed è caduto?»

«È caduto. È caduto tutto.»

Andy incrociò le braccia e si guardò attorno, poi trattenne un attimo il respiro e disse: «Davvero pazzesco, lo ammetto».

«Ah, sì, lo puoi ben dire. C'era riso perfino nel bagno.»

Lui fece un fischio. «Aspetta… hai già pulito tutto?»

«Sì.»

Andy rise. «Ev, avresti dovuto chiamarmi prima di fare tutto da sola.»

«Non mi sembrava che chiederti di venire a pulire la mia cucina fosse la cosa giusta. Sai, tutto considerato.» Si girò verso di lui e sospirò. «Ho detto un sacco di cose che non avrei dovuto dire.»

«Lo abbiamo fatto tutti e due, Ev.»

«Non avrei dovuto metterci tutto questo tempo a chiamarti. È stato stupido, e sono troppo triste, e c'è qualcosa che non va. Non va niente.» Si sfregò lo spazio fra gli occhi. «Ha telefonato mia madre. Non oggi. Ha chiamato mentre preparavo la cena, la sera che siete venuti.»

«Oh, merda», disse Andy. «Che è successo?»

«Vuole vedermi, e mi ha lasciato dei messaggi. Non riesco più a tenerla a bada. È una cosa che mi pesa tremendamente, ma non volevo riversarla su di voi…»

«Oh, Evvie, dai, non sarebbe stato…»

«Lo so. È solo che… vorrei essere una persona che… non saprei, che…»

«Fa sempre e soltanto la cosa giusta? Sì, anche io.» Si asciugò la fronte sudata con la maglietta. «Ogni giorno, ho paura di combinare casini con le bambine, e con Monica. Accidenti, ho paura addirittura di aver già incasinato tutto.» Le si avvicinò di più e le tolse un chicco di riso da un ginocchio. «Non è possibile rendere felici tutti contemporaneamente.»

«Ma vorrei, però.»

Lui le passò un braccio attorno alle spalle. «Lo so.»

«È un carico che mi porto», disse lei. «Dannatamente troppo. Dovrei avere un mio personale aereo cargo.»

«Be', non sei la sola. Ti ricordi che quella sera ti ho detto che le bambine erano da Lori per il weekend?» Evvie annuì. «Quel giorno mi aveva detto che voleva tenerle con lei per sei settimane ogni estate.»

«Oh, no.»

«Non sono mai stato lontano da loro per sei settimane. Mai. Non credo di essere stato lontano da loro neanche per sei giorni, da quando è nata Lilly. Ma Monica e io non volevamo rovinarvi la serata, perciò abbiamo deciso di tenercelo per noi.» Annuì. «Il piano non ha funzionato.»

Evvie sorrise appena. «E che è successo?»

«Quello che succede di solito quando Lori strilla che vuole vederle di più. Le vede, e si ricorda che le ama, e che loro amano lei, ma preferisce portarle a pranzo fuori e a fare una crociera piuttosto che essere quella che le obbliga a mangiare la verdura e andare a scuola. E fa marcia indietro. Ha fatto marcia indietro anche questa volta. Porte aperte a visite più lunghe in futuro, ma… per adesso no.»

«Be', sono contenta che la cosa sia superata, se non altro.»

«Possiamo parlare della partenza di Dean? Volevo chiamarti ma… non l'ho fatto.»

«Mi manca già tantissimo. Tantissimo. La verità è questa. Non saprei cos'altro dire, ma almeno sto cercando di smettere di mentire.»

«Mentire su cosa?»

«Su un sacco di cose», rispose lei con semplicità. «Ho mentito a proposito dei piatti.»

«Lo vedi! Lo sapevo che c'era qualcosa che non quadrava in quella storia.»

Lei rise. «Già. Li ho rotti, i piatti gialli. O meglio, Dean e io li abbiamo rotti. Cioè, li ho rotti io. E mi ha fatto sentire bene come non mi sentivo da mesi, non saprei spiegarti perché. Non sapevo come dirtelo. Proprio come non sapevo come dirti che volevo divorziare.»

«E adesso me ne puoi parlare?»

Evvie gli raccontò che Tim era cattivo. Gli raccontò le peggiori cattiverie che lui le aveva detto. Gli parlò del suo caratteraccio, di come la copriva di improperi quando non trovava qualcosa, e del livido sulla schiena che si era fatta contro il cassettone. E poi si guardò i piedi e si ricordò. Fece il sospiro più profondo di tutta la sua vita. «Ti ricordi quando mi sono tagliata il piede? Che mi hanno messo i punti?»

Lui si girò a guardarla. «Avevi detto che ti era caduto un bicchiere.»

«Sì, ho detto così. Ma è caduto a Tim.» Un attimo di silenzio. «No, non è vero. Tim ha scagliato quel bicchiere. Ha scagliato un bicchiere per terra in soggiorno perché era furibondo con me. Lui l'ha tirato, e io ci ho camminato sopra.»

Andy scosse la testa. «Mio Dio.»

Evvie annuì lentamente. «Sai, fin dai tempi della scuola ha continuato a ripetermi almeno una volta alla settimana che le mie reazioni sono sempre esagerate. Che per me è tutto un dramma. Dopo un po', già sapevo quello che avrebbe detto. Non aveva neanche bisogno di dirlo. Perciò ho praticamente smesso di parlare con chiunque.»

«Però avrei dovuto capirlo.»

Evvie alzò le spalle. «Sono una brava bugiarda.» Toccò un puntino sulle ginocchia. «E a questo proposito, devo dirti che c'erano i soldi dell'assicurazione, ma mi sentivo troppo in colpa per usarli, così non li ho toccati. Ed è inutile discutere perché non lo farò.»

Lui sbarrò gli occhi. «Cazzo.»

Lei sorrise. «Già. È per questo che sono al verde. Ed è per questo che non potrò restare in questa casa. Ne cercherò una più piccola, magari più vicina all'acqua.» Lo guardò. «So che ti sto caricando di un mucchio di roba. Ma direi che per adesso basta. Aggiungo solo: scusa.»

«Be'», disse lui, raccogliendo un chicco di riso che era sotto l'armadietto e gettandolo alle sue spalle, dentro il lavello. «Ti chiedo scusa anch'io.»

«Tutto a posto. Sono contenta che tu sia venuto.»

«E io sono contento che tu mi abbia chiamato.»

Evvie tirò su le ginocchia e si afferrò gli stinchi con entrambe le mani. «Stasera mi sono presa uno spavento assurdo. Non so proprio cosa fare adesso.»

Lui le mise un braccio attorno alle spalle, e lei si appoggiò a lui. «È tutto a posto. Ci sono io. Ne uscirai.»

34

QUALCHE giorno dopo, Monica le mandò un messaggio. *È un sacco di tempo che non ci si vede. Sto infornando il pane. Posso portartene un po' nel pomeriggio?*

Certo! Grazie. Passa dalla porta della cucina e fammi un urlo, magari sono di sopra a lavorare e non sento bussare.

Ma invece di lavorare, Evvie, inquieta ed esausta, andò a finire nell'appartamento di Dean, anzi, nell'appartamento e basta. Posò la mano sul bancone dell'angolo cottura, e guardò il vuoto di quella grande stanza rettangolare dove aveva bevuto bourbon e raccontato storie e dove a volte aveva dormito con il più celebre disastro di Calcasset accanto a lei. In mezzo al pavimento, esattamente sotto la ventola, si stese sulla schiena e chiuse gli occhi.

Qualcuno bussò, ma restò dov'era, e dopo poco sentì la porta che si apriva. «Evvie?» chiamò la voce di Monica.

«Sono qui», gridò in risposta. Udì il rumore delle chiavi posate sul tavolo della cucina.

«Oh, ciao», disse Monica.

«Ciao.»

«Posso venire?»

«Certo.»

Monica la raggiunse e si sedette per terra, poi si sdraiò allineandosi con lei. «Sono contenta di vederti.»

Evvie sorrise al soffitto. «Sì, anche io.»

E proprio lì, sdraiata per terra, guardando il soffitto popcorn che Evvie aveva sempre avuto intenzione di cambiare, Monica la aggiornò sull'imminente saggio di danza di Rose, l'attuale fissa di Lilly per certi pupazzetti chiamati Monsteroo («tipo dei Beanie Baby progettati da Tim Burton»), e tutto quello che c'era da fare adesso che era ricominciata la scuola. «E tu, come vanno le cose?» le chiese alla fine.

«Bene. Avrò molto da fare. Credo che venderò questa casa. È troppo grande per me. E sto cercando di ricominciare a lavorare. In questo particolare momento, poi, sto anche cercando di evitare mia madre al telefono.»

Monica rise. «Uffa!»

Non ne aveva avuto l'intenzione, ma Evvie finì per raccontare a Monica di Eileen: che se ne era andata quando lei era piccola, come le sue visite e telefonate fossero gradualmente diminuite, come spuntasse all'improvviso quando decideva lei, ma fosse stata assente a matrimoni e funerali. «Tuttavia», concluse Evvie, «è mia madre. Non voglio avere rimpianti. So che devo vederla e rassegnarmi, anche se mi stressa sempre tantissimo.»

«Non sei *obbligata*.»

«No, lo so. Ma sto cercando di... Non lo so. Non posso escluderla completamente, quindi tanto vale fare pace con lei.»

«Mmm..»

«Cioè?»

«Ecco, non vedo perché tu debba essere quella sempre disponibile. Se lei può aspettare quando decide di farlo, perché non può aspettare quando *tu* decidi di farlo? Non dev'essere mica per sempre.»

Soltanto il tintinnio dei braccialetti di Monica che si spostava rompeva il silenzio. «Che tipo è tua madre?» chiese Evvie.

«Iperprotettiva. Simpatica. Intelligente. Lavora in uno studio legale. Viene da una grande famiglia cubana, un sacco di fratelli e sorelle, proprio come me.»

«Tua madre è cubana?»

«Sì. Se stai pensando che a guardarmi non si direbbe, pensi esattamente quello che mi ha detto un tipo una volta, quando ho presentato la domanda per una borsa di studio estiva. Subito dopo mi ha chiesto se guardavo la serie *Jane the Virgin*.»

Evvie si girò: «Veramente?»

«Veramente.»

«Ma non sono cubani.»

«No, infatti.»

«Che hai fatto?»

«Niente. Ma due giorni dopo mio fratello ha chiamato quel tizio. Si è presentato dicendo di lavorare nello studio legale Rodriguez, Rodriguez & Rodriguez, e gli ha detto che se avesse mai fatto un'altra domanda del genere, lo avrebbe citato per un milione di dollari.»

«È avvocato, tuo fratello?»

«Non solo non è un avvocato, è anche il minore dei miei fratelli. All'epoca aveva quindici anni.» Monica alzò le spalle. «Ha un vocione.»

Evvie rise.

«A proposito, volevo dirti che ho tenuto la bocca chiusa sulla faccenda dell'intimo. Andy mi aveva chiesto chiaro e tondo se pensavo che tu andassi a letto con Dean.»

«E tu cosa gli hai detto?»

«'Lo spero. Io lo farei'.»

Evvie rise. «Scommetto che la risposta gli è piaciuta.»

«Ma è vero. Gli ho raccontato che la volta che mi sono avvicinata di più a farlo con un atleta professionista è stato quando sono andata a letto con il tipo che impersonava la mascotte della nostra squadra all'università.»

«Sei andata con la mascotte?»

«Te lo giuro.»

«E come è stato?»

Monica esitò un attimo poi si girò verso Evvie. «Una volta mi ha detto che voleva tenere la testa di tigre del costume a letto. Si aspettava che io lo trovassi terribilmente eccitante.»

«E tu?»

«Gli ho risposto che in base alla mia esperienza avrei preferito che tenesse il resto del costume.»

Sghignazzarono, e le loro risate riecheggiarono nell'appartamento. Monica cambiò posizione. «Senti, ti va se ogni tanto ti chiamo per andare al cinema o cose del genere? Qui conosco soprattutto uomini e ho bisogno di amiche per mantenere il mio equilibrio.»

«Sarebbe bello. Io una volta avevo delle amiche», disse Evvie. «Non so bene cosa sia successo. Quando ero sposata, Tim voleva che frequentassimo soltanto *coppie.* Pensava che mi lamentassi di lui con la gente. Alla fine, era più facile non cominciare neanche, e così ho praticamente smesso di uscire.»

«Scusa un attimo… come sarebbe?»

«Sì, lo so. È un po' strano.»

«Più che strano, Evvie, lo definirei un abuso emotivo.»

Evvie aveva raccontato di come si era tagliata il piede per colpa della rabbia di suo marito, e aveva parlato del suo cattivo carattere. Aveva sognato tante volte la sua faccia congestionata e il respiro affannoso. Aveva detto a Dean, da subito, che Tim non si comportava bene con lei. Che lei non lo amava. Aveva sussurrato di non sentire la sua mancanza. *Era cattivo*, aveva detto ad Andy. Ma eccola qui, la diagnosi, come quella che puoi fare per qualcuno che ha la febbre e la gola arrossata, ci guardi con una torcia e dici, *mmm,* che è una tua impressione, che non sei un esperto, ma che sembrerebbe proprio un'infezione da streptococco.

Lo definirei un abuso emotivo.

«Sì», disse Evvie dopo un attimo. «Lo dico sempre che uno di questi giorni dovrei iniziare una terapia.»

«Io sono assolutamente a favore», disse Monica. «Uno dei miei dottori mi ha detto: 'La tua testa è la casa in cui vivi, perciò devi fare la manutenzione'.»

«È un po'… strano.»

«Sì. Le metafore sulla salute mentale sono così, o ci prendono alla grande o toppano proprio. Ma io prendo antidepressivi da quando avevo diciassette anni, perciò se pensi di averne bisogno posso darti dei nomi.»

Ne ho bisogno sì, pensò Evvie.

Due giorni dopo, Evvie era di nuovo sdraiata per terra nell'appartamento con il telefono in mano e il cuore che batteva a mille. Aspettare non serve. Tanto vale farlo adesso. E non pensarci più. Non avrebbe saputo dire perché aveva tirato fuori il guantone da baseball nero e rosa e se lo era appoggiato a un fianco.

Andò nelle chiamate recenti e trovò quella che stava cercando. La selezionò e schiacciò il tasto.

«Pronto?» La voce di sua madre era sempre un po' ansiosa e mai completamente credibile. Probabilmente era seduta nella veranda, il gatto in grembo, gli occhiali da sole sulla testa.

Evvie si sentiva tremare la mano. «Ciao, mamma.»

«Evvie! Sono contenta di sentirti! Cominciavo a temere che tu non avessi avuto i miei messaggi. Come stai, tesoro?»

«Bene.» Grattò il tappeto con la mano libera. «Tu come stai?»

«Impegnatissima. Non sai quanto. Sono appena stata a una fiera dell'artigianato ed è andata benissimo. E ho visto una commedia stupenda, una che l'anno scorso era a Broadway, e adesso è in tournée. Sai, quella su una coppia, un tradimento… hai presente?»

«Non saprei.»

«È stupenda. Dovresti proprio vederla. È emozionante.»

Evvie chiuse gli occhi. «Senti, mamma, ho poco tempo,

ma volevo parlarti di quello che hai detto, che saresti venuta da queste parti.»

«Sì! Sì, sarò in zona verso la fine di settembre. In che giorno ti farebbe comodo venire a Portland per pranzare insieme? Sono secoli che non ci vediamo. Tutte e due non ci siamo date tanto da fare per restare in contatto, eh?»

Evvie aprì e chiuse il pugno e giocherellò con i lacci rosa del guanto. «Non credo che riusciremo a vederci, questa volta.»

Un attimo di silenzio, poi: «Oh, sarai via?»

Per un istante, Evvie pensò che forse per una volta sua madre le aveva lanciato una fune di salvataggio. Aprì la bocca in uno slancio di gratitudine, stava per dire che sì, sì, sarebbe stata via, proprio così. Ma poi si ricordò di quando era nel furgone con Dean, durante il viaggio di ritorno dal pranzo del Ringraziamento e lui le aveva detto che doveva cominciare a essere sincera con qualcuno.

«No, non sarò via. È solo che non voglio vederti, mamma. Non dico che non vorrò mai, ma adesso no.»

«Come sarebbe a dire?»

«In questo momento non voglio incontrarti.»

«Non fare la sciocca. Sono secoli che non ti vedo. Dobbiamo aggiornarci.»

«No. Non adesso.»

La voce di Eileen adesso era più tesa. «Insomma, non ti capisco proprio. Perché fai tante tragedie?»

Tenne gli occhi chiusi. «Non faccio tragedie. Non ho l'energia per metterti al corrente di tutto quello che mi è successo negli ultimi due anni in due ore solo perché tu pensi che possa essere interessante. Ho appena rotto con una persona, forse venderò la casa… ho un sacco di cose a cui pensare e non voglio aggiungerne altre.»

«Per me va bene qualunque momento che sia comodo per te», disse Eileen, come se Eveleth non avesse aperto bocca.

«Mamma, non mi ascolti. Non voglio. Mi…» Prendi lezioni su come non scusarti sempre, sentì la voce di Andy che lo diceva. «Non voglio.»

«Tesoro, lo so che per te è stata dura. Ma non ti chiedo molto: un pranzo. Se c'è qualcosa di cui dobbiamo parlare, ne parleremo. Voglio aiutarti. E voglio sapere tutto del tuo ragazzo.»

«Lo capisco, ma io non voglio parlarne con te.»

«Eveleth», disse Eileen. «Tu hai una sola mamma, e io ho una sola figlia. E vorrei che nessuna delle due dovesse poi avere dei rimpianti.» Eccola lì. Il crescendo della sinfonia di Eileen Ashton per telefono e bigliettini prestampati finiva sempre così, con lo stesso fragoroso colpo di piatti: *come ti sentirai se muoio?*

«Mamma, parleremo più avanti.»

«Evvie, questo non è da te.»

«No. Lo so.»

35

«EVELETH», disse la dottoressa Jane Talco con un sorriso, aprendo la porta dell'ufficio. «Entri. Mi fa piacere rivederla. Scusi questo cumulo di cartacce.»

Evvie entro nella stanza, beige e blu e rilassante, con un batticuore così forte che aveva paura di svenire. Si lasciò cadere sul divano e cercò di produrre un sorriso da persona sana di mente, se esisteva. «Anche per me è un piacere», disse alla fine, nel tono più calmo che riuscì a trovare, una frase ridicola, perché non era affatto un piacere.

«Allora», disse la dottoressa Talco, sedendosi nella sua poltroncina. «È passato parecchio tempo. Mi racconti come va.»

A sorprendere Evvie non fu il fatto di piangere, perché negli ultimi quattro giorni non aveva fatto altro, ma aver pianto così presto. «Merda», sussurrò fra sé.

«Sul tavolo ci sono dei fazzolettini. Respiri.»

Evvie si asciugò gli occhi, fece un gran respiro, e concentrò lo sguardo su un quadro che raffigurava gabbiani, appeso sul muro alle spalle della dottoressa. «Ho l'impressione di aver cominciato male.»

«Ha cominciato benissimo», le disse la dottoressa.

«Ma come, mettendomi a piangere appena seduta?»

«C'è gente che ha pianto per sei mesi», disse la dottoressa. Evvie sbarrò gli occhi. «Non sto dicendo che lo farà anche lei.»

«Non so che cosa dire. Immagino 'aiuto'. Ma non saprei cosa aggiungere.»

«Per esempio, che cosa l'ha spinta a prendere il telefono e chiamarmi?» la dottoressa Talco aveva in mano una penna d'argento e la faceva roteare fra le dita.

«Ho fatto cadere della roba. Nella mia cucina. E non so cosa sia successo… ho sbarellato. Credo di aver pensato che stavo diventando pazza. O un termine meno offensivo.» Raccontò del barattolo del riso e di come si fosse sentita gemere. Mentre lo descriveva le parve strano come mentre lo viveva. Se veramente la sua testa era la casa in cui abitava, Evvie aveva sempre più paura che attraversarla sbattendo i piedi sul pavimento e scuotendo le travi, potesse farla crollare fino alle fondamenta. «Alla fine urlavo per terra nella mia cucina disperata perché dovevo pulire tutto quello che avevo rovesciato. E come le ho detto ho pensato che forse stavo diventando pazza. Non mi sembrava normale.»

«Non ne sarei tanto sicura. Quando abbiamo parlato l'altra volta le avevo detto che secondo me una persona nella sua situazione avrebbe potuto aver bisogno di aiuto. Mi rammenti quanto tempo fa è morto suo marito.»

«Quasi due anni.» Scosse la testa. «Sì, fra un paio di settimane saranno due anni», disse. Si sentì subito un'imbrogliona, a permettere a questa dottoressa di trattarla come se fosse in lutto. «Ho anche appena chiuso una storia che era iniziata da poco. E forse ho chiuso anche con mia madre. Non sono sicura che il problema sia l'incidente di mio marito.»

«Sa, non è detto che debba esserci per forza un *problema*.»

«Lei non mi ha vista per terra in cucina.»

La dottoressa Talco sorrise. «Lei non ci crederebbe, a sentire quanta gente mi ha raccontato che sono riusciti a superare il cancro o un divorzio o avere la casa distrutta da un incendio, e poi una volta hanno perso le chiavi della macchina o hanno finito il caffè o il cane gli ha mangiato le pantofole, e sono crollati. È l'ultima goccia.»

«Sento...» per un po' Evvie non disse altro. Disse: *Sento,* e si fermò. Guardò dalla finestra, guardò per terra, sempre aspettando che parlasse la dottoressa. Si aspettava che fosse lei a condurre l'incontro. Il silenzio durò tanto da trasformarsi da imbarazzato in complice. Un silenzio che aveva uno scopo. Alla fine Evvie si portò una mano alla bocca e si schiarì la voce. «Sento che dovrei essere in grado di cavarmela da sola. Continuo a ripetermelo. Ripigliati. Non muori di fame, hai degli amici, devi solo... darti una regolata.»

La dottoressa Talco unì le dita tamburellando. «Lei sa che è possibile togliersi i denti da soli con un paio di pinze?»

Evvie la guardò senza capire. «Non mi aspettavo che mi dicesse questo.»

«No, lo immagino. Ma è la verità. Se lei ha un dente cariato, può prendere un paio di pinze, infilarsele in bocca e tirare il dente più forte che può. Lo farebbe, lei, questo?»

«È una domanda trabocchetto?»

«Risponda.»

«No, non credo che mi toglierei un dente da sola con un paio di pinze.»

«È il mio modo di spiegare la terapia. Il problema non è se sia possibile cavarsela da soli. Si può certamente provare. Ma può essere pericoloso, ed è più difficile. Cercare di darsi una regolata è la pinza casalinga della salute mentale.»

Evvie ricordò Monica che diceva: *Le metafore sulla salute mentale sono così, o ci prendono alla grande o toppano proprio,* e sorrise. Questa ci prendeva, dai.

«Evvie, se le può essere d'aiuto, tenendo conto di quello che ha detto negli ultimi cinque minuti, è un bel po' di roba da affrontare da sola.»

«Quindi secondo lei sono una candidata alla terapia.»

«Praticamente chiunque è un candidato alla terapia. Compresa me. Il punto è: ci vuole provare? Vuole parlare di sé?»

Annuì. «Sì.»

Evvie mise in vendita la casa di Bancroft Street. La comprarono subito, appena lei permise all'agente immobiliare di svuotarla della metà di quello che conteneva, in modo che sembrasse ancora più grande, ancora più spoglia.

Sostituirono il tappeto del soggiorno, e così quel che restava delle macchie di sangue dopo l'incidente del bicchiere se ne andò fuori dalla porta. Per l'ultima volta, si sdraiò per terra nell'appartamento, premette le mani contro il pavimento, e avvertì la mancanza di Dean tanto da svenire. E poi prese le sue cose e se andò, e per un paio di mesi visse da suo padre cercando una casa nuova.

La trovò in un freddo giorno di autunno, il primo in cui indossò il giaccone pesante. Betsey, l'agente immobiliare, fece salire Evvie nella sua utilitaria rossa e la portò sul breve ponte che collegava Calcasset a Kettle Bay Island, abbreviata di solito in KBI. Sull'isola c'erano soprattutto piccoli cottage con una o due camere da letto, e qualcuno veniva affittato d'estate. «Credo che questo potrebbe piacerti», disse Betsey. «Appena l'ho visto ho pensato a te. Non è grande, ma è vicinissimo all'oceano.»

Era una casa che aveva un nome, si chiamava Kettlewood. Quando Evvie aprì la porta, vide una stufa a legna in un angolo e una moquette di quelle che non costano molto e durano tanto, tipiche delle case in affitto, con una striscia più consumata che andava dalla cucina al soggiorno e poi fino al salottino che dava sulla baia. Il lato della casa davanti al mare aveva grandi finestroni, e c'era un piccolo pontile, largo abbastanza per un paio di sdraio e un barbecue, forse. La cucina era piccola e da rifare. Ma la caldaia era a posto, il tetto passò l'esame, e quando suo padre venne a vederla, disse: «Sì. Mi sembra buona, Eveleth».

* * *

Prima di finire di svuotare la casa, Evvie aveva invitato Lila, la madre di Tim, a prendere qualcosa per ricordo. Lila girò ovunque, Evvie sapeva che stava guardando tutti i punti in cui aveva visto Tim in piedi, seduto o occupato a dispensare sapienza medica. Qualunque altra cosa fosse stato, Tim era suo. «A volte ancora non riesco a crederci», disse Lila. «Che tristezza.»

Evvie non sapeva a quale tristezza si riferisse. C'era tanta tristezza. *Tutto* era triste, in quella casa. La tristezza viveva nelle pareti come un poltergeist, ed era ora di scappare. Quando Lila se ne andò, dopo un caffè e due chiacchiere sulla borsa di studio in memoria di Tim e i lavori che Evvie doveva fare a Kettlewood, le disse: «Spero che nella nuova casa sarai felice come lo sei stata qui». E a Evvie non sembrò neanche di mentire, quando la abbracciò e finse di farsi lo stesso augurio. Era piuttosto come infilarle un regalo in tasca, passare un talismano a qualcuno a cui avrebbe potuto fare bene. Era come restituire a Lila la morte di Tim così che potesse piangerlo quanto voleva, nello stesso modo in cui Evvie aveva dato alla parrocchia le camicie di lui. E come se avesse acceso il fuoco nel camino e bruciato la scatola dove conservava le ricevute e le matrici dei biglietti e gli appunti presi da Tim quando studiava medicina.

Mentre aspettava di traslocare, telefonò a Nona, riuscendo a beccarla tra due lezioni.

«Nona, sono Evvie Drake. Scusa se ho lasciato passare tutto questo tempo. Mi sono successe parecchie cose. Avrei dovuto chiamarti prima.»

«Sono contenta che adesso tu l'abbia fatto», le disse Nona. «Stavo per rinunciare e rivolgermi a qualcuno meno bravo di te.» Non parlarono di condoglianze, o di rimpianti. Non parlarono di Tim, perché Nona non lo aveva conosciuto e non gliene importava. Non parlarono di Dean, perché lei non seguiva il baseball. Conosceva soltanto Evvie e il lavoro di Evvie. Niente famiglia, niente buone azioni, niente uccellini con la zampa rotta che avrebbe potuto salvare. Solo il suo lavoro.

Si misero d'accordo per un libro che analizzava gli effetti della pesca industriale e dei cambiamenti climatici sui pescatori di aragoste del Maine. Il lavoro sarebbe iniziato in aprile. Nona le mandò un nuovo registratore e una bottiglia di champagne con un biglietto che diceva: «Faremo grandi cose insieme, grazie». Andy la portò a cena fuori per festeggiare.

Il Giorno del Ringraziamento, suo padre tagliò il tacchino, e al momento del discorso disse che era grato per sua figlia e «per tutto quello che ogni giorno fa per rendermi orgoglioso, nonostante quello che ha perso». Era un inizio. Forse un giorno gli avrebbe raccontato della valigia blu e del livido sulla schiena. Ma la dottoressa Talco le aveva assicurato che non era obbligata, se non se la sentiva. «Non ha nulla da confessare», le aveva detto.

Per Natale, Andy e Monica le regalarono il buono per una giornata in una spa di Bar Harbor. Quando Evvie aprì il biglietto la mattina di Natale, a casa loro, Monica si chinò a sussurrarle: «Ci andiamo insieme, se sei d'accordo». Lei annuì. E in gennaio, quando arrivò il momento del massaggio, Evvie fece un profondo sospiro beato mentre una donna le spalmava una maschera di argilla calda sulla schiena e sulle spalle. Ma quando le spostò una ciocca di capelli perché non si sporcasse, a Evvie mancò il respiro, rivivendo la sensazione di Dean che le scostava i capelli dalla nuca. Le vennero le lacrime agli occhi.

* * *

In febbraio Evvie traslocò a Kettlewood e una settimana dopo andò al Thunderous A-Paws, un canile di Thomaston che le aveva raccomandato Diane Marsten. Si avvicinò alla scrivania nell'atrio e disse: «Buongiorno. Credo che la mia casa nuova abbia bisogno di un cane». La donna seduta lì sorrise.

La accompagnò in quello che chiamavano «il dormitorio», e la condusse in una stanzetta dove un cucciolo marrone con grosse zampe stava trascinando per terra una palla da baseball di pelouche grande come la sua testa. Lei scoppiò a ridere e gli si avvicinò. «Ehi, ciao, amico.» Il cucciolo andò verso di lei con la palla in bocca. Senza lasciarla andare, guardò Evvie negli occhi e disse, *Rrr?*

Evvie si sedette per terra. Il cucciolo lasciò cadere la palla e si dedicò a toccarle con il naso ogni possibile punto del corpo prima di saltarle in braccio. Lei gli parlava, sentendo sotto le dita il suo morbido pelo, e rise quando lui cercò di arrampicarsi sulle sue ginocchia e cadde su un fianco, continuando a scodinzolare con tutto se stesso.

Quattro giorni e un'altra visita dopo, era stesa sul pavimento della sua casa nuova con il cucciolo sdraiato sullo stomaco, e gli grattava le orecchie guardando quegli occhioni pigri che si chiudevano.

Evvie abitava nel cottage da qualche settimana quando decise che era la sera giusta per appendere le casse che aveva comprato usate da un amico di Andy. Era un sistema wireless, con una lunga cassa per il soggiorno e altre più piccole per la cucina e il bagno. Collegò il tutto al suo telefono, e appena schiacciò PLAY, fece un salto. Il cane fece altrettanto e drizzò le orecchie come quelle di un canguro. Era così forte. Cercò il tasto del volume, ma si fermò, divertita dalle vibrazioni che attraverso il pavimento arrivavano ai suoi piedi senza scarpe.

Il vicino più vicino non era affatto vicino. Al piano di sopra non c'era nessuno che cercasse di dormire, o di telefonare, o di lavorare. Perciò restò ferma per un attimo, a sentirsi vibrare le piante dei piedi. Si avvicinò a una parete e ci appoggiò le mani sopra, e sentì vibrare anche quella, e rise. «Cazzo!» Alcuni suoni sotto il palmo delle sue mani erano spessi e tondi, altri erano acuti e sottili. Andò alla finestra e si appoggiò ai vetri, e nei punti in cui si riflettevano le luci li vide tremare leggermente. Appoggiò la mano al pannello di vetro freddo e mentre il basso pompava, avvertì il solletico sulla pelle. Quando si spostò, vide il segno rimasto, come un cinque dato da un fantasma. Si rese conto all'improvviso che quella era la sua finestra, che poteva sporcarla.

Si mise a saltellare in punta di piedi insieme a quello che adesso le pareva il battito della casa, tutta. Webster cominciava a capire che era l'ora di ricreazione, perciò si accucciò vicino a lei con il sedere per aria. «Questa è la Puppy Dance!» gli disse Evvie, e ballò il twist per il suo cagnolino che sbatteva la coda per terra e contribuì con un uggiolio. Scivolando e saltando arrivò fino in cucina, dove fece un assolo su un piano immaginario, strisciando le dita sul vecchio bancone laminato.

Roteò nell'ingresso e poi fino in camera, e si lasciò cadere sul letto, scuoteva i piedi e agitava le mani, urlava con l'ultimo coro. Mentre teneva la nota finale a occhi chiusi, sentì un naso umido sulla fronte. Emerse dal suo sogno a occhi aperti e vide Webster che cercava di salirle sullo stomaco.

Evvie si tirò su e grattò le orecchie del suo cane. Aveva il viso accaldato e appiccicoso, era completamente senza fiato, e non doveva niente a nessuno.

36

Dean era nello studio dei suoi genitori e guardava i trofei vinti nelle serie minori, qualche articolo incorniciato che parlava della sua carriera – la parte buona – e una quantità di festoni dei Marlins e degli Yankees. Era marzo, ma lui non si stava preparando per il campionato, e questo gli faceva ancora dolere la spalla. Aveva pensato che andare a trovare i suoi gli avrebbe fatto bene.

«La cena è pronta», disse sua mamma, passandogli un braccio attorno alla vita.

Lui la strinse a sé. «Non dovete mica tenerla tutta questa roba, sai?»

«Non credi che almeno lui dovremmo conservarlo?» toccò il pupazzetto con la testa che dondola, il quale annuì entusiasta.

«Diavolo, quando l'hanno fatto pensavo che fosse una cosa fighissima», disse Dean sorridendo. «Un pupazzo con la mia faccia. Poteva essere il punto più alto della mia carriera.»

«Non il cameo in *Law & Order*? Hai conosciuto Ice-T.»

«Infatti», disse lui, e fermò con un dito la sua piccola replica. «Okay, lui potete tenerlo. Ma probabilmente potreste tranquillamente sbarazzarvi di un sacco di questa roba.»

«Stai scherzando? Ogni tanto entro qui a prendere la manona di gommapiuma. La metto quando litigo con papà.»

«Non è vero.»

«Potrei.»

«Sai, mamma, non c'è più nulla di cui essere orgogliosi.»

Lei gli diede una botta fianco contro fianco. «Ma certo che siamo orgogliosi. Avresti comunque smesso a un certo punto. Se non altro per vecchiaia. Hai già qualche capello bianco, sai?»

«Sì, lo so.»

«Ogni volta che giocavi tuo padre metteva la tua maglia. Una volta eravamo in macchina quando hai eliminato tutti i tuoi battitori e lui ha suonato il clacson e non smetteva più e ho avuto paura che ci dessero una multa.»

Dean guardò il titolo del *Daily News* che lo definiva un eroe. «Ero un bravo lanciatore», disse a sua madre.

«Eri un grande lanciatore. Te la ricordi questa?» Indicò una foto ritagliata dal *New York Times* in cui lo avevano immortalato a mezz'aria dopo una vittoria nelle World Series. Aveva fatto un salto di una settantina di centimetri a gambe aperte come se dovesse superare un ostacolo, la bocca spalancata in un urlo, i pugni sopra la testa. Quell'immagine era finita su T-shirt e copertine di riviste, e aveva visto la foto di due persone che se l'erano fatta tatuare su un braccio. «Quello lo hai fatto, comunque.»

«Sì», disse lui. «L'ho fatto. È solo… sono l'unico, capisci? Sono l'unico a sapere che ho fatto tutto… ogni singola cosa che mi è venuta in mente, ogni singola cosa che gli altri mi hanno proposto. Passerò il resto della mia vita a sentirmi dire che non ci ho provato abbastanza.»

Angie gli massaggiò lentamente la schiena. «Dean, alla gente non piace… la fragilità. Li rende nervosi. Gli fa paura pensare che queste cose succedono. Credono che ci sia sempre qualcosa che puoi fare per impedire ai mostri di nascondersi sotto il letto. Capisci cosa intendo?»

«Intendi che i bastardi saccenti si sentono invincibili.»

«Non dico che questo ti farà sentire meglio. Ma quello che dovrebbe farti sentire meglio è che terrai con te ogni giorno felice in cui hai giocato.» Gli mise una mano sul gomito. «E anche se tu non prendessi mai più in mano una palla da baseball per il resto della tua vita, non per questo saremo meno orgogliosi di te di quanto lo eravamo quando ti hanno fatto quella foto.» Guardò l'orologio che aveva al polso. «Tra cinque minuti porto in tavola. Non farti chiamare di nuovo.»

«Ci sarò», disse, chinandosi a baciarla su una guancia. «Grazie, mamma.»

A tavola, Stuart andò dritto al punto. «Hai notizie di Evvie?»

Angie scosse la testa. «Stuart, credevo che avessimo intenzione di arrivarci per gradi. Questo sarebbe arrivarci per gradi?»

Stuart alzò le spalle. «Ci sono arrivato e basta.»

Dean si mise le patate nel piatto. «Ogni tanto mi manda un messaggio. Ma niente di serio. Quella storia… è finita.»

«Be', che idiozia.»

«Stuart», disse Angie, «stai calmo.»

«Secondo te non è un'idiozia?»

«Non ho detto questo.»

Dean imburrò un pezzo di pane. «Ecco, papà, non è riuscita ad accettare che sia tutto nella mia testa. Mi ha spinto in tutti i modi a cercare di ricominciare a lanciare e, quando non ha funzionato, mi ha più o meno detto di andarmene.»

«Non mi ero accorta che il baseball le interessasse così tanto», disse Angie.

«Sì, non mi suona, questa cosa», confermò Stuart.

«Credetemi, non mollava mai», spiegò Dean. «Era come voi quella volta dell'All-Star Camp.»

Angie e Stuart si guardarono. «Aspetta un po'», disse Angie. «Dimmi, com'è che sei finito all'All-Star Camp, secondo te?»

«Voi mi avete assillato finché non ho accettato di andarci.»

La madre di Dean fece un «Ah!» pieno di disprezzo, e nello stesso tempo suo padre disse: «Starai scherzando, spero».

«Cosa?»

Stuart infilzò un pezzo di pollo. «Ti ricordi male, caro mio.»

«Cioè? Qual è la vostra versione?»

«Hai portato a casa il depliant del campo, hai detto che ti avevano invitato, ma era chiaramente un pesante impegno con un mucchio di ragazzi che non conoscevi. Sembrava che ti facesse paura. Hai detto a me e alla mamma che non ci volevi andare. Ti abbiamo chiesto se eri sicuro, e tu hai detto di sì. Il giorno dopo, è ricomparso il depliant sul tavolo. Ti abbiamo chiesto di nuovo 'Allora, la vuoi fare questa cosa, Dean?' 'No, no, non voglio'.»

«Eri adamantino», aggiunse Angie.

«Ma quell'affare continuava a saltare fuori. Ogni volta che chiudevi il discorso dicendo che non ci volevi andare, lo trovavamo sul tavolo. Ho detto a tua madre: 'Angie, o Dean ci vuole andare a questo campo oppure abbiamo in casa un fantasma che ce lo vuole mandare'.»

Angie rise. «Già, me l'ero dimenticata.»

«E così il giorno dopo arrivi a casa e dici: 'Sai cosa ho saputo oggi papà? Teddy va all'All-Star Camp'. E a quel punto io ti ho detto: 'Vacci. Ci andrai'. Altro che 'assillarti'.»

Dean si accigliò. «Strano, non me la ricordavo questa cosa.»

«Sai che se tuo padre si stesse inventando tutto te lo direi», commentò Angie. Ma anche io la ricordo così. Facevi allusioni. E altre allusioni. E poi altre ancora. Credo che tu ci invitassi proprio ad assillarti.»

«E quindi», disse Stuart, «non è che per caso hai lasciato in giro un po' di depliant anche per Evvie?»

Dean restò in silenzio per un attimo. «Dannazione.»

37

L'ULTIMO venerdì di marzo, poco prima delle undici, Evvie prese la macchina e andò a Calcasset con una scatola bianca posata sul sedile accanto a lei e indirizzata a Dean a New York. Parcheggiò di fronte all'ufficio postale e scese dall'auto con la scatola fra le braccia. Il sole stava cercando di uscire dalle nuvole, e un gabbiano le passò sulla testa, stridendo. Quando era sul punto di entrare, la porta si aprì, e ne emerse il dottor Paul Schramm, con un mucchio di posta tenuta insieme da un elastico. Ormai era in pensione, e ogni tanto il padre di Eveleth le passava qualche informazione che aveva avuto sugli Schramm: dove erano, da dove spedivano le cartoline agli amici. «Ciao Eveleth», disse il dottore.

«Buongiorno, dottor Schramm.» Spostò il pacco sotto il braccio. «Quante lettere!»

«Ehi, quante volte te l'ho detto di darmi del tu?» disse. Guardò le lettere che aveva in mano. «Helen e io siamo stati in Nuova Scozia per un paio di settimane e ci hanno tenuto la posta. Sarà quasi tutta pubblicità. E tu come stai? Ho saputo che hai venduto la casa.»

«Sì, infatti.» Evvie annuì. «L'ha comprata un tipo simpatico che ha una tipografia ad Augusta. Di sicuro lo conoscerai presto.»

«Dev'essere stata dura lasciarla.»

«Sì. Era una bellissima casa, ma troppo grande per me adesso che sono sola.» E così, per un istante, Tim fluttuò tra loro come una scarica di bolle di sapone.

Il dottor Schramm annuì, con dolcezza. «Lo immagino. E adesso vivi a KBI, vero? Per quanto la tua casa fosse bella, ho sempre amato i cottage sull'isola. Mia zia ha vissuto lì per anni. Mi piaceva sedermi sul pontile a guardare le barche.»

«Anche io lo faccio spesso. Ci sono ancora molti lavori da finire ma quando la casa sarà a posto, inviterò a cena te e Helen, va bene? Mangeremo sul pontile.»

«Ti prendo in parola», disse lui annuendo. «Stai bene, tesoro.»

«Anche tu, Paul.» Spinse la porta pesante dell'ufficio postale e andò al banco. Posò la scatola.

«Posta celere?» chiese l'impiegata, senza guardarla.

Evvie lisciò con la mano l'etichetta con l'indirizzo, e chiuse gli occhi per un secondo. *Ti prego, ti prego, ti prego*. Poi li aprì e disse: «Sì, per favore».

Qualche giorno dopo aver spedito il pacco, Evvie si svegliò ai primi raggi di sole che entravano in camera, e appena aprì gli occhi si trovò davanti uno sguardo umido e supplichevole.

«Oh, ciao, piccolo», disse a Webster, e gli grattò un orecchio. Lui chiuse gli occhi beato solo per un attimo, poi ricominciò a lanciare strali di tristezza dalla sua postazione, seduto accanto al letto. «Hai fame?» gli chiese. Lui agitò le orecchie. «Mangiamo qualcosa?» Lui fece un balzo e si tirò su, e lei gettò via le coperte. «Facciamo colazione!» Vide Webster sparire dietro l'angolo, e lo sentì attraversare correndo il soggiorno e arrivare in cucina, dove le sue unghie stridettero sul pavimento nel vano tentativo di fermarsi.

In cucina, Evvie versò del cibo nella ciotola di Webster, poi mise su il caffè. Erano le nove del mattino. Forse Dean stava facendo colazione. Magari non era solo. Prima di mandargli il pacco avrebbe dovuto chiedere ad Andy se Dean frequentava qualcuno. Anzi, avrebbe dovuto chiederlo a *lui*. Indossò i pantaloni della tuta e un giaccone per portare Webster a fare una passeggiata lungo il sentiero che andava da casa sua alla strada principale.

Ogni giorno lei e Webster percorrevano quel sentiero, facendosi largo fra i sempreverdi, e ogni giorno ipotizzava possibili incontri con i vicini, e si preparava a sorridere. Questa casa era a circa venti minuti da quella vecchia, era ancora vicina a suo padre, e ad Andy e le bambine. Ma il quartiere era nuovo, ammesso che si potesse definire quartiere, e le abitazioni così distanti fra loro che era facile avere l'impressione di essere isolata.

Tornata a casa, tolse il guinzaglio a Webster e si preparò qualcosa da mangiare, controllando di continuo il telefono, chiedendosi se già quel giorno lo avrebbe sentito. Dopo un po' si spostò in soggiorno, e vide che la nebbia si stava diradando e riusciva a intravedere le barche dalla finestra.

Mentre si sistemava sul divano con un libro, si bloccò e si portò una mano al cuore. Se le avessero chiesto se sarebbe stata in grado di distinguere il motore del furgone di Dean tra altri dieci rumori simili, avrebbe detto di no, ma adesso capì che si sbagliava, perché nell'istante in cui lo sentì, fu certa che fosse lui. Aveva soltanto il cane a cui rivolgersi, perciò gli disse: «Ehi, cucciolotto, chi sarà?» Webster non aveva l'esperienza né la sicurezza di sapere cosa prevedesse una lealtà assoluta in presenza di un evidente intruso, perciò sentendo il furgone arrivare uggiolò con tutta la minacciosa eccitazione che un cucciolo di cinque chili riesce a produrre.

Evvie andò alla porta e la aprì in tempo per vedere Dean che si fermava accanto alla sua macchina e scendeva. Dopo sei mesi di messaggi a intermittenza e occasionali sogni erotici – e sì, anche occasionali sogni erotici a occhi aperti – l'immagine mentale che aveva di lui era un po' sfuocata. Ricordava che era alto e bruno e che aveva occhi verde muschio, e ricordava la forma delle spalle e l'inclinazione dei fianchi. Ma mentre Dean veniva verso di lei con un sorriso storto, Evvie si rese conto che l'immagine mentale non aveva conservato il neo sulla guancia e il fatto che camminava incespicando leggermente.

Erano fermi ai lati opposti della porta e sorridevano entrambi. Poi lui sollevò un guanto da baseball nero con i lacci rosa. Attaccato al palmo c'era un post it. In grandi lettere nere, lei ci aveva scritto MI MANCHI.

«Hai perso il tuo guanto?» le chiese lui.

Lei si morse un labbro. «Pensavo che mi avresti mandato un messaggio. O telefonato. Non mi aspettavo che venissi fin qui. Sarei venuta io.»

Di solito lui non la stuzzicava apposta, ma in questo caso lo fece. La guardò negli occhi e rispose: «Era più veloce così».

Lei sentì il volto avvampare e le ginocchia piegarsi. «Allora entra», disse spalancando la porta.

38

Era una sensazione così familiare lui che le passava accanto sulla porta, sentirsi sfiorare da quella spalla mentre lo faceva entrare in casa. Appena fu dentro, Dean si voltò e la tirò verso di sé, mettendole le mani sulla schiena. «Spero di aver fatto bene a venire. Ieri sera sono tornato da un torneo della squadra che alleno, ed era troppo tardi per chiamarti. Pensavo di farlo oggi, ma mi sono svegliato alle quattro del mattino, e quando ho realizzato che potevo arrivare per l'ora di pranzo, non ho... non ho fatto che partire.»

Lei annuì e sorrise. «Hai fatto bene.» Lui si chinò a baciarla, e da principio lei lo lasciò fluire dentro di sé, gli mise le mani sulle braccia, ricordò com'era, che sensazione era, ascoltò il battito del suo cuore. Quando sentì che lui la stringeva più forte, gli piantò le dita nella schiena. Nei mesi passati senza di lui, aveva dimenticato eppure nello stesso tempo non aveva dimenticato; era come sentire l'inizio di una canzone e scoprire di ricordarsi le parole.

Il cane all'improvviso uggiolò e saltò sulle gambe di Dean, ispezionandolo in cerca di eventuali segnali di pericolo, di salsicce o di precedenti incontri con gatti. «Webster, Webster», disse Evvie quando Dean si tirò indietro, si accovacciò e grattò le orecchie del cucciolo, rendendo puramente accademica qualunque ipotesi di sorveglianza.

«E quindi questo è il cane», disse.

«Sì. È Webster.»

«Da?»

Evvie rise. «Quando l'ho fatto vedere ad Andy e Monica, lei mi ha chiesto di che razza era, e io le ho detto che era un mix di cani pastore, perché così mi hanno detto al canile. E Andy ha detto: 'Sembra il cane che illustra la parola cane nel dizionario'. E così l'ho chiamato Webster.»

«E hai anche cambiato casa.»

«Sì! Te la faccio vedere? Cioè, ti fermi un po'?»

Lui le mise una ciocca di capelli dietro l'orecchio. «Sì.»

«Okay, vieni.» Lo portò in cucina e poi gli mostrò il nuovo tavolo che aveva messo nel soggiorno che faceva anche da sala da pranzo. «È grande abbastanza per i pranzi di famiglia con mio padre e Kell e Andy e i suoi. Lì c'è la stufa a legna.» Passarono nella stanza con i finestroni, che al momento offrivano una vista limitata sulle barche più vicine. «E questa è la mia vista.»

«Porca miseria», disse lui piano. «Che roba!»

«Sì. Mi piace tanto. La mia agente immobiliare mi aveva sentito dire che ho sempre desiderato una casa di fronte al mare, e così mi ha portata qui. La moquette è vecchissima, e gli elettrodomestici in cucina sono… be'… diciamo d'epoca. Ma mi piace. Ho voglia di sistemarla.» Si strinse i gomiti. «E a New York come va? Ci sediamo?» Lui annuì e si sedettero su due sedie alte che assomigliavano molto a quelle che c'erano nel precedente appartamento.

«A New York va bene. Sono tornato nella mia vecchia casa nel mio vecchio quartiere, e ho un sacco di amici vicini. Adesso sono in grado di vedere i ragazzi che conoscevo prima senza stare male, e questo è ottimo. Lavoro un po' come allenatore, partecipo a dei gruppi di incontro.»

«E… come va il resto? Sei felice?»

Dean restò in silenzio per un attimo, poi disse: «E tu? Vuoi spiegarmi perché mi hai mandato il guanto?» Quelle parole restarono sospese per un po'. «Tocca a te, Minnesota.»

Evvie fece un bel respiro. «Volevo chiamarti. Ma avevo un mucchio di cose da fare che non potevano aspettare. La casa, mia madre, il lavoro. E tantissima terapia.»

«Hai imparato qualcosa di interessante?»

Lei esitò, tirandosi le pellicine di un'unghia. «Guarda, a questo ci arriveremo. Ho davvero molto da raccontarti. Ma soprattutto, volevo dirti che vorrei aver fatto tante cose in un modo diverso. Avrei dovuto ascoltare con più attenzione. Chi è portato a risolvere, a sistemare, cerca sempre di farlo, e io volevo aggiustare qualcosa. Volevo essere d'aiuto. Non avrei dovuto spingerti.» Sospirò. «Ma onestamente penso che anche tu…»

Lui sollevò una mano. «Evvie, anche io volevo aggiustare, e avrei dovuto dirlo, non è stato giusto non farlo. Ho detto sì alla partita. Ho detto sì a tutto. Avevi ragione tu. Le pigne, il campo nel cuore della notte. Volevo ricominciare, certo.» Fece una carezza al cane. «Ma, Ev, quando non ha funzionato, quando è stato chiaro che potevo finire come insegnante di ginnastica alle superiori, mi è sembrato che per te non fosse abbastanza.»

Questa fu una bella botta, in piene costole. «Dean, io non volevo che tu riuscissi a lanciare perché questo avrebbe significato che valevi abbastanza per me.» Si guardarono. «Io volevo che tu riuscissi a lanciare perché questo avrebbe significato che *io* valevo abbastanza per te.»

Lui aggrottò la fronte. Non in segno di incredulità, ma di curiosità. Poi la ruga svanì. «Tu vali abbastanza per me.»

Lei annuì. «E anche tu.» Sorrise. «A questo serve la terapia, giusto? Sai che il cane è stata una sua idea?»

«Ti ha fatto la ricetta per un cane?»

«Non proprio, lei non fa ricette. Se avessi bisogno di qualcosa con ricetta, me la farebbe il mio psichiatra, dato che ne ho uno. No, la mia terapista pensava che, visto che non ho ancora le idee chiare sulla mia vita e devo darle una struttura, avere uno come Webster, che esige che io esca di casa, sarebbe stata una cosa positiva.»

Lui annuì. «È importante, questo.»

«Sì, be', sono proprio messa male, sai?» gli disse Evvie in tono vivace.

«Oh, be', certo, anche io.»

Restarono seduti in soggiorno a chiacchierare fino al pomeriggio e, quando iniziò a piovere, guardarono le gocce picchiettare l'oceano e bagnare le barche dei pescatori, ed Evvie tirò fuori dalla cassapanca in salotto il plaid di lana e se lo avvolse sulle gambe. Fece il tè e insegnò a Dean ad accendere la stufa, e condivise con lui i risultati della sua ricerca informale su quale legno bruci meglio.

Dean prese il giocattolo preferito di Webster fatto da Evvie con vecchie magliette intrecciate, e si impegnò in una lotta a base di spintoni e contorcimenti che portò entrambe le parti a ringhiare parecchio. Evvie diede una botta sul gomito di Dean e gli intimò di non torturare il suo cane, e Dean disse di prendersela con il cane, e Webster si stufò e andò a stendersi accanto alla stufa.

Nel tardo pomeriggio Evvie versò del bourbon e preparò degli snack, e si sedettero sul divano con i piedi appoggiati al tavolino per ascoltare la nuova puntata del podcast di crimini veri che entrambi seguivano. Dean roteò gli occhi, e si lamentò perché secondo lui quel caso non lo avrebbero mai risolto, ed Evvie gli passò un cracker con burro di arachidi e disse che la soluzione era nel viaggio. Lui le prese una mano e uncinò l'indice al suo.

La puntata terminò ed Evvie propose di portare Webster a fare una passeggiata. Fecero il sentiero più lungo fino alla strada, e poi scesero lungo la curva dell'insenatura fino al ponte che collegava Calcasset all'isola. Il tratto era così breve che le auto ci mettevano pochi secondi ad attraversarlo, ma se chiedevi a chiunque abitasse nella strada di Evvie, avrebbe detto che viveva a Kettle Bay Island, come se fosse davvero isolata. Evvie spiegò che nella baia c'erano anche isole in cui non si poteva arrivare in macchina, per raggiungerle bisognava prendere un traghetto. In particolare le piaceva una dove c'era un allevamento di aragoste e una minuscola cittadina che d'estate brulicava di turisti. Disse che una volta o l'altra ce lo avrebbe portato, quando avesse fatto più caldo. Mentre camminavano, lei teneva il guinzaglio con una mano e lui le mise un braccio sulle spalle.

Quando tornarono, si acciambellarono sul divano e accesero la tele. E subito scoppiarono a ridere tutti e due. «Ma proprio il baseball!» disse Evvie.

«E non soltanto», le rispose Dean. «Oggi inizia il campionato.»

Lei indicò la partita con il telecomando. «Vuoi vederla?»

«Scherzi? Voglio controllare quanto hai imparato.»

E così per un po' guardarono la partita. Dean le indicò quelli che conosceva, quali lanciatori secondo lui avrebbero dovuto fare un paio di allenamenti in più, e quali battitori avevano cambiato posizione. E ogni tanto si interrompevano per baciarsi o mangiare qualcosa. Era il modo perfetto per guardare una partita, le disse Dean.

Quando fuori fu buio cenarono. Evvie gli raccontò che tra un paio di settimane avrebbe iniziato a lavorare con Nona. Aveva preso anche qualche cliente per le trascrizioni e lavorava qualche ora alla settimana nell'ufficio di Betsey, con cui aveva fatto amicizia mentre cercava casa. Non era ancora esattamente quello che desiderava, ma era lavoro, e poteva pagare il mutuo con i suoi soldi.

Lavarono i piatti, uno accanto all'altra davanti al lavello, e poi tornarono nella grande stanza con i finestroni, e si sedettero ad ascoltare l'acqua che sbatteva contro le barche. Fece uscire Webster ancora una volta, nel piccolo recinto che suo padre aveva fabbricato per lui, e mentre stava sulla porta e lo chiamava per farlo rientrare, sentì che Dean la abbracciava. Le sussurrò all'orecchio che voleva vedere anche la camera da letto, e lei rise, e il cane rientrò e si mise a cuccia. Portò Dean in corridoio, e lui notò immediatamente che il letto era nuovo. Non era quello in cui aveva dormito con suo marito; non era quello in cui aveva dormito con lui. Era un letto in cui aveva dormito soltanto lei, a parte, naturalmente, Webster, quando saltava su, cosa che gli era severamente proibita. Ma vallo a far capire a un cucciolo.

Si baciarono, e quando lui la lasciò andare, vide che lei aveva gli occhi umidi. La prese per le spalle, le chiese cosa avesse, se non era sicura. Ma lei rise e disse che non era quello, in un tono secco e definitivo che chiariva che no, proprio non era quello. Lui si tirò via la maglietta, e lei si sfilò il maglione bianco dalla testa. Aveva saltato tutti i rituali. Sapeva di essere un po' sudata e imperfetta, ma sembrava che a lui non importasse. Dopo tutto anche lui era sudato e imperfetto, ma questo non le impedì di sentirsi le giunture cedere e dissolversi quando lui la baciò, come se ogni parte del suo corpo che Dean toccava la spingesse verso di lui.

Lui mormorò – anzi, ruggì – che lei gli era mancata, e quando Evvie disse che anche lui le era mancato, lo disse con una voce che nessun altro sarebbe stato in grado di sentire neanche a dieci centimetri di distanza, come se lo avesse sussurrato dentro di sé, e a lui fosse arrivata attraverso la punta delle dita che gli posava sulla schiena. Lei respirava, e ascoltava lui respirare.

Dopo, così vicini che dividevano lo stesso cuscino, Evvie e Dean stavano uno di fronte all'altra, nel letto di Evvie. «Cosa facciamo adesso?» chiese lei. «Non adesso *adesso*. Hai capito cosa voglio dire.»

«Evvie, io a New York sto piuttosto bene.»

Lei si sentì mancare.

«Mi piace casa mia. Mi piace allenare. Mi piace stare nei gruppi di sostegno, e mi piace vivere vicino a gente che conosco da tutta la vita, amo la città, e la possibilità di fare una quantità di cose che non sono giocare, e anche se mi sei mancata – e mi sei mancata tantissimo – sono stato abbastanza felice.»

Lei disse soltanto: «Ah», felice di essere nella stanza più buia, dove era certa che la faccia che doveva avere in quel momento restasse un segreto.

«E credo che anche tu stia bene qui. Questa casa è fantastica. Sei vicina all'acqua. Sei nel posto che ami. E hai un cane magnifico.»

Lei sorrise appena. Questo non poteva negarlo.

«Hai anche fatto pace con Andy, a quanto pare.»

«Sì. Be', non è come una volta. Non ci vediamo più tutte le settimane. Non ci parliamo tutti i giorni. Ha le bambine, sta con Monica, ha un sacco da fare. Ma mi sto abituando. La mia terapista dice che è il lutto per la prima chiamata.»

«Cioè?»

«Dice che quando succede qualcosa di importante, nel bene e nel male, c'è una persona sola che si chiama per prima. E se sei stato la prima chiamata per qualcuno, è dura non esserlo più. Lei dice che è uno dei motivi per cui i genitori certe volte sono tristi quando i figli si sposano. Non è soltanto il nido vuoto. Non sono più la prima telefonata. Io non sono più la prima telefonata di Andy. Questo non significa che vorrei essere io la sua ragazza, o che la sua ragazza non mi stia simpatica. Ma è stato triste. Adesso è diverso. La dottoressa dice che essere tristi è importante.»

Lui la baciò sulla fronte. «Mi dispiace.»

Lei alzò le spalle. «Va bene così.»

«Perciò tu stai bene. E io sto bene. E la mia sensazione è che io potrei stare a New York e tu potresti stare qui, e staremmo bene, tutti e due.» Le mise una ciocca di capelli dietro le orecchie. «Ma non credo che è quello che dovremmo fare.»

Evvie non riuscì a trattenere un sorriso. «No?»

«Non so… non so tante cose. Dove vivere, che lavoro voglio fare, se voglio una famiglia o cosa. Ma sono veramente innamorato di te. E sai, a meno che non sia di nuovo un lancio completamente fuori bersaglio, credo che tu provi lo stesso sentimento. Perciò penso che dovremmo vivere nello stesso posto e sistemare il resto. Perché quando siamo nello stesso posto sono più felice, e credo sia lo stesso per te.»

Protetta dal buio, Evvie chiuse gli occhi e sorrise.

«E di' qualcosa», Dean le diede un colpetto con il ginocchio. «Non lasciarmi a blaterare da solo.»

«Scusa… è che… ho paura», sussurrò lei.

Lui si accigliò: «Perché?»

«L'ultima volta che ho provato ad andarmene ed essere felice, qualcuno è morto. Ho la sensazione che se le cose vanno troppo bene succederà qualcosa di terribile.»

Dopo un attimo di silenzio, Dean disse: «Intendevi dire questo, quella sera, quando eri ubriaca. *Non avrei mai dovuto provare a essere felice*».

«Sì», sussurrò lei.

Lui le afferrò una mano sotto le coperte e la tirò su, portando sotto i loro menti le mani intrecciate. «Ev, se aspetti abbastanza, qualcosa di terribile succederà sempre. Ma non credo proprio che dipenda dal fatto che tu cerchi di essere felice. È così, e basta. Una… una mattina ti svegli, e devi riprogrammare tutto. Non per vantarmi, ma è il settore in cui sono esperto.» Le strinse più forte la mano.

«È solo che si perdono un sacco di cose», disse lei.

«Lo so. Lo so. Ma succede anche se provi a buttare via tutto prima tu. Puoi solo sperare che alla fine quello che resta sia abbastanza.»

Lei sorrise. «Ti amo», disse.

A lui mancò il respiro per un attimo. Poi le lasciò andare la mano e posò la sua sul viso di Evvie. «Bene.»

Lei si rannicchiò più vicina a lui. «Vuoi vivere qui per un po'?»

Lui non mostrò la minima sorpresa. «Sì.»

«Cioè, dovrai di nuovo traslocare. E la tua casa?»

«Be'», Dean si sistemò meglio sul cuscino. «La terrei. Per il momento possiamo tenerle tutte e due. Non possiamo sapere cosa avremo voglia di fare. A te piace la storia, a New York ci sono tanti musei importanti. Se ti va potremmo stare anche un po' lì. Non è brutto, avere una casa anche a New York.»

«Quindi vuoi rimanere flessibile.»

«Lo so che sembra un modo di tenere il piede in due scarpe. Ma non è così. Non mi fraintendere, Ev. Probabilmente voglio sposarti.»

Lei rise: «Ah, *probabilmente*.»

«Ma adesso come adesso voglio vivere con te, a casa tua, con il tuo cane, e ascoltare le barche e passeggiare nel bosco e magari riprendere il mio lavoro a scuola. E quando succederà qualcosa di terribile, lo affronteremo.» La abbracciò più stretta. «Questa è la mia proposta.»

«Sì», Evvie si strinse a lui e lo baciò. «La accetto.»

E poi

ANDY si sposò in ottobre, quando le foglie cominciarono a cambiare colore. La cerimonia si svolse nella chiesa presbiteriana, e il ricevimento nella Kettle Bay Hall, una ex caserma dei pompieri che era stata ristrutturata e d'estate era la sede del Festival dell'Aragosta. Il giorno prima Evvie e Kell erano andate a sistemare i tavoli e coprirli con le tovaglie d'argento che Kell aveva stirato. Le bambine correvano fra i tavoli mentre Evvie sistemava le bomboniere a ogni posto: un sacchetto di confetti e un mazzo di carte con la data del matrimonio. Andy aveva detto che aveva capito che lui e Monica sarebbero sopravvissuti all'organizzazione del matrimonio quando avevano deciso insieme, fin dall'inizio, un'unica regola inderogabile: niente barattolini di vetro coi confetti.

Quella sera Andy e un po' di amici, compreso Dean, erano usciti per quella che Andy definì: Quella Noia dell'Addio al Celibato di Papà, ovvero due birre al bar, la visione di *Palla da Golf* e un torneo di *Madden* che andò avanti più o meno fino all'una e terminò quando Rose si svegliò in lacrime per un brutto sogno. Un paio di settimane prima Evvie aveva partecipato all'addio al nubilato di Monica e aveva scoperto che la mamma di Monica aveva dei magnifici capelli d'argento e chiamava Andy il «promesso» di Monica.

Il mattino delle nozze Evvie portò fuori Webster mentre Dean si metteva lo smoking. Lei e il cane tornarono in tempo per vedere Dean emergere dalla camera da letto pronto ad andare, ed Evvie sollevò un sopracciglio. «Che bel bocconcino.»

«Ti dirò che ho indossato cose più comode.»

«Benvenuto nel mondo dell'Abbigliamento Formale per Signore: Corso Introduttivo di Empatia.»

«Mi sento scemo vestito così.»

«Sì, ma sei strafigo. Anche se sinceramente non capisco perché io non posso mettermi un vestito bianco e tu puoi mettere lo smoking.»

«Abbassa i toni, molestatrice. Kell accompagna i miei in chiesa. Io vengo con Andy e noi ci vediamo lì, va bene?»

«Sì.»

Lui le diede un bacio e grattò le orecchie del cane. «Ti amo», gridò andandosene.

«Ti amo», canticchiò lei, togliendo a Webster il guinzaglio e appendendolo all'attaccapanni. Fece la doccia e si asciugò i capelli, poi andò in camera a mettere il vestito, che era verde smeraldo con maniche al gomito. Aggiunse una spilla d'oro a forma di foglia d'acero accanto alla scollatura e mise nella borsetta color bronzo fazzolettini, rossetto e una trousse vintage che la mamma di Dean le aveva regalato per festeggiare il giorno d'estate in cui aveva legalmente ripreso il nome di Eveleth Ashton.

Evvie diede un'ultima grattatina alle orecchie di Webster («Guarda che voglio bene anche a te, cucciolo», disse con la voce-che-si-usa-solo-con-il-cane) e salì in macchina. Mentre percorreva il ponte di Calcasset salutò con il clacson e la mano Morris, che viveva due case dopo la sua e che usciva con il suo cane, che si chiamava *veramente* Fido, più o meno alla stessa ora in cui lei portava fuori Webster di sera. Passò davanti al centro medico, passò oltre il boschetto in memoria di Tim, che si vedeva dalla strada, e spostò le mani sul volante.

I soldi di Tim, i soldi della morte, non c'erano più. Dean l'aveva portata da un'avvocatessa a New York, e lei aveva fatto in modo che Evvie potesse dare i soldi a Dean, e Dean potesse darli via, in modo che nessuno potesse chiedere come mai Evvie Drake-Evvie Ashton distribuisse tutti quei soldi come un… come uno sportivo professionista. Alla fine di un pomeriggio estivo, seduti sul pontile, con delle birre e i piedi sollevati, avevano preparato l'elenco dei beneficiari: un grande centro di accoglienza per donne a Portland, un piccolo ente no profit per la prevenzione della violenza domestica a Calcasset, le leghe giovanili di baseball, il banco alimentare, la biblioteca, la ACLU, l'Unione Americana Per le Libertà Civili, e la Ida B.Wells Society, che stava preparando la nipote di Nona a diventare giornalista. Radio pubblica, televisione pubblica, lo zoo, l'orchestra da camera. Rifugi comprati con la morte, sinfonie comprate con vetri rotti, barattoli di burro di arachidi e lattine di zuppa comprati con il matrimonio nella cattedrale che Evvie non avrebbe mai dovuto celebrare.

Davanti alla chiesa erano parcheggiate una quantità di macchine, compreso il furgone di Dean, e quando scese dalla sua Evvie si sentì circondata. Adesso tutti sapevano di lei e Dean, tutti sapevano che aveva venduto la casa. Ai genitori di Tim era dispiaciuto moltissimo che lei non si fosse presentata ad altri anniversari della morte dopo quel primo anno e quel primo albero. Il padre di Evvie, una volta, li aveva sentiti lamentarsi di come lei avesse dimenticato in fretta il loro figliolo.

Entrando in chiesa, si imbatté in Kell, che indossava un elegante abito color lampone pieno di merletti. «Ciao tesoro, benvenuta, benvenuta.»

Evvie diede un bacio sulla guancia a Kell e si guardò intorno mentre la chiesa si stava riempiendo. «Un sacco di gente.»

«E una bellissima giornata. Un perfetto giorno d'autunno. So che lui vorrà vederti, perciò perché non vai dietro?»

Andy si stava preparando in una stanzetta sul retro della

chiesa, e quando lei bussò alla pesante porta di legno, fu Dean ad aprire. La baciò. «Ehi.»

«Ehi», rispose lei. «Pensavo di salutare.»

«Certo. Io adesso devo andare dai miei genitori, così voi due potrete parlare un po'. Torno tra un paio di minuti.»

«Grazie. E continui a essere figo», gli disse, mentre lui le passava accanto. Dean si girò e le fece l'occhiolino. Evvie entrò mentre Andy si stava raddrizzando la cravatta. Lui la vide nello specchio e si girò.

«Evvie», le disse. «Sono nervoso.»

«Be', è logico. Là fuori c'è un sacco di gente e ti fisseranno tutti. Chiunque sarebbe nervoso.» Passò una mano lungo la camicia. «Sei bellissimo, comunque. E lei è magnifica. E insieme sarete meravigliosi.»

Lui si girò. «Ti voglio bene.»

Lei gli prese le mani. «Non ti abbraccio perché non voglio scompigliare tanta bellezza, ma anche io ti voglio bene. E sono molto felice per te.» Gli strinse le mani per farglielo capire bene. «Sono molto, molto felice per te.»

«Anche io sono felice per te», disse lui, con un breve sguardo verso la porta.

Lei alzò le spalle. «Chissà? Incrociamo le dita.»

Lui sorrise. «Incrociamo le dita.»

«Le bambine sono pronte?»

«Sono pronte, vestite, pettinate, hanno mangiato circa mezzo chilo a testa dei confetti per le bomboniere, e sono con Monica a darle ciò che secondo la tradizione è di buon auspicio per il matrimonio: 'qualcosa di vecchio, di nuovo, di prestato, di blu…' servizio completo.»

Evvie ricordò quando aveva preparato Rose per Halloween, aiutandola a infilarsi in un costume da principessa delle fate, e poi le aveva attaccato le ali. «Sì, si direbbe proprio che… abbiate pensato a tutto.»

«Mi faresti un favore?» chiese Andy. «Durante la cerimonia

mia mamma sarà seduta con le bambine, ma potresti metterti vicina? Solo per… mi sentirei più tranquillo se tu non fossi lontana.»

«Non sarò lontana.»

«Evvie! Non piangere.»

Lei si strinse le mani. «È un matrimonio. Si può piangere. Va' a sposarti.»

«Okay, non mi importa se mi sgualcisci il vestito, vieni qui.» Evvie si avvicinò e lo abbracciò, evitando il fiore che aveva all'occhiello, e tenendo il viso truccato lontano dalla giacca di Andy.

Lo aveva stretto così il giorno in cui sua moglie se ne era andata via, la notte in cui suo marito era morto, il giorno in cui le aveva detto che era fidanzato e la mattina in cui lei gli aveva fatto vedere la sua casa nuova. Per anni avevano segnato i nuovi capitoli con il mento di Andy sulla spalla di Evvie e le braccia di Andy attorno alla vita di Evvie.

Dean tornò e disse che era ora. Evvie baciò la guancia di Andy e poi gli tolse il segno pallido del rossetto. Entrò in chiesa, e si infilò nel banco subito dietro Kell, con la mamma e il papà di Dean da un lato e suo padre dall'altro.

«Che carina!» le disse suo padre.

«Grazie.» Evvie gli appoggiò per un attimo la testa alla spalla. «Ti voglio bene papà.»

«Anche io ti voglio bene, Eveleth.»

E così Andy si sposò, e Dean gli fu accanto, ed Evvie pianse. Dopo la cerimonia, attese Dean accanto alla macchina, avvolta nella giacca.

Sarebbe arrivato il giorno, lo sapeva – lo supponeva, addirittura lo sperava – in cui sarebbe stata con lui da così tanto tempo che il loro rapporto sarebbe stato rilassato e familiare. Sarebbe stato così meravigliosamente banale che vederlo arrivare da un posto qualsiasi e venire verso di lei non l'avrebbe fatta avvampare. Ma non quel giorno non era oggi, mentre lui usciva dal retro della chiesa con lo smoking e il cravattino mezzo sfatto e il primo bottone della camicia aperto. Dean la raggiunse e appoggiò le mani sul tetto dell'auto, chiudendola in mezzo. Non disse niente. Si limitò a quel suo mezzo sorriso.

Lei scoppiò a ridere.

Ringraziamenti

Ho la fortuna di avere più persone da ringraziare di quante possa menzionarne, ma sono ben decisa a fare del mio meglio.

La mia agente, Sarah Burnes, ha perfettamente compreso me e questo libro fin dal primo accenno al telefono. Il suo sostegno è stato determinante per farlo arrivare nelle vostre mani, e lo è stato altrettanto per permettere a me di sopravvivere al processo di creazione e addirittura godermelo.

È stato un vero piacere lavorare con Sara Weiss, la mia editor per la Ballantine, che ha individuato quello di cui aveva bisogno il mio libro, ma ha saputo anche lasciarmi trovare da sola le mie soluzioni. Mi ha anche aiutata a tagliare una quantità di cose che voi non saprete mai di aver rischiato di leggere. (Avrebbe sicuramente migliorato questo paragrafo.)

Grazie anche a Elana Seplow-Jolley per le sue riflessioni, e a tutto il team della Ballantine.

Devo moltissimo al mio grande amico Stephen Thompson, le cui avventure di genitore single hanno suscitato in me grande interesse e profonda ammirazione. Mi dispiace per il tempo che potrebbe passare a spiegare che questo libro non parla della nostra amicizia (infatti, non ne parla).

Alla famiglia Thompsley, compresa la mia carissima Katie Presley: voglio bene a tutti voi.

Grazie a Margaret «Hulahoop» Willison, che anni fa ha letto le prime pagine di questo libro e non ha mai perso la capacità di somministrarmi pillole di fiducia ogni volta che l'ho ripreso in mano.

Tra gli altri lettori della prima ora che mi hanno aiutata a chiarirmi le idee ci sono anche Alan Sepinwall, Marc Hirsh e Sarah Wendell.

Ringrazio la mia amica Julia Whelan che ha collaborato a far vedere la luce alla prima stesura di questo testo, così come la generosità di Breck e Mary Montague e Carter Williams.

Ho avuto la fortuna di ricevere saggi consigli di scrittori e personaggi del mondo dell'editoria, sempre disposti a rispondere alle fastidiose domande del principiante quali: «Non ho idea di cosa succeda dopo che ho scritto la parola FINE». Fra loro c'erano Pam Ribon, Jennifer Weiner, Rainbow Rowell, Heather Cocks e Jessica Morgan, Rachel Fershleiser, Maris Kreizman e Danielle Henderson, ma non soltanto loro.

Grazie a Michelle Dean per i messaggi e per essere stata sempre un passo avanti a me nel cammino per la pubblicazione.

Mi sono stati utilissimi i testi sul baseball che ho letto mentre lavoravo a questa storia. Tra gli altri citerei *The Baseball Codes* di Jason Turbow, *The Phenomenon* di Rick Ankiel, *Living on the Black* di John Feinstein, e *The Arm* di Jeff Passan, oltre all'articolo sugli yips che David Owens ha pubblicato sul *The New Yorker* nel 2014.

Ho anche apprezzato moltissimo la disponibilità di personaggi come Mackey Sasser e Steve Blass, pronti a parlare degli yips. Grazie a Will Leitch e Joe Posnanski, che scrivono di sport, sempre, in modo profondamente umano e divertente da suscitare in me una forte empatia.

Un grazie speciale a Hilary Redmon. (Hilary, *guarda cosa è successo*.)

Grazie a Sarah Bunting, Tara Ariano e Dave Cole per il ruolo che hanno avuto in tutto quello che mi è accaduto dal 2001.

Grazie a tutti gli amici: quelli del liceo e quelli dell'università, quelli con cui ripassavo e i compagni della facoltà di legge, e gli amici del Minnesota che mi mancano terribilmente, compresi i miei amati Alexander. Grazie alla mia famiglia della NPR, tra cui Jessica Reedy, Gene Demby, Barrie Hardymon, Mike Katzif, Audie Cornish e molti altri. E grazie anche al mio capo, Ellen Silva.

Grazie a coloro che erano estranei e sono diventati lettori e ascoltatori oltre che amici. Grazie a quella estesa rete di appassionati di radio che mi ha insegnato cose completamente nuove su come si racconta una storia. (E spero che PJ mi perdonerà per aver creato un cane che assomiglia al suo.)

Grazie a Glen Weldon, il cui entusiasmo per il libro ha significato tantissimo per me e mi ha aiutato a superare diversi orribili momenti di dubbio (Glen, prometto di abbracciarti solo con il pensiero, *e lo farò sempre*).

Grazie ad Alex Kapelman, la cui incrollabile convinzione che io possa fare qualunque cosa voglia fare è stata, ed è, una carica supplementare a cui collegarmi quando ne ho bisogno. Sei assolutamente il più grande, mio vicepresidente di Hustle, e non ti cambierei per niente al mondo.

Ho scritto questo libro ascoltando gli Avett Brothers. Batto un cinque all'ufficio della FedEx di fronte al Colonial Williamsburg. Grazie a Spruce Head Island, Rockland, Camden, Spruce Spray, Pooh, Captain Gargan e ai St. Paul Saints. Grazie ai Phillies, Twins, e Nats. Grazie ai miei altissimi nipoti, e a mio cognato, che amano tutti tanto il baseball.

Evito di ringraziare il mio cane, solo perché non sa leggere. Inoltre sa quello che provo, perché ogni tanto gli do da mangiare il burro di noccioline direttamente dalle mie dita.

Grazie a coloro che fanno cose meravigliose con le parole, facendomi venire voglia di mettere insieme le mie altrettanto bene, o almeno la metà di così.

Grazie a tutti i miei insegnanti, inclusi Nona Smolko, Christine (Powell) Tate e Kerry Brown, ma non solo loro.

Grazie alla mia famiglia, alle mie intelligenti nonne, all'affettuoso nonno che ho conosciuto e a quello che non ho conosciuto, alle zie e agli zii e ai cugini, e soprattutto ai miei favolosi genitori e alla mia spettacolare sorella.

Finito di stampare presso Grafica Veneta S.p.A.
Via Malcanton, 2 – Trebaseleghe (PD)
Printed in Italy

Prova d'acquisto
978-88-200-6991